国家社科基金重大委托项目
"中国少数民族语言与文化研究"

中国社会科学院创新工程学术出版资助项目

中国社会科学院民俗学研究书系
中国少数民族语言与文化研究

朝戈金　主编

壮族民间信仰的传说学管窥

Folk Beliefs among the Zhuang People: Towards A Perspective in Studies of Folk Legend

陈金文 ｜ 著

中国社会科学出版社

图书在版编目（CIP）数据

壮族民间信仰的传说学管窥／陈金文著．—北京：中国社会科学出版社，
2016.7
　ISBN 978 - 7 - 5161 - 8527 - 8

　Ⅰ.①壮…　Ⅱ.①陈…　Ⅲ.①壮族—信仰—民间文化—研究—中国
Ⅳ.①B933②K281.8

　中国版本图书馆 CIP 数据核字（2016）第 154129 号

出 版 人　赵剑英
责任编辑　张　林
特约编辑　金　沛
责任校对　王佳玉
责任印制　戴　宽

出　　版　中国社会科学出版社
社　　址　北京鼓楼西大街甲 158 号
邮　　编　100720
网　　址　http://www.csspw.cn
发 行 部　010 - 84083685
门 市 部　010 - 84029450
经　　销　新华书店及其他书店

印刷装订　三河市君旺印务有限公司
版　　次　2016 年 7 月第 1 版
印　　次　2016 年 7 月第 1 次印刷

开　　本　710×1000　1/16
印　　张　14.75
插　　页　2
字　　数　253 千字
定　　价　56.00 元

总　序

　　自英国学者威廉·汤姆斯（W. J. Thoms）于19世纪中叶首创"民俗"（folk-lore）一词以来，国际民俗学形成了逾160年的学术传统。作为现代学科意义上的中国民俗学肇始于五四新文化运动，近百年来的发展几起几落，其中数度元气大伤。从20世纪80年代开始，这一学科方得以逐步恢复。近年来，随着国际社会和中国政府对非物质文化遗产（其学理依据正是民俗和民俗学）保护工作的重视和倡导，民俗学研究及其学术共同体在民族文化振兴和国家文化发展战略中，都正在发挥着越来越重要的作用。

　　中国社会科学院曾经是中国民俗学开拓者顾颉刚、容肇祖等人长期工作的机构，近年来又出现了一批较为活跃和有影响力的学者，他们大都处于学术黄金年龄，成果迭出，质量颇高，只是受既有学科分工和各研究所学术方向的制约，他们的研究成果没能形成规模效应。为了部分改变这种局面，经跨所民俗学者多次充分讨论，大家都迫切希望以"中国民俗学前沿研究"为主题，以系列出版物的方式，集中展示以我院学者为主的民俗学研究队伍的晚近学术成果。

　　这样一组著作，计划命名为"中国社会科学院民俗学研究书系"。

　　从内容方面说，这套书意在优先支持我院民俗学者就民俗学发展的重要问题进行深入讨论的成果，也特别鼓励田野研究报告、译著、论文集及珍贵资料辑刊等。经过大致摸底，我们计划近期先推出下面几类著作：优秀的专著和田野研究成果，具有前瞻性、创新性、代表性的民俗学译著，以及通过以书代刊的形式，每年择选优秀的论文结集出版。

　　那么，为什么要专门整合这样一套书呢？首先，从学科建设和发展的角度考虑，我们觉得，民俗学研究力量一直相对分散，未能充分形成集约效应，未能与平行学科保持有效而良好的互动，学界优秀的研究成果，也较少被本学科之外的学术领域所关注、进而引用和借鉴。其次，我国民俗学至今还没有一种学刊是国家级的或准国家级的核心刊物。全国社会科学刊物几乎都没有固定开设民俗学专栏或专题。与其他人文和社会科学的国家级学刊繁荣的情形相比较，学科刊物的缺失，极大地制约了民俗学研究成果的发表，限定了民俗学成果的宣传、推广和影响力的发挥，严重阻碍了民俗学科学术梯队的顺利建设。再者，如何与国际民俗学研究领域接轨，进而实现学术的本土化和研究范式的更新和转换，也是目前困扰学界的一大难题。因此，通过项目的组织运作，将欧美百年来民俗学研究学术史、经典著述、理论和方法乃至教学理念和典型教案引入我国，乃是引领国内相关学科发展方向的前瞻之举，必将产生深远影响。最后，近些年来，国内外非物质文化遗产保护工作的大力推进，也频频推动国家文化政策的制定和实施中的适时调整，这就需要民俗学提供相应的学理依据和实践检验，并随时就我国民俗文化资源应用方面的诸多弊端，给出批评和建议。

从工作思路的角度考虑，"中国社会科学院民俗学研究书系"着眼于国际、国内民俗学界的最新理论成果的整合、介绍、分析、评议和田野检验，集中推精品、推优品，有效地集合学术梯队，突破研究所和学科片的藩篱，强化学科发展的主导意识。

为期三年的第一期目标实现后，我们正着手实施二期规划，以利我院的民俗学研究实力和学科影响保持良好的增长势头，确保我院的民俗学传统在代际学者之间不断传承和光大。本套书系的撰稿人，主要来自民族文学研究所、文学研究所、世界宗教研究所和民族学与人类学研究所的民俗学者们。

在此，我代表该书系的编辑委员会，感谢中国社会科学院文史哲学部和院科研局对这个项目的支持，感谢"国家社科基金"，以及"中国社会科学院哲学社会科学创新工程"。

朝戈金

自　序

　　这是本人出版的第三本与传说研究相关的著作，前两本分别是《孔子传说的文化审美研究》《壮族风物传说研究》。对于本人与传说研究相关的专著，自己一直没有多少信心。我一直认为，人文科学成果水平的高低大概要通过考察著者的思想深度或思辨能力来衡量，而就这三部拙作来看，并没有体现出自己有什么思想深度或思辨能力。《孔子传说的文化审美研究》一书好像销量大些，其实也仅仅是该书建立了孔子传说研究的资料系统而已，之所以有点影响大概是借了孔子的声望。

　　总之，对于自己的研究能力，我一直没有多少自信，正因如此，这么多年来一直待在传说研究领域而少有扩张。然而，我却不能辍笔，因为一个人的智力水平在达到一定程度后，往往很少再有提高，因而，如果一定要等待自己智力大开之后再做工作，很多人怕是一生都一事无成。故而不揣浅陋为社会献上自己的一份劳动。至于这份劳动算是精神食粮中的"细粮"还是"粗粮"，则不复考虑，因为这总要比坐着什么都不做而故作高深的好吧！

　　本书不是一部单纯的民间传说研究著作，而是通过研究传说管窥壮族的民间信仰。我读过不少民间信仰研究方面的专著，还没有见到运用传说学方法对民间信仰作系统考察的。就此，我觉得可以这样说，本书的价值在于它为民间信仰研究提供了一个新的视角和方法，大概是可以的吧！

2012 年 4 月 18 日

目 录

绪　论

第一节　选题的价值和意义

本课题是通过传说研究壮族民间信仰。民间文学与民间信仰密切相关，是民间信仰最重要的载体或表现形式之一。民间传说与民间信仰更是关系密切，凡具有一定影响的民间信仰习俗差不多都有与之相关的传说流传。本课题从传说学视角研究壮族民间信仰，必将有助于该研究的进一步深化或提高。

民间信仰是指民众自发地对具有超自然力的精神体的信奉与尊崇。它包括原始宗教在民间的传承、人为宗教在民间的渗透、民间普遍的俗信等。民间信仰对应于官方宗教而存在，有别于制度化的宗教。从意识形态上讲，它是非官方的文化；从文化形态上讲，它重在实践、较少利用文本并以地方的方言形式传承；从社会力量上讲，它受社会中的多数（即农民）的支撑并与民间的生活密不可分。①

对民间信仰的研究具有重要价值和意义。民间信仰在历史上对本民族社会的延续、民族认同以及民族凝聚力的形成都产生过重大影响。今天在世界各民族中仍将会作为一种社会意识长期存在，并继续影响人民群众的生产方式和生活方式。乌丙安指出："中国多民族的民间信仰，深深植根于中华本土文化的沃壤之中，广泛地影响或支配着民众日常生活的方方面面，……因此，它理应成为中国文化史关注的重点。"② 正如乌氏所说，我国各民族的民间信仰对民众生活影响广泛，在长期的历史过程中，影响

---

① 王铭铭：《社会人类学与中国研究》，上海三联书店1997年版，第158页。
② 乌丙安：《中国民间信仰》，上海人民出版社1996年版，第3页。

着我国社会大多数民众的思维方式、生产实践、社会关系和政治行为。因而，对它的研究具有重要意义，这一研究既可以提供一个考察某一社会或民族的重要角度，有利于理解某一社会或民族的精神或心理世界；也有助于推进物质文明与精神文明的建设。

对壮族民间信仰的研究还有着特殊的价值和意义。正如牟钟鉴在为《壮族社会民间信仰研究》一书作的《序》中所说：壮族宗教信仰是"中国宗教多元通和模式在民族地区的典型表现"，体现了"族教和谐，多元互补"的现代文明发展方向。认真研究这种宗教文化的内在机制与社会功能，有益于"把壮族经验的普世价值揭示出来"，"发挥宗教在促进经济社会发展中的作用"。[①] 再者，壮族是我国人口最多的少数民族，分布于广西、贵州、云南等广阔的边疆地区，因而对该民族民间信仰的研究，对于我国各地区经济、文化的均衡发展及建设祖国边疆、巩固边防都有着不可轻视的意义和价值。而且壮族与广西毗邻国家的不少民族有着很深的渊源关系，在宗教、信仰诸方面有许多相近相似的方面，因而，对其民间信仰的研究，还有利于促进我国与东盟或东南亚各国的文化交流和经济往来，进一步加强我国与东盟各国的睦邻友好关系。

第二节　研究现状及趋势

"文化大革命"结束后，随着国内壮学研究的发展，国外壮学研究也出现了好的局面。国外对壮族民间信仰的关注表现在两个方面：一是一些国外机构出资设立了不少项目，鼓励我国民族院校和壮学研究机构的科研工作者开展壮族民间信仰研究；二是一些外国学者直接从事壮族民间信仰的调查和研究。1999 年在广西武鸣召开的国际壮学会议有泰国、越南、日本、美国、法国等十多个国家的学者参加，其中个别外国专家提交的会议论文涉及壮族民间信仰的研究。20 世纪 90 年代，澳大利亚学者贺大卫为完成"壮族仪式剧"研究项目，曾就壮族民间师公信仰进行过田野调查，并发表了相关研究成果。

我国古代文献很早就有对壮族先民信仰的记载。《史记·孝武帝本

---

① 黄桂秋：《壮族社会民间信仰研究》，中国社会科学出版社 2010 年版，第 2 页。

纪》云："越人俗信鬼，而其祠皆见鬼，数有效。昔东瓯王敬鬼，寿至百六十岁。"① 就是较早对壮族先民信仰的文献记载。此后，历代史书、笔记等多有对壮族先民民间信仰的记载，如《华阳国志·南中志》中采用的《竹王》传说，反映了包括壮族在内的西南少数民族先民的竹图腾崇拜观念；② 唐人刘恂著《岭表录异》记岭南异物奇事，多有对壮族先民民间信仰习俗的记录，卷上所载的"鼓精"故事就反映了古代壮族先民有关铜鼓的信仰；③ 宋周去非著《岭外代答》卷十《志异门》中的《天神》《转智大王》《新圣》《鸡卜》《家鬼》等条目，记录了当时流传于壮族先民中的信仰习俗。④ 明人邝露所撰《赤雅》，猎奇好异，有不少篇目介绍壮族的民间信仰，如其卷上《猺妇畜蛊》《卜岁》《祭枭》等篇目。⑤ 清人屈大均所撰《广东新语》对壮族民间信仰也多有涉及，如卷六《花王父母》篇等即记述了至今仍流传于壮族等南方少数民族民间的"花婆"信仰。⑥ 民国时期刘锡蕃著《岭表纪蛮》一书设"迷信"一章，对包括壮族在内的广西各少数民族的信仰文化作了较为详细的介绍。⑦ 综上所述，我国古代有不少文献对壮族民间信仰都有所涉及，当然，这些涉及还主要是感性的描写，而较少现代科学研究的色彩。

　　长期以来，民间宗教或信仰研究在我国一直是学术禁区，改革开放之后才渐有好转。自 20 世纪 80 年代以来，有关壮族民间信仰的研究论文屡见于《中央民族大学学报》《广西民族学院学报》《广西民族研究》《民族艺术》等学术期刊。这一时期，还出现了多部研究壮族民间信仰的学术专著，如丘振声的《壮族图腾考》⑧、廖明君的《壮族生殖崇拜文化》⑨与《壮族自然崇拜文化》⑩、高雅宁的《广西靖西县壮人农村社会中魔婆

---

① （汉）司马迁：《史记》（二），（唐）司马贞索隐，张守节正义，（宋）裴骃集解，中华书局 1982 年第 2 版，第 478 页。
② （东晋）常璩撰，刘琳校注：《华阳国志校注》，巴蜀书社 1984 年版，第 339 页。
③ （唐）刘恂：《岭表录异》，鲁迅校勘，广东人民出版社 1983 年版，第 26 页。
④ （宋）周去非：《岭外代答》，屠友祥校注，上海远东出版社 1996 年版。
⑤ （明）邝露：《赤雅》，商务印书馆 1936 年版。
⑥ （清）屈大均：《广东新语》，中华书局 1999 年版。
⑦ 刘锡蕃：《岭表纪蛮》，见《民国丛书》第三编（18），上海书店出版社 1991 年版。
⑧ 丘振声：《壮族图腾考》，广西教育出版社 1996 年版。
⑨ 廖明君：《壮族生殖崇拜文化》，广西人民出版社 1994 年版。
⑩ 廖明君：《壮族自然崇拜文化》，广西人民出版社 2002 年版。

的养成过程与仪式表演》①、玉时阶的《壮族民间宗教文化》②、杨树喆的《师公·仪式·信仰》③、黄桂秋的《壮族麽文化研究》④ 与《壮族社会民间信仰研究》⑤ 等。

这些关于壮族民间信仰的研究论文或专著，或借助于文献资料，或通过田野考察，对壮族传统的民间信仰展开了广泛的探讨或研究。在研究过程中，一些论著也时常涉及壮族的民间传说。著者往往通过对这些传说的解读，分析壮族民间信仰习俗的文化内涵。如丘振声在论证壮人以蛙为图腾的观点时就运用了流传于大新县的"会说话的青蛙"的传说；黄桂秋在论及壮族麽文化中的娅汪信仰时，则是通过对流传于马山等县的"达汪"传说的解读发掘其中的文化内涵；廖明君对壮族信仰文化的解析也同样依重流传于壮族民间的传说，如其在考证壮族的竹崇拜文化时，就大篇幅地引述了主要流传于壮族民间的"蜂王"传说，以其"竹藏甲兵"的母题作为壮族民间存在竹崇拜文化的证据。

总之，自古以来，就有不少文献典籍涉及壮族民间信仰，进入现代之后，更是有不少学人致力于壮族民间信仰的研究，这些研究有时还局部地采用了传说学的视角。这些都为本研究打下了基础，提供了经验或借鉴。但是，壮族有一千六百多万人口，聚居于广西、贵州、云南等多个省区，其民间信仰之丰富与复杂可想而知，因此，就以上成果来讲，对壮族民间信仰的研究还是非常不够的。同时，本研究整体上从民间传说的角度切入，与以往的壮族民间信仰研究也存在着视角上的不同。

第三节　研究目标与内容

首先，本书属于民间信仰研究，通过对与民间信仰习俗有关的民间传说的分析、解读，探讨壮族民间信仰习俗产生的历史根源，发掘其思想、

---

① 高雅宁：《广西靖西县壮人农村社会中魔婆的养成过程与仪式表演》，唐山出版社 2002 年版。

② 玉时阶：《壮族民间宗教文化》，民族出版社 2004 年版。

③ 杨树喆：《师公·仪式·信仰》，广西人民出版社 2007 年版。

④ 黄桂秋：《壮族麽文化研究》，民族出版社 2006 年版。

⑤ 黄桂秋：《壮族社会民间信仰研究》，中国社会科学出版社 2010 年版。

文化内涵，为民间信仰或民间宗教研究提供一个新的视角，是本课题研究所要达到的目标之一。本研究既是民间信仰研究，也是民间文艺学研究或民间传说研究，从民间文学研究的角度讲，从一个角度补充传说学研究理论或民间文艺学研究理论是本课题研究所要达到的又一个目标。

乌丙安根据我国民间信仰的崇拜形式，将其归纳为四大类：对自然物、自然力的崇拜；对幻想物的崇拜；对附会以超自然力的人物的崇拜；对幻想的超自然力的崇拜。[①] 壮族民间信仰的崇拜形式也不外乎这四类。就流传于壮族地区的反映民间信仰的传说来看，这些传说主要涉及对自然物的崇拜以及对附会以超自然力的人物的崇拜。本研究从这一实际出发，主要探讨壮族民间传说中反映的自然物崇拜与超自然力人物崇拜观念，解读其文化内涵。

本书暂拟前设绪论，后置结论，中间分八个部分。绪论部分说明选题的目的和意义，介绍前人的研究成果，交代研究方法、使用材料等。

中间部分，第一章，壮族始祖神崇拜的传说学透视。该部分主要从传说学角度探讨壮族民间对始祖神布洛陀、姆六甲的信仰。关于壮族始祖神布洛陀、姆六甲，民间既流传其神话、史诗、歌谣等，也流传着其相关传说，这些传说主要被附会于广西各地的一些自然景观上，一些地区也还存在着与布洛陀信仰相关的民俗活动。自21世纪以来，广西百色市田阳县地方政府致力于打造敢壮山布洛陀旅游文化，推动了壮族始祖神崇拜的恢复与重建，在研究过程中，本书将结合对田阳敢壮山地区布洛陀文化的田野调查对这一文化现象展开考察。第二章，壮族蛙崇拜与民间传说。蛙崇拜文化在壮族地区比较普遍，广西一些地区至今还举行一年一度的蛙婆节，故该部分的研究将从壮族地区有关蛙崇拜的口头传说入手，结合对壮族各地"蛙婆节"的考察展开。第三章，壮族民间传说与铜鼓崇拜。铜鼓崇拜在我国西南少数民族和东南亚多个国家中普遍存在，而壮族被不少专家认定为铜鼓文化的发明者，本章的研究将在比较中展开，通过民间传说探讨壮族铜鼓信仰的特征。第四章，壮族民间传说与莫一大王崇拜。"莫一大王"传说主要流传于广西河池市一带，至今在河池一带民间还有与"莫一大王"有关的师公戏、师公舞演出。本部分将从"莫一大王"传说的演化、人物形象的原型、传说的神话原型等几个方面展开论证，在

---

① 乌丙安：《中国民间信仰》，上海人民出版社1996年版，第14页。

研究过程中，将把"莫一大王"传说置于其传承、流布的社会环境中加以考察。第五章，壮族娅汪信仰与民间传说。在广西的马山、都安、平果等县市，还持续着与娅汪信仰相关的民俗活动。本部分将通过对"娅汪"传说的解读，结合对壮族各地"娅汪节"活动的田野考察，探讨壮族"娅汪"信仰的文化内涵。第六章，岭南地区龙母信仰与民间传说。龙母崇拜遍及岭南地区，壮族地区的龙母崇拜主要集中表现在广西大明山一带，本部分对壮族龙母崇拜的研究，将从壮族"龙母"传说的口头资料入手，在岭南地区龙母文化的整个大背景下展开。第七章马援信仰的传说学管窥。马援系东汉名将，曾南征交趾，平定了发生在今越南境内的征贰、征侧的叛乱，在西南地区各民族群众中留下了赫赫威名，也因此形成了一个以广西为主包括广东、海南部分地区在内的信仰文化圈，在这个文化圈内广为传播着马援的传说，本章将通过民间传说透视马援信仰的文化内涵。第八章，李将公信仰与民间传说。李将公信仰流行于百色市德保县及靖西县部分地区的民众中，在德保县都安乡有李将公墓、李将公庙及传说中的李将公斗蛇妖处，在李将公信仰文化圈内，有十余则相关传说流传，本章通过李将公传说，结合德保历史文化，探讨、分析了李将公信仰的性质。

本书所涉及的布洛陀文化、蛙神信仰、铜鼓崇拜、莫一大王崇拜、娅汪信仰、龙母崇拜和马援信仰，都是壮族地区重要的民间信仰，在壮族地区有不少与这些信仰相关的民俗活动。在研究过程中，本人虽主要从传说学的视角对这些民俗信仰作文化考察，但在田野调查中所搜集、采录到的除传说之外的相关方面的第一手资料也将作为重要补充材料被采用，与民间口头传说资料互为印证，在此基础上得出观点和结论。

最后部分是结论，从传说学视角对壮族民间信仰作理论概括，并就传说与民间信仰之间的关系展开理论探讨。

第四节　研究的重点、难点与基本思路和研究方法

本研究的重点在于揭示民间传说对壮族自然物崇拜、超自然力的人物崇拜等各种信仰观念的反映，借助于传说这一窗口，帮助人们了解壮民族

的信仰和精神风貌，在此基础上进一步探讨民间传说与民间信仰之间的关系。解决该重点的方法在于，广泛搜集书面资料与深入展开田野调查，用事实说话，把观点建立在扎实的材料基础上。

本研究的难点在于如何贴近民间视角正确把握民众的信仰观念。要克服这一难点，就要借助田野调查的方法体验民众生活，能够做到从民众的视角理解其口头传统及其信仰文化。当然，作为研究者，对于研究对象既要做到入乎其中，还要做到出乎其外，也就是说，在研究中，不但要采用民众的眼光，还要有研究者自己的思想。

本课题的研究首先从查阅广西民间文学三套集成资料及其他各类壮族民间故事书开始，找出各种反映壮族民间信仰的传说资料；其次，深入田野，展开调查，结合书面材料进一步熟悉感受各类壮族民间信仰文化；最后，对各种反映壮族民间信仰的传说资料加以归纳、梳理，结合从书面和田野调查得来的壮族民间信仰文化的材料展开理论分析，主要从传说学视角发掘壮族民间信仰所包含的历史文化内蕴及审视壮族民众对自身信仰文化的认知和理解，从而进一步探讨传说与民间信仰之间的关系。

从1984年起，我国在全国范围内开展了大规模的民间文学普查工作。广西壮族自治区各级政府和文化部门积极响应这一号召，投入大量人力、物力，对自治区内各民族的口头文学展开了广泛的搜集、整理，目前广西的大多数市、县都印刷、出版了本地的民间文学三套集成卷本，广西壮族自治区民间文学三套集成区卷本也已出版发行。本研究中所采用的与壮族民间信仰相关的传说资料，主要来自广西民间文学三套集成中的区、市、县故事卷本。此外，也包括一些近年来由民间文艺工作者搜集整理后印刷或出版的民间故事资料。

在研究过程中，本人与课题组其他成员多次深入壮族群众中调查采风，参与民间的各种信仰活动，考察各类民间信仰习俗，同时，在这一过程中也搜集、采录了一些与本研究相关的壮族民间传说。

第 一 章

壮族始祖神崇拜的传说学透视

第一节　壮族始祖神崇拜相关研究的学术小史

乌丙安指出："尊奉始祖神是祖神崇拜最古老的内容。它是一个家族、一个氏族或一个民族最早族源的象征。在汉文典籍及中原遗存的上古神话中，有的创世神、造人神和升为天帝的神，都曾是汉族先民传诵的人祖神。比如女娲，既修补了天地，又创造了人类，以至又发展出伏羲、女娲兄妹成婚造人的神话。于是在中原华夏部族的后裔尊称女娲为'玄母'，伏羲为'人皇'。"① 笔者以为壮民族中的大神布洛陀和姆六甲与伏羲、女娲相仿，在壮族民间口承文学中，他们除了制造或繁衍了人类之外，也建立了修天补地、发明文化等多种功绩。笔者以为可以把他们定性为与伏羲、女娲一样的始祖神，自然是壮民族的始祖神。

布洛陀在壮语中是无所不能、无所不知的主公的意思。就此一点看，布洛陀就是人们虚拟的一个寄托着人类理想、愿望和情感的象征性形象，而不会是实有其人。他是麽教敬奉的至上神，在麽教经诗中他被塑造为具有无上权威的麽教教主形象。姆六甲又称"乜渌甲""姆六甲""麽渌甲"或"娅六甲"等。黄桂秋认为：

> 按壮语原意，"乜"、"姆"都是指母亲或祖母；"麽"指布麽，即麽教从业者；"娅"指祖母，也指女巫；"渌甲"或"六甲"是壮

---

① 乌丙安：《中国民间信仰》，上海人民出版社1996年版，第131页。

语音译，是一种鸟名，即鸽子。在自然界的鸟类中，只有少数的鸟类能解人语、通人意，如鹦鹉、八哥、鸽子等，鸽子至今还帮人类传递信息，充当和平使者。壮族女巫自称能通神过阴，充当人间与阴间灵魂沟通的使者，其职能与鸽子相似，所以"乜六甲"应该是女巫的专称，或是女巫祖。①

黄桂秋以为根据壮语语音姆六甲的称谓含有"女巫"或"女巫祖"的意思。在一些经诗或神话、传说中，布洛陀和姆六甲是一对夫妻，共同创造或繁衍了人类。

我国古代文献中没有关于布洛陀的记载，与姆六甲相关的文字也不多，与姆六甲相关的文字主要是反映壮族的花婆信仰的。如《南越笔记》载："越人祈子，必于花王圣母，有祝辞云：'白花男，红花女。'故婚夕亲戚皆往送花，盖取诗'花如桃李'之义。"②记载了古代壮族地区的人们向花婆祈子以及给新婚男女送花的习俗。又刘锡蕃在《岭表纪蛮》中云："壮俗祀'圣母'，亦曰'花婆'。阴历二月二日，花婆诞期，搭彩楼，建斋醮，延师巫喷诵，男女聚者千数百人，歌饮叫号，二三日乃散，谓之'作星'。又壮人乏子嗣，或子女多病，则延师巫'架红桥''剪彩花'，祈灵于'花婆'，斯时亲朋皆贺，为其岳父母者，并牵牛担米赠之。"③更为详细地记载了壮族民间在"花婆"诞期举行的祭祀活动，以及向花婆祈求子嗣与求其保佑子女所举行的仪式。另外，在清人闵叙的《粤述》、康熙年间的《浔阳府志》及民国年间的《来宾县志》《灵川县志》《凤山县志》中也都有与花婆信仰相关的记述。

进入当代以来，出现了一些与布洛陀、姆六甲信仰相关的研究著作。覃乃昌主编的《布洛陀寻踪》一书从布洛陀神话的文化内涵、社会功能及其价值，布洛陀神格的形成及其演变，麽经布洛陀的文化价值与壮族观念文化体系等八个方面，全面介绍了布洛陀文化的历史与现状，探讨了布洛陀信仰的本质及其文化重建的价值与意义。④黄桂秋的《壮族麽文化研

① 黄桂秋：《壮族社会民间信仰研究》，中国社会科学出版社2010年版，第238页。
② （清）李调元：《南越笔记》，中华书局1985年版，第65页。
③ 刘锡蕃：《岭表纪蛮》，参见《民国丛书》第三编（18），上海书店出版社1991年版，第196页。
④ 覃乃昌：《布洛陀寻踪》，广西民族出版社2004年版。

究》《壮族社会民间信仰研究》两部著作涉及布洛陀、姆六甲信仰研究。
在《壮族麽文化研究》一书中，作者将布洛陀定位为麽教主神，将姆六
甲则定位为布洛陀的陪神（配偶神），介绍了在壮族地区流传的有关他们
的神话与传说及相关的祭祀仪式。①《壮族社会民间信仰研究》一书中设
有"麽教主神布洛陀和麽渌甲"一节，作者通过对麽教经诗的解读，分
析布洛陀创世神、祖先神、麽教主与至上神的身份；也对麽渌甲由创世
神、祖先神到花婆神的演化过程作了探讨。② 时国轻的博士论文《广西壮
族民族民间信仰的恢复和重建——以田阳县布洛陀信仰研究为例》，对百
色市田阳县打造敢壮山布洛陀文化遗址过程作了详细介绍与描述，探讨了
新形势下民间信仰恢复、重建的经验和意义。③

　　另外，也有不少研究布洛陀与姆六甲信仰的相关论文，其中以布洛陀
信仰为研究对象的论文尤其多。牟钟鉴《从宗教学看壮族布洛陀信仰》
一文指出，壮族布洛陀信仰属于原生型巫教，可称为原生型民族民间宗
教，它与壮族的生存与发展紧密联系在一起，是壮族特有的文化传统。改
革开放以来，壮族民众自发地恢复布洛陀祭祀和相应的文化活动，规模越
来越大，这种民族信仰重构现象，表现了壮族民族文化主体意识的增强和
布洛陀信仰的旺盛生命力，即对新的时代的调适能力。④ 覃乃昌在其《布
洛陀文化体系述论》一文中，回顾了自20世纪50年代以来有关布洛陀神
话、传说、歌谣、民间宗教经卷的搜集整理工作及21世纪以来民族学、
人类学、文化学等方面学者对有关布洛陀文化遗址或民间风俗的考察。⑤
覃彩銮在《布洛陀神话的历史文化内涵》一文中指出，布洛陀是珠江流
域原住民族的人文始祖，有关布洛陀的神话传说集中反映了壮族及其先民
在与大自然进行长期艰苦的斗争过程中的文化创造，以及不断积累形成的
具有鲜明地方民族特色的文化成果。⑥ 岑贤安在《论布洛陀神格的形成及
演变》一文中指出，布洛陀神格的形成经历了一个较长的发展演变过程，

　　① 黄桂秋：《壮族麽文化研究》，民族出版社2006年版。
　　② 黄桂秋：《壮族社会民间信仰研究》，中国社会科学出版社2010年版。
　　③ 时国轻：《广西壮族民族民间信仰的恢复和重建——以田阳县布洛陀信仰研究为例》，博士学位论文，中央民族大学，2006年。
　　④ 牟钟鉴：《从宗教学看壮族布洛陀信仰》，《广西民族研究》2005年第2期。
　　⑤ 覃乃昌：《布洛陀文化体系述论》，《广西民族研究》2003年第3期。
　　⑥ 覃彩銮：《布洛陀神话的历史文化内涵》，《广西民族研究》2004年第1期。

由布洛陀神话、信仰、祭奠、经文、山歌及其庙宇，构成了布洛陀文化体系，并成为壮族传统文化的核心。① 漆亚莉的《布洛陀信仰的社会功能》一文从民间宗教的角度阐发了布洛陀信仰的社会功能，以为其具有促进个体社会化、社会整合、心理调适等社会功能。② 李慧的《壮族祖先崇拜研究》一文在对壮族祭祀的内容、形式、特征进行总结、分类的基础上，阐述了壮族祖先崇拜所具有的社会功能和丰富的文化内涵，其中对广西各地的布洛陀、姆六甲崇拜活动作了介绍。③ 王光荣、黄鹏的《论布洛陀文化的凝聚力》一文指出："深入研究壮族麽经布洛陀，积极宣传布洛陀文化是抢救和保护民族文化遗产工程的行动措施之一，也是弘扬民族文化，增强民族自信心，振奋民族精神的重要举措。"④ 阐明了布洛陀文化的价值与意义。

有关布洛陀信仰的论文有许多，与姆六甲研究相关的论文也有一些。过伟的《壮族创世大神米洛甲的立体性特征与南方民族"花文化圈"》一文指出，米洛甲是壮族创世大神，神格多面、丰赡，其神话有多种异文、传承方式多样，后来发展为花婆故事。⑤ 彭谊的《壮族女神姆六甲的创世神格及文化价值观》一文探讨了姆六甲创世神话折射出来的文化价值观、宇宙观与哲学观等。⑥ 潘春见的研究论文《"花"图腾信仰与姆六甲神话》一文指出，"花"图腾信仰与姆六甲神话相依相存，浑然一体而不断发展分化，并各自以不同的方式和发展方向分别参与了民间文学与民间信仰的文化重建。⑦ 何志敏在《创世女神姆六甲到生育女神花婆的嬗变探析》一文中指出，姆六甲具有至高无上的神力地位，是神圣的创世女神，随着壮族社会的发展，姆六甲的神格逐渐下降，最终嬗变为世俗空间的生

---

① 岑贤安：《论布洛陀神格的形成及演变》，《广西民族研究》2003 年第 4 期。

② 漆亚莉：《布洛陀信仰的社会功能》，《广西师范学院学报》2009 年第 2 期。

③ 李慧：《壮族祖先崇拜研究》，《河池学院学报》2007 年第 6 期。

④ 王光荣、黄鹏：《论布洛陀文化的凝聚力》，《南宁师范高等专科学校学报》2006 年第 6 期。

⑤ 过伟：《壮族创世大神米洛甲的立体性特征与南方民族"花文化圈"》，《广西民族研究》1999 年第 2 期。

⑥ 彭谊：《壮族女神姆六甲的创始神格及文化价值观》，《广西教育学院学报》2009 年第 5 期。

⑦ 潘春见：《"花"图腾信仰与姆六甲神话》，《广西大学学报》1998 年第 1 期。

育女神——花婆。① 翟鹏玉近年发表了《壮族花婆神职及其生态女性主义伦理观》②、《花婆神话与壮族生态伦理的缔结范式》③、《岭南花婆神话及其"道法自然"的生命诗学》④ 等系列研究论文，这些论文从生态美学的角度研究花婆故事，在自然向人的生成与人向自然生成的双向运动过程中，形象地展现了"道法自然"的生命诗学境界。

总之，针对壮族始祖神崇拜——布洛陀与姆六甲信仰，前人已经做过了一些研究，这些研究也时常借助于民间口承作品，如神话、经诗与传说等，这些研究无疑给本人的研究提供了有益的借鉴。

第二节 壮族始祖神崇拜与口承民俗

民间信仰的传承方式一般有两种，一种是通过祭祀或其他信仰活动传承；另一种是通过口承民俗传承。《布洛陀寻踪》一书中说：敢壮山有祖公庙，据说修建于唐宋时代，敢壮山地区的地方文化工作者以为"祖公"即布洛陀。他们说，这一带祭祀布洛陀有一千多年的历史了，除了非常时期、非常年代外，几乎没有中断过。祭祀布洛陀的仪式每年两次，第一次是从农历二月十九一直延续到农历三月初九，第二次是秋后的农历十月初十；两次朝拜分别是春季与秋季，即俗信所说的春祈秋报。⑤ 另外，云南省文山壮族、苗族自治州的马关、西畴、富宁等壮族聚居县至今也还保留着祭祀布洛陀的活动。马关县阿峨新寨的群众在每年的农历五月三十日聚集到布洛陀山纪念布洛陀的生日，他们在布洛陀神树下搭起供桌，杀鸡煮饭，在正午 12 时履行仪式后由各家户主陪神共餐，年年如此，传承至今。⑥ 除上述地区之外，在其他地区也有一些有关始祖神布洛陀、姆六甲

① 何志敏：《创世女神姆六甲到生育女神花婆的嬗变探析》，《柳州师专学报》2009 年第5 期。

② 翟鹏玉：《壮族花婆神职及其生态女性主义伦理观》，《神州民俗》2007 年第 10 期。

③ 翟鹏玉：《花婆神话与壮族生态伦理的缔结范式》，《南京林业大学学报》2007 年第4 期。

④ 翟鹏玉：《岭南花婆神话及其"道法自然"的生命诗学》，参见冯仲平主编《中国文学史的理论维度》，广西师范大学出版社 2008 年版。

⑤ 覃乃昌：《布洛陀寻踪》，广西民族出版社 2004 年版，第 58 页。

⑥ 黄桂秋：《壮族麽文化研究》，民族出版社 2006 年版，第 45 页。

的民间信仰活动。

各种形式的口承民俗更是壮族人民传播、传承始祖神崇拜或信仰的重要途径。反映壮族始祖神布洛陀与姆六甲信仰的民间口头传承有神话、传说、故事、经诗、歌谣、谚语等，它们中的大部分目前已只能见诸文字资料，但其中也有一些还在壮族地区流传。首先，我们介绍一下布洛陀与姆六甲的神话。作为始祖神崇拜，有关布洛陀与姆六甲的神话自然与人类的诞生及繁殖有关。《壮族文学发展史》一书中的"人类起源神话"一节，介绍了流传于壮族地区的布洛陀与姆六甲四种造人神话：第一，泥土造人；第二，神婚造人；第三，刻芭蕉树造人；第四，蜂蛋蝶蛋造人。其中"泥土造人""刻芭蕉树造人"与"蜂蛋蝶蛋造人"三种都是讲姆六甲（又称米洛甲、姆六甲、乜洛甲等）单独完成造人工作，只有"神婚造人"一种讲姆六甲与布洛陀共同繁殖了人类。这则神话讲，布洛陀将口含的海水喷在米洛甲的肚脐眼上，"米洛甲回到家中肚子一天天大起来，九个月后，生下一窝仔，共十二个。"[1] 黄桂秋认为："人类最早崇拜女性祖先，随着父系社会取代母系社会，男性祖先崇拜才取而代之。"[2] 我们同意黄氏的这一论断，认为姆六甲单独造人神话的产生可能要早于她与布洛陀共同繁殖人类的神话。但我们之所以如此认为，并不仅是从社会形态的角度考虑的，还有另外一个原因，即认为在相当长的时间里，人类可能并不明白生殖的秘密，凭直观经验以为女人可以独自完成人类的再生产。

有关布洛陀与姆六甲的神话不仅局限于人类起源的内容，还涉及其他方面。如《分天地》的神话讲："在远古，天和地相连，光明黑暗不分"，"布洛朵（陀）领众人立铁柱顶天，带大家用铜钉钉地"，"天被顶住了，地也钉稳了！"[3] 就此来看，布洛陀还是一位创世大神。

在有关布洛陀、姆六甲的口头叙事散文中也有一些属于民间故事，如《三姑娘的故事》讲，达二与六养相爱成亲，六养因病而死；后来婆婆不愿拖累达三自尽而死，达三被误认为凶手受冤屈而死；姆六甲得知后把达

---

① 周作秋、黄绍清、欧阳若修、覃德清：《壮族文学发展史》（上），广西人民出版社 2007 年版，第 56—159 页。

② 黄桂秋：《壮族社会民间信仰研究》，中国社会科学出版社 2010 年版，第 21 页。

③ 农冠品：《壮族神话集成》，搜集整理者：王明富，广西民族出版社 2007 年版，第 40 页。

三、六养还原的两朵花送出花山，让他们再到人间结为恩爱夫妻。① 这是一则狭义上的民间故事，该故事反映了壮族民间的花婆信仰。

与壮族始祖神布洛陀、姆六甲崇拜有关的韵文作品也有不少，如《布洛陀经诗》、壮族古歌《乜渌甲》等。《布洛陀经诗》是壮族的麽教经典，"也是一部古老而恢宏的创世史诗"，"具有宗教、哲学、伦理、历史、美学、文学等多元文化意蕴，是研究壮族古代文化的重要资料"。② 1988 年，广西少数民族古籍整理出版规划领导小组调动各方面的积极性，从各地搜集到《布洛陀经诗》手抄本二十余个，经翻译、整理出版了多种文字（古壮字、新壮文、国际音标、汉对译、汉意译）对照的《布洛陀经诗译注》。③

《布洛陀经诗译注》所选编的经诗内容涉及创世造人、伦理道德和宗教禁忌等方面，包括造天地、造人、寻水经、造火经、赎谷魂经、赎水牛魂、黄牛魂、马魂经、赎猪魂经、赎鸡鸭魂经、赎鱼魂经、造房屋、园子、渔网经、造土官皇帝、伦理道德、唱童灵、唱罕王、解婆媳冤经、解父子冤经、祝寿经、献酒经、祈祷还愿等二十余篇。这些经诗的每一篇都提及了布洛陀与姆六甲。

《布洛陀经诗》中的布洛陀、姆六甲的身份是非常复杂的。《序歌》（二）中说："敬请布洛陀，恳请么渌甲，你们是神仙和圣王，恭请高坐正中央。古时你们最先来到人间，最早创造天地和人间，人间永不会忘记。"从这些诗句看，布洛陀与么渌甲（姆六甲）是天地的开辟者和人类的祖先。在更多的篇章中布洛陀是智者、人类的导师和文化的发明者。《寻水经》篇讲他指导人们找到了水，解除了罕见的旱灾；《造火经》篇讲他指导人们造出了火与灶。虽然经诗中布洛陀的身份是多元的，但就整部经诗看，他作为麽教教主或麽教宗师的身份最鲜明、突出。经诗《序歌》（一）中讲："请教布洛陀才能成么（麽）公，请教布洛陀才能念经诗"，"择日建仓起屋有经书，也全凭布洛陀的功德。择定葬坟吉日有经书，耕田和种地有经书，也全凭布洛陀的功德。架桥和筑坝有经书，打醮

---

① 农冠品：《女神·歌仙·英雄》，搜集整理者：黄勇刹、过伟，广西民族出版社 1992 年版，第 160—162 页。

② 周作秋、黄绍清、欧阳若修、覃德清：《壮族文学发展史》（上），广西人民出版社 2007 年版，第 124 页。

③ 《布洛陀经诗》整理小组：《布洛陀经诗译注》，广西人民出版社 1991 年版。

和祭祀有经书，也全凭布洛陀的功德……"在上述经诗中讲布洛陀是麽公们的宗师，要向他学习才能成麽公；同时，是布洛陀创造了麽经。在经诗的许多篇目中，人们每遇到困难与灾难，就要"去问布洛陀，去问么渌甲（姆六甲）"，而他们最常告诉人们的办法就是准备丰富的祭礼，去祭祀包括他们自己在内的神灵："你要做道场，你要做醮斋，你要搭花龛，你要设道场"，"你要设打醮的神台，你要为祖神办道场，拿有四拳头长的猪来杀，拿有五拳头的猪来祭，献上三牲酒，猪头供在高桌上，猪下巴供在祭台上，用鸡来祭一郎神，拿猪来祭二郎神，供了神社供家神，祭供灶王神，祭供布洛陀，祭供么渌甲，你这样做才对，你这样修行才好……"（第四章）。类似的字句在许多章节中重复出现，经诗中的布洛陀与姆六甲就是这样不厌其烦地向人们强调麽教经典仪式的重要，经诗中的这些言语清楚地向我们表明布洛陀是麽教宗师。姆六甲在经诗中除了是创世神和祖先神之外，更为明确的身份是布洛陀的配偶神。黄桂秋认为，姆六甲的身份是"女巫祖"。① 而壮族麽教是从巫文化发展而来的，那么，麽教徒把姆六甲从巫教中搬到麽教中来，让她做布洛陀的配偶神也就不足为怪了。

　　壮族古歌《乜渌甲》系由东兰县长江乡周赖村的壮族布麽马寿明演唱，马永全、龙茂萱采录并初步作了翻译，后来黄桂秋又重新作了翻译。古歌包括"序歌""乜六甲擎天地""乜六甲求配偶""乜六甲造人""乜六甲拯救人间""乜六甲是天国圣母"等六章，三百余句，以壮族七言歌体为主，偶有五言，押脚韵和腰脚韵，以当地壮族麽公调演唱。歌中不少章节保存了壮族原生态文化因子，有较高的学术研究价值。歌中讲，布洛陀原本是河边的一块巨石，乜六甲紧抱巨石，巨石变成青年男子布洛陀，乜六甲与布洛陀结成夫妻；乜六甲撒尿搅拌泥土造人；乜六甲是天国圣母，专管人间传宗接代，负责招回失散的灵魂，护佑人间儿女健康成长。古歌中乜六甲（姆六甲）既是人类始祖，也是以后管理人间生儿育女的"花婆"神，黄桂秋认为这首长诗印证了壮学界关于"壮族花婆由乜六甲转换而来"的观点。②

---

① 黄桂秋：《壮族社会民间信仰研究》，中国社会科学出版社 2010 年版，第 238 页。
② 马寿明、马永全、龙茂萱、黄桂秋：《壮族古歌·乜渌甲》，壮族在线·僚人家园，2010 年 11 月 2 日。

有关壮族始祖神布洛陀与姆六甲崇拜的韵文还有一些，如采录于广西西林、巴马等地的《造物歌》《布洛陀造米》①，等等，都是颂扬布洛陀开天辟地、发明农耕或稻作文化等方面的功绩的，此处不再一一赘述。

就以上来看，在壮族地区流传的反映始祖神布洛陀与姆六甲崇拜的民间口承作品还是比较丰富的，其中既有韵文，也有散文，可谓形式多样。笔者在本节中主要对布洛陀和姆六甲的神话与《布洛陀经诗》作了介绍，至于相关传说部分将放在下节作专门讨论。

第三节　壮族始祖神崇拜与民间传说

如前所述，围绕着壮族始祖神布洛陀和姆六甲有许多口头散文叙事，其中既有神话，也有传说和故事。就本研究的主旨而言，当中的传说部分是本研究的重点。如何把有关布洛陀、姆六甲的神话与传说区分开来，这自然是我们要解决的问题。巫瑞书指出，神话与传说有这样的区别：神话以神为中心，传说以人为中心；二者都有解释性特点，但神话解释自然物、社会物多是大的概念，种类的概念，传说的解释则是具体的事物、现象。② 笔者赞成巫瑞书的观点，但以为神话与传说还有一个明显的区别，那就是传说与神话相较有着突出的地方性特点，常常与一地的具体的景观风物联系在一起。结合上述理论认识，我们这样区别布洛陀和姆六甲的神话与传说：神话中布洛陀和姆六甲身上有浓郁的神性，而相关传说中的布洛陀和姆六甲则神性淡化，接近于人；神话中的布洛陀和姆六甲做的往往是开天辟地、创造万物之类惊天动地的大事，而围绕着传说中的布洛陀和姆六甲发生的事件则更为接近于现实生活；布洛陀和姆六甲的传说都与地方的自然景观、风尚习俗相联系，具有地方性与可信性。当然，有关布洛陀、姆六甲的神话、传说之间既存在着相互转化的现象，也存在一些不太容易确定的模糊地带。

关于布洛陀与姆六甲的传说有些在民间传承已久，有些则是田阳县文

---

① 农冠品：《中国歌谣集成·广西卷》，罗汉田、黄焕英等搜集整理，中国社会科学出版社1992年版。

② 巫瑞书：《民间文学名作鉴赏》，湖南文艺出版社1988年版，第51页。

化部门的同志配合开发敢壮山布洛陀旅游文化对民间传说的仿作。在本节中，我们以前者为研究对象，后者则放到后边两节作专门讨论。

姆六甲的传说中大致有以下四类：第一类是讲姆六甲发明文化的，如《姆六甲分姓》①、《姆六甲叫仔女分家》②、《那哒的传说》③、《米洛甲审水牛》④，等等。《姆六甲分姓》的传说讲，姆六甲想给娃仔们分姓，想不出办法生了病，娃仔们来看她，她灵机一动，根据娃仔们带来的礼物给他们分了姓；《姆六甲叫仔女分家》的传说解释民族的起源与人们职业分工的源起；《那哒的传说》讲姆六甲为了方便大家带着孩子生产劳作，发明了背带；《米洛甲审水牛》的传说讲，水牛是姆六甲造的，一开始野性十足，她就叫人用绳子穿上牛鼻子，牛以后就听话了。米洛甲定了四月八为牛魂节，这天给牛放假，让公牛与母牛交配。这则传说应该产生于农业文化发明之后，人们把发明牛耕的功劳归于姆六甲。

第二类是讲姆六甲以神力改造自然的故事的，如《姆六甲造红水河》的传说讲，为了解除罕见的旱灾，姆六甲捅漏了天塘，雷公补天时，姆六甲拿一筐沙子顶替黄泥骗过了雷公，结果天塘尽管补好了，却还是漏水，形成了红水河。⑤ 这则传说虽然神话色彩很浓，但因其地方性特点明显，我们将其确认为传说。

第三类是讲姆六甲给自然界定规矩，安排秩序的，如《断案》的传说讲，姆六甲给自然界安排秩序，让花草不再说话，不准走动，固定在泥里；让动物们各司其职：牛给人耕田、马供人骑、猪供人吃肉、狗给人看门。⑥

还有一类传说是解释一些壮族风俗与姆六甲的关系的。《撒杨桃果辣椒果》篇讲姆六甲拿被尿淋湿的泥捏人，又拿杨桃果和辣椒果撒向人群，抢得杨桃果的成了女子，抢得辣椒果的成了男子。因而，壮乡谁家新生了

---

① 农冠品：《女神·歌仙·英雄》，搜集整理者：覃承勤，广西民族出版社 2007 年版，第 4—6 页。

② 农冠品：《壮族神话集成》，搜集整理者：陆毅，广西民族出版社 2007 年版，第 24 页。

③ 同上书，第 178—179 页。

④ 过伟：《中国民间故事集成·广西卷》，中国 ISBN 中心 2001 年版，第 10—11 页。

⑤ 农冠品：《壮族神话集成》，搜集整理者：覃剑萍，广西民族出版社 2007 年版，第 25 页。

⑥ 农冠品：《女神·歌仙·英雄》，搜集整理者：覃剑萍，广西民族出版社 1992 年版，第 13—16 页。

孩子，亲友们见面常问：带辣椒果的，还是带杨桃果的？① 这则传说明显具有一定的神话因素，因被人们拿来解释现实中存在的习俗而具有了传说的性质。流传在广西东兰县的一则传说讲，某山上的一个岩洞是姆六甲的生殖器，壮人是从岩洞里源源不断地生出来的。因此，每年农历七月十四中元节，壮家男女老幼带酒肉过"岩育节"，感谢姆六甲的孕育之恩。② 该传说也具有神话色彩，其中沉淀着古老的生殖崇拜观念。《送红花白花》的传说讲，姆六甲"管花山，栽培许多花"，"送红花给谁家，谁家就生女孩；送白花给谁家，谁家就生男孩"，"将一株红花与一株白花栽在一起，人间男子和女子便结成夫妻"。所以，"在一些壮乡，壮人在新婚夫妇的新房里，在新生婴儿的产房里，采山花设花婆神位，祈求她送花、护花……"③ 该传说讲姆六甲主管人类的生育与婚姻，明显是解释花婆信仰的起源的，从姆六甲神格的变化上看，这则传说产生或流传的时间应该比较晚。姆六甲的传说大致有这样几类，数量比较有限，以上所述基本上可反映其大概。

以上我们将姆六甲传说分为发明文化，改造自然，给大自然定规矩、安排秩序，解释习俗等几个主题做了梳理。通过姆六甲传说，我们可以描绘出姆六甲信仰的大致变化轨迹。最初的姆六甲是人类的始祖母，她制造或生育了人类，人们又把文化发明或改造自然的丰功伟绩附会到她的身上，使她同时兼有了创世大神的身份；后来，她适应世俗社会的需求成为主管人间生儿育女的花婆神。

自清代以来，文献中不断有关于壮族花婆神信仰的记载，至今在壮族民间仍广泛传承着相关信仰活动。如广西凤山县的群众认为农历六月初六是花婆神诞辰日，该日一些育龄期的夫妇用竹篾编成一个宽五六寸、长一米左右的花带置于卧室门楣，设立专门祭祀花婆的香花炉，向花婆祈求早得贵子或妇幼平安。④ 在壮族大部分地区，男女婚后一般都要举行"架桥

---

① 农冠品：《女神·歌仙·英雄》，搜集整理者：黄勇刹、过伟，广西民族出版社1992年版，第1页。

② 黄桂秋：《论布洛陀的陪神姆六甲》，《百色学院学报》2006年第1期。

③ 农冠品：《女神·歌仙·英雄》，搜集整理者：黄勇刹、过伟，广西民族出版社1992年版，第1—2页。

④ 韦惠文：《麽文化视野下的壮族民间生育礼俗》，硕士学位论文，广西民族大学，2010年，第10页。

求花"仪式,祈求花王赐予子嗣。至于花婆庙更是遍及广西壮族自治区各地。

对于姆六甲是由始祖神变异为花婆神的观点,一些学者表示怀疑。其实,女性始祖神演化为生育神绝不仅姆六甲这一个个案。汉族民间信仰的女性始祖神女娲,后来也兼任送子娘娘一职,一些地区到了婚育期的妇女常常要到人祖庙去"拴娃娃"。杨利慧的《女娲溯源》一书收入的山东邹城东山庙宇中的女娲塑像照片显示,女娲塑像前摆着一堆泥娃娃;而在该书的考察日记部分也曾交代,崇拜女娲的群众告诉她,女娲在现实中有"送子、治病赐福、保佑发财等等"[1]功用。乌丙安也曾指出:"主司生子佑儿的娘娘神,在中原地区又与女娲崇拜汇合,尊称娲皇,有女娲庙享有求子香火。"[2]乌丙安的意思是,在中原地区作为始祖神的女娲同时兼有送子娘娘之职。如果将姆六甲信仰与女娲信仰联系起来看,我们认为在各民族的神话中,女性始祖神转化为世俗色彩极强的生育神,应该不是个别现象。

与姆六甲的传说相比,布洛陀的传说要多一些。谢荣征在其硕士论文附录《敢壮山布洛陀传说情节梗概一览表》[3]中虽收入38篇之多,但仍然没有搜集殆尽。笔者认为,这些传说大致可分为布洛陀创世、造物与发明文化、布洛陀与自然景观、布洛陀与壮族民俗、布洛陀的神奇与灵异四个主题。

以布洛陀创世、造物与发明文化为主题的传说大致包括《布洛陀造人间天地》[4]、《布洛陀取火》[5]、《造牛》[6]、《铜鼓的来历》[7]、《那笔屯鸭酱的由来》[8]等数则。《布洛陀造人间天地》传说讲,布洛陀用铁砂掌打破圆球,开天辟地,制造山川河流、日月星辰;《布洛陀取火》传说讲,布洛陀用神斧砍树,溅出火星,发明了人造火;《造牛》的传说则讲,是

---

[1]　杨利慧:《女娲溯源》,北京师范大学出版社1999年版,第1、171页。

[2]　乌丙安:《中国民间信仰》,上海人民出版社1996年版,第163页。

[3]　谢荣征:《布洛陀传说研究》,硕士学位论文,广西民族大学,2009年,第37—49页。

[4]　农冠品:《壮族神话集成》,搜集整理者:李世锋,广西民族出版社2007年版,第165—166页。

[5]　同上书,第167—168页。

[6]　同上书,第56页。

[7]　蓝鸿恩:《壮族民间故事选》,上海文艺出版社1984年版,第123—126页。

[8]　李炳彪:《那笔屯鸭酱的由来》,壮族在线·僚人家园,2004年5月14日。

布洛陀造出了牛，想出了驯服牛的办法，发明了牛耕文化；《铜鼓的来历》的传说讲，布洛陀发明铜鼓，让子孙们擂击以驱赶毒蛇猛兽，抵御来自大自然的侵害，并在上边绘制图画，传承生产知识；《那笔屯鸭酱的由来》的传说讲，布洛陀造出鸭子吃稻田中的害虫，以消除虫灾。这一主题的传说从内容上看很接近神话，但因为这些故事"采取溯源和说明等狭义的历史表述形式"①，并往往具有"地方性特点"②，所以我们还是把它们列为传说。

布洛陀与自然景观这一主题下大致包括《布洛陀挑山》③、《五村独山》④、《闩门山》⑤、《香叶和油鱼的传说》⑥、《护河夫》⑦、《布洛陀的灯笼》⑧、《凉水泵》⑨、《看牛栅》⑩ 等传说数则。《布洛陀挑山》《五村独山》《闩门山》三则传说都是讲某处的两座山峰是由布洛陀挑过去的；《香叶和油鱼的传说》讲，西洋江的鱼原来又小又臭，布洛陀派人把香油倒进河里，撒了香叶种子在岸边，河里的鱼变成了油鱼，江岸长出了香叶树；《护河夫》的传说讲，某条河的源头有一块像哨兵一样的青石，它本是一条龙，被布洛陀封为守河大臣，守护在那里，日久天长化为了青石。上述传说表现了人们改造自然或改善自身生存环境的理想与愿望，由于受生产力水平的限制，人们把这种理想与愿望寄托在作为始祖神与创世神的布洛陀身上。《布洛陀的灯笼》的传说讲，右江河上发起洪水，人们不知向哪个方向转移，布洛陀用灯笼给人们指示方向，后来灯笼变成了土坡，形状像一朵红蘑菇。这则传说通过解释自然景观所具有的特征，歌颂了布洛陀佑护百姓的功德。《凉水泵》的传说属于"嫌酒无糟"型故事，该类型故事或传说在我国几乎妇孺皆知，台湾学者金荣华将其列在宗教神仙故事之下，归纳为《井水变成酒，还嫌酒无糟》型故事，该传说旨在抨击

---

① 钟敬文：《民间文学概论》，上海文艺出版社 1980 年版，第 183 页。
② 同上书，第 187 页。
③ 黄桂秋：《壮族麽文化研究》，民族出版社 2006 年版，第 99 页。
④ 黄明标：《田阳县故事集》（内部资料本），1988 年，第 88 页。
⑤ 李炳彪搜集整理：《闩门山》，新华网·广西频道，2006 年 3 月 28 日。
⑥ 西林县民委、文化局：《西林民间故事集》（内部资料），1990 年，第 115 页。
⑦ 农冠品：《壮族神话集成》，搜集整理者：韦奇，广西民族出版社 2007 年版，第 178 页。
⑧ 同上书，第 168—169 页。
⑨ 肖丁山：《宜山县民间故事集》（内部资料本），1987 年，第 144—146 页。
⑩ 黄桂秋：《壮族麽文化研究》，民族出版社 2006 年版，第 48 页。

人心不足的贪婪者。①《看牛栅》的传说讲，几百年前，布洛陀在广西田阳县玉凤乡亭怀屯附近养牛用来祭神，实际上这些牛都是由石头点化而成的，因被人说破又复原为石头，此后，亭怀屯对面山坡上留下一个大土坑（牛圈）和一块块形状像牛的大石头。"亭怀"即是"看牛栅"的意思。这则传说是"解语源的"，② 即解释亭怀屯的得名，在这则传说中，人们通过解释亭怀屯的得名，把自己的家乡与神圣的布洛陀联系在一起。

布洛陀与自然景观这一主题的传说一方面宣扬布洛陀的超自然力，另一方面歌颂他造福于人、佑护百姓的功德。这些传说都与具体的山水景观相联系，因而"饱蕴着人民热爱乡土的情感"，"赋予所叙述的自然物或人工物以富有情趣的或富有意义的说明"。③

以"布洛陀与壮族民俗"为主题的传说大致有《阴阳石》④、《舞狮的传说》⑤、《田阳人喝酒为什么喜欢杯来杯往》⑥ 等数则。《阴阳石》的传说讲，一天，布洛陀酒后与一位女子（始祖母）在田阳县玉凤乡亭怀屯附近一个山洞里发生关系，繁衍出子孙后代。山崖上留下了布洛陀和始祖母的天然石像，两石像下身分别有一根钟乳石和一道石缝，人们认为那是布洛陀的男根与姆六甲的女阴，称其为"阴阳石"。据说凡经过此地的人，撑伞的要收伞，骑马的要下马，穿白衣服的要脱下白衣服才能顺利通过。由于历史沧桑或现代社会的快速发展，近年来传统的民间信仰受到了强烈的冲击，壮族人民的始祖神崇拜观念也逐渐淡化，但在一些地方仍有一些与始祖神崇拜相关的民俗活动传承了下来。前述传说中所讲的田阳县玉凤乡亭怀屯附近的山崖下，每年农历正月初四当地群众都来此祭拜布洛陀，每月的初二、十六也常有人来此烧香祷告。在 20 世纪 90 年代，田阳县的一些干部认为群众祭拜布洛陀是封建迷信的行为，用炸药把那根老百姓称为布洛陀生殖器的钟乳石炸掉了。但相关的民俗活动仍在继续，据说

① 金荣华：《中国民间故事集成类型索引简目》，参见刘守华编《中国民间故事类型研究》，华中师范大学出版社 2002 年版。

② 钟敬文：《中国的地方传说》，参见《钟敬文民间文学论集》，上海文艺出版社 1985 年版，第 83 页。

③ 钟敬文：《民间文学概论》，上海文艺出版社 1980 年版，第 196 页。

④ 佚名：《田阳的另一个"布洛陀"遗址》，壮族在线·僚人家园，2006 年 6 月 7 日。

⑤ 罗大国：《舞狮庆丰收》，壮族在线·僚人家园，2007 年 3 月 11 日。

⑥ 邓建新：《田阳人喝酒为什么喜欢杯来杯往》，新华网·广西频道，2006 年 3 月 28 日。

目前山下祭拜布洛陀和姆六甲的香火依然非常旺盛。[①]

《舞狮的传说》讲，布洛陀让人们扮狮子驱赶野兽，逐渐形成舞狮习俗；《田阳人喝酒为什么喜欢杯来杯往》的传说讲，田阳壮人喝酒杯来杯往的习俗来自布洛陀的提倡。这些传说中，人们把日常生活习俗与神圣的布洛陀联系在一起，"对风俗习惯给以饶有意味的解说"。[②]

布洛陀的神奇与灵异主题包括《布洛陀造桥》[③]与《布洛陀山》[④]等传说数则。《布洛陀造桥》传说讲布洛陀以生殖器为桥送姆六甲过桥去砍柴或帮助一对恋人相会；《布洛陀山》的传说讲，一条大船在某处搁浅，经人们向布洛陀祷告，得以脱离沙滩，顺利起航。前一篇传说显然积淀着古老的生殖崇拜观念，后一篇则是宣扬信仰布洛陀的灵验。

以上便是布洛陀传说的大致内容。在这些民间传说中，布洛陀仍然像神话中一样是开天辟地之神、文化发明之神与造物之神，但与神话又有所不同，在传说中，他更多的时候不是高高在上的，而是更像人类的朋友与老师，神通广大而又乐于助人，常常指导或帮助人类战胜灾害与克服困难，譬如《那笔屯鸭酱的由来》的传说讲他造出鸭子帮助人类战胜虫害；《香叶和油鱼的传说》讲布洛陀积极改善人类的生存环境；《舞狮的传说》讲他教人们舞狮以消除兽灾；《布洛陀的灯笼》的传说讲他挑灯笼给人照明，让人们躲过涌来的洪水；《布洛陀造桥》的传说中讲他搭桥是为了方便两位隔河相望的恋人。在这些传说中他创世大神的神圣、威严逐渐淡化，而越来越像是一个热心助人的老爷爷。

我们通过对姆六甲、布洛陀传说的梳理与分析，探讨了壮族始祖神崇拜的内涵。就传说来看，无论是姆六甲，还是布洛陀，虽然都还保留了创世大神的身份，其中传诵着他们开辟天地、发明文化、创造人类与自然的伟业，但是他们身上的神性已经减退，而世俗化的成分越来越多，他们更像是一对慈祥、善良而又乐于助人的公婆，经常俗务缠身，为人间疾苦而忙碌和奔走。

无论是姆六甲的传说，还是布洛陀的传说，都积淀着古老的生殖崇拜

①　佚名：《田阳的另一个"布洛陀"遗址》，壮族在线·僚人家园，2006年6月7日。
②　钟敬文：《民间文学概论》，上海文艺出版社1980年版，第198页。
③　覃超人：《布洛陀造桥》，新华网·南宁，广西频道，2010年4月15日。
④　谢荣征：《布洛陀传说研究》，硕士学位论文，广西民族大学，2009年，第49页。

观念。著名的性心理学家蔼理士说："生殖之事，造化生生不已的大德，原始人早就认识，是原始文明所崇拜的最大一个原则，原始人为了这种崇拜心理，设有种种象征，其中最主要的一个就是生殖器本身。"① 蔼理士认为"生殖崇拜""是原始文明所崇拜的最大一个原则"。美国艺术心理学家鲁道夫·阿恩海姆则说："原始部落""习惯于到处运用男性生殖器作为某种象征，但是他们从来就没有把作为礼仪象征的生殖器与普通的阴茎混为一谈。在他们眼里，这种具有象征意义的男性生殖器代表着一种富有创造性的力量，他不仅能使人类繁殖，而且能使人恢复健康。"② 鲁道夫·阿恩海姆对原始人或原始部落中存在的生殖崇拜有着很深刻的认识。流传在广西东兰县的"岩育节"传说讲，某山上的一个岩洞是姆六甲的生殖器，壮人是从岩洞里源源不断地生出来的；流传在田阳县玉凤乡亭怀屯的"阴阳石"传说把钟乳石与石缝说成布洛陀男根与姆六甲女阴的象征；"布洛陀造桥"传说中对布洛陀生殖器的无限夸大，都是人们无意识中潜伏的生殖崇拜观念使然。

生殖崇拜早于始祖神崇拜，当始祖神崇拜产生之后，生殖崇拜观念往往渗透进去。始祖神身上体现出生殖崇拜的痕迹可能是一种较为普遍的现象。在越南民间传说中，属于始祖神的女娲与四象一个"阴户足足有三亩那么大"，一个"阳根也足足有十四竿子那么长"。③ 就此，我们大致可得出这样的结论，生殖崇拜发生在前，当始祖神崇拜产生之后，生殖崇拜便逐渐与它合流了，因而在不少民族的始祖神身上都体现着生殖崇拜的痕迹。理解了这一点，大家自然就会认为在姆六甲与布洛陀的身上有生殖崇拜的体现很正常了。

在此需要说明的是，神话与传说本来就存在一些模糊地带，而布洛陀与姆六甲既是神话人物，也是传说人物，因而区分有关他们的故事是神话还是传说存在着很大的难度。虽然本书列出了区分布洛陀与姆六甲神话与传说的标准，但区分仍未必能做到绝对准确，这只能请学界同人给予一定的理解！

---

① ［英］蔼理士撰：《性心理学》，潘光旦译，生活·读书·新知三联书店1988年版，第67页。

② ［美］鲁道夫·阿恩海姆：《艺术与视角》，转引自覃乃昌《布洛陀寻踪》，广西民族出版社2004年版，第395页。

③ 《女娲与四象》，参见罗长山《越南传统文学与民间文学》，云南人民出版社2004年版，第185—186页。

第四节　敢壮山壮族始祖神崇拜恢复与
重建过程中的传说创作

　　敢壮山位于广西百色市田阳县城东约 8 公里处，山脉为东西走向，海拔 326.7 米，相对高度 198.9 米，总面积约 1700 亩。敢壮山也称"春晓岩"。据说，明代江西地理先生郭子儒为皇帝探寻风水宝地来到这里，被这里的美景倾倒，挥笔写下"春晓岩"三字，并书对联云："春日初升风景朗开催燕语，晓风微动露金花舞伴莺啼"，"春晓岩"因此而得名。每年三月春暖花开，人们成群结队从田东、巴马、凌云、百色等地赶来这里，游山玩水、对唱山歌，敢壮山渐渐形成了百色市最大的歌圩。敢壮山民俗信仰活动原来呈现为多神崇拜活动，山上供奉着关公、观音和玉皇等诸多神灵的神位。山上的岩洞口建有庙宇，附近的居民时常上山烧香祭拜，香火很是旺盛，每年的农历二月十九，人们还要举行一次盛大的祭拜活动。当地人把敢壮山奉为圣山，人们非常注意保护山上的一草一木、一虫一鸟。总起来看，敢壮山是一座承载着悠久历史文化传统的山，山上一直延续着一些民俗文化活动。这些正是人们把敢壮山作为布洛陀文化遗址恢复和重建的原因，也是人们立足敢壮山开发布洛陀旅游文化的原因。

　　2002 年 8 月以后，敢壮山上开始改为专一地供奉布洛陀与姆六甲神位。长期供奉的神灵突然变换，山下的一些群众一下子难以接受。据2002 年 10 月 1 日《右江日报》报道，供奉在将军洞、母娘岩、祖公庙神龛里的"布洛陀守护神位""母勒甲姆娘神位""布洛陀祖公神位"三块灵牌一度被盗并被丢弃于杂草丛中。

　　敢壮山布洛陀文化遗址是 21 世纪以来民间信仰恢复和重建的结果。时国轻的博士论文详细地介绍了广西田阳敢壮山成为"壮族布洛陀文化的发祥地和精神家园"及"布洛陀文化遗址"的过程。

　　据时国轻讲，2006 年 2 月 26 日，壮族著名诗人、词作家古笛来到田阳，由当地文化、宣传部门的干部黄明标等人陪同到春晓岩参观。考察过程中黄明标向古笛介绍了一些有关春晓岩的情况，譬如春晓岩这一名字是明代一位过往的风水先生（江西秀才郭子儒）所题；山上原有"祖公庙"和"母娘岩""望子岩""鸳鸯泉""圣水池""蝗虫洞"等诸多亭、台、阁、塔等名胜古迹（在1958年"大跃进"时被毁掉了）；田阳一带的人都称这山为"敢壮"；等等。古笛听后非常激动，认为终于找到了布洛陀的古居，找到了壮民族的祖宗和根。之后，古笛发现"布洛陀和敢壮山的关系"的消息经媒体报道后引起百色市及田阳县政府有关领导和社会各界的高度关注。但由于当时社会各界对古笛的"发现"存在较多争议，对布洛陀与田阳敢壮山关系的进一步论证便成为当时百色市政府及田阳县最为紧要的任务。这样在南宁国际民歌艺术研究院的运作下，田阳县先后召开了三次座谈研讨会，请专家对这一"发现"进行论证。当地政府有关部门和有关领导对"发现"的论证表现了高度的热情。广西社科院院长彭洋提出布洛陀是中华民族继炎帝、黄帝之后的第三个伟大的祖先；认为田阳敢壮山壮族始祖古居遗址的发现，意义十分重大，将引发文化产业与旅游产业的开发风潮；百色方面一定要抓住契机，通过学术、文化包装手段，利用民族文化这一支点，撬动百色旅游经济的发展，尽快使"学术的布洛陀"转化为"文化的布洛陀"，进而使"文化的布洛陀"成为"旅游的布洛陀"，实现民族文化的产业性开发。百色地区行署副专员刘佩发言中则说要形成品牌、树立精品、吸引客商，提高效益，并指出当务之急是抓宣传。首先，要在当地的报刊、电台、电视台大做文章，营造浓厚的宣传氛围；其次，要投入资金，在省一级乃至中央一级的新闻媒体做好系列报道、专题报道，使壮族遗址的发现一下子呈现在世人面前。[1] 正如时国轻在其博士论文中所描述的那样，壮族布洛陀、姆六甲始祖崇拜文化正是在这样的背景下开始了恢复和重建。

宗教信仰的传承与神话、传说的流传是分不开的，佛教、基督教、伊斯兰教如此，一般的民间宗教信仰也是如此。壮族始祖神布洛陀、姆六甲崇拜也是主要凭借神话、传说传承下来的。2004年9月14日，在广西民族研究所会议室召开的"关于布洛陀塑像的研究"座谈会上，《壮学丛书》总主编张声震说：布洛陀是壮民族的始祖神，是神话、传说的说法。壮学专家罗汉田曾对为考察敢壮山布洛陀文化来拜访他的时国轻讲，根据自己接触布洛陀和麽教的经历，布洛陀有三种存在形态，其一是口碑

① 时国轻：《广西壮族民族民间信仰的恢复与重建——以田阳县布洛陀信仰研究为例》，博士学位论文，中央民族大学，2006年版，第22—40页。

（神话、传说）中的；其二是祭祀中的；其三是宗教中的。① 总之，大家都认识到神话与传说在壮族始祖神布洛陀、姆六甲崇拜的传承过程中发挥了重大作用。

开发旅游也往往要借助于创编传说。徐赣丽的《民俗旅游与民族文化变迁》一书在谈到广西龙脊旅游景区的开发时说："景观的命名和赋予其新的合乎旅游市场需求的传说，是地方文化中原来没有的内容，为了吸引游客，这些新的民俗现象产生了，它们的被创制是按照民间传说的规律，即把传说中的对象附会上特定的地方性和趣味性，以解释其由来。""在导游的相关介绍中，又尽量地附会上民间传说中的人物形象及其活动，为的是让游客产生联想，在景观中渗透人的情感因素，从自然美升华到人文美。""这样便于增加观赏对象的人文蕴涵。"② 就徐赣丽所言来看，她认为对于旅游开发来讲，传说的创制是必不可少的，传说对于提升景观的审美内涵具有重大意义。

基于人们对宗教信仰传播、传承过程中神话、传说所起重要作用的认识，同时，也基于人们对传说在旅游文化开发中所具有的重要作用的认识，在壮族始祖神崇拜的恢复和重建或敢壮山布洛陀旅游文化的开发中，广西地方特别是百色市田阳县的文人开始了布洛陀、姆六甲传说的创作。

从 20 世纪 80 年代起，我国开始了大规模的民间文学普查。在普查过程中各地组成了民间文学三套集成办公室，地方文化工作者以极大的热情投身于这项工作中。田阳县民间故事集成的搜集与编辑工作是在时任博物馆馆长黄明标的直接领导下展开的，1988 年印刷了《田阳县故事集》资料本，其中计收入神话、传说、故事等 130 余则，20 余万字。黄明标在该书"后记"中表示："本集成在时间紧、任务重的情况下草草成书，实为下乘之作，尽管我们尽可能地做了大量的挖掘整理工作，但仍是捉襟见肘，挂一漏万……我们为未能收尽我县的故事宝藏而深感遗憾。"③ 我们认为，黄明标所说应该是自谦之词，地方政府投入大量人力、物力，历时数年，最后形成的成果应该是过硬的。在《田阳县故事集》中收入与布

---

① 时国轻：《广西壮族民族民间信仰的恢复与重建——以田阳县布洛陀信仰研究为例》，博士学位论文，中央民族大学，2006 年版，第 112 页。

② 徐赣丽：《民俗旅游与民族文化变迁》，民族出版社 2006 年版，第 156—157 页。

③ 黄明标：《田阳县故事集》（资料本），1988 年，第 364—365 页。

洛陀有关的神话一则——《布洛陀造人》；收入与布洛陀有关的传说一则——《五村独山》；收入与春晓岩（敢壮山）有关的传说一则——《春晓岩》。《布洛陀造人》神话、《五村独山》的传说都与敢壮山没有联系，《春晓岩》的传说虽然是解说农历三月八春晓岩歌圩的来历，但主人公是观音娘娘，既非布洛陀，也非姆六甲。

另外，据"壮族在线"于2004年6月发表的《百色田阳及周边歌咏文化与布洛陀文化调查》一文讲：当地人对布洛陀、姆六甲的传说并不知晓，如同田阳县其他地方一样，"布洛陀"对当地人而言是个新名词；当地虽流传一些神话、传说，但其中并未提到布洛陀，在当地也没有关于布洛陀的供奉和祭祀活动；当地师公活动中是否存在有关布洛陀的内容不得而知，显而易见的是师公中最通用的神似乎只有"祖宗神"，与布洛陀传说没有直接的关系；当地有反映远古传说、神话人物的山歌，但当地山歌中没有反映布洛陀文化的内容，这与当地没有布洛陀传说有关。①

根据上述两方面的迹象我们推测，在田阳敢壮山一带原来基本没有或很少有布洛陀和姆六甲的传说，后来涌现出的许多被附会于敢壮山自然景观之上的布洛陀和姆六甲传说，是在壮族民间始祖神崇拜的恢复和重建中由广西特别是田阳地方文人创作出来的。这些传说可见诸《春晓岩景区导游解说词》②、《布洛陀与敢壮山·传说故事》③ 等。这些传说大致有12篇，计有：《敢壮山与五指山的来历》④、《母娘岩与敢壮山歌圩》⑤、《鸳鸯泉》⑥、《圣水池与姆六甲》⑦、《封洞岩》⑧、《古灵山点将台》⑨、《洛陀

① 玉忠烈：《百色田阳及周边歌咏文化与布洛陀文化调查》，壮族在线·僚人家园，2004年11月30日。

② 黄明标：《春晓岩景区导游解说词》（打印本），2002年。

③ 黄明标：《布洛陀与敢壮山·传说故事》，广西民族出版社2004年版。

④ 同上书，第3—4页。

⑤ 同上书，第5—8页。

⑥ 黄明标：《春晓岩景区导游解说词》（打印本），2002年。

⑦ 黄明标：《布洛陀与敢壮山传说故事》，广西民族出版社2004年版，第10—12页。

⑧ 黄明标：《春晓岩景区导游解说词》（打印本），2002年。

⑨ 黄明标：《布洛陀与敢壮山传说故事》，广西民族出版社2004年版，第17—18页。

洞》①、《通天岩》②、《缠石》③、《蝗虫洞》④《将军岩》⑤、《望子台》⑥ 等
篇目。

　　这些传说都与敢壮山的自然景观密切相关，可以粗略地分为三大类，
一类是反映布洛陀、姆六甲与子孙后代们的亲情的，如《母娘岩与敢壮
山歌圩》的传说讲，敢壮山歌圩缘起于子孙们给布洛陀与姆六甲拜寿时
的聚会；《圣水池与姆娘岩》的传说讲，子孙们每年都来敢壮山朝圣，因
为山上缺水，常常口渴难耐，姆六甲不辞劳苦打下深井，并把自己的乳汁
滴入井中。另一类是反映布洛陀与自然界作斗争的，如《将军洞》《洛陀
峒》等传说，都是讲布洛陀施展法术将毒虫猛兽打入洞中并把洞口封死，
表现了人们征服自然的理想与愿望。还有一类属于道德教化故事，如
《封洞岩》传说，讲布洛陀化装成一个老乞丐去一个屯子探访世态人情，
发现这个屯子的人没有一个善良之辈，便施展法术刮起大风，把这个屯子
的人全部刮入敢壮山的一个洞中，并封死了洞口。

　　目前，这些在壮族民间始祖神崇拜的恢复和重建中创作出来的布洛陀
和姆六甲传说已经以各种方式广为流传，譬如通过网络、导游的讲解、印
刷品或出版物等，它们成了传播与传承壮族始祖神信仰的重要载体，当然
也成了敢壮山布洛陀文化旅游的一个重要组成部分。

第五节　敢壮山壮族始祖神传说
编写的方法与社会效应

　　黄明标是《春晓岩景区导游解说词》的作者，也是《布洛陀与敢壮
山传说故事》一书的作者，这些信息都告诉我们——黄明标是敢壮山壮
族始祖神传说的创编者。黄明标作为田阳县地方文化部门的负责人，一直
领导着当地的民间文学搜集与研究工作，这一过程无疑培养了他对民间文

---

①　黄明标：《布洛陀与敢壮山传说故事》，广西民族出版社 2004 年版，第 19—20 页。
②　黄明标：《春晓岩景区导游解说词》（打印本），2002 年。
③　同上。
④　同上。
⑤　同上。
⑥　同上。

学的兴趣，加深了他对民间文学的认识；同时，他也自始至终参与了敢壮山壮族始祖神崇拜的恢复和重建与敢壮山布洛陀民俗旅游文化的开发。如果说敢壮山壮族始祖神崇拜的恢复和重建与敢壮山布洛陀民俗旅游文化的开发需要传说，黄明标自然是承担传说创编者这一角色的不二人选。

黄明标在创编敢壮山布洛陀、姆六甲传说时，主要采用了这样几种方法：因景演绎法、改头换面法与连接法。这些方法通常不是单独使用的，往往是联合使用的。所谓因景演绎法，即是根据眼前之景，充分发挥想象与联想编创传说。所有的敢壮山布洛陀、姆六甲传说的创编都采用了这种方法，譬如《封洞岩》的传说根据敢壮山绝壁下一处开凿过的封洞口，演绎出布洛陀惩治不肖子孙，将他们封入岩洞的传说；《缠石》的传说由两棵近千年的榕树互相缠绕着生长在石头上的奇特景观推演故事，敷衍出了布洛陀与姆六甲的爱情传说……黄明标之所以如此演绎传说，自然与他对传说解释性、地方性和可信性特点的理解与把握有密切关系。所谓改头换面法，就是原来敢壮山确实有这一类型的传说，但故事的主人公并非布洛陀或姆六甲，作者把主人公改为布洛陀或姆六甲，形成新的传说，譬如在《田阳县故事集》中本来有《春晓岩》的传说，讲述观音娘娘与敢壮山歌圩起源的关系，后来被改编成了《母娘岩与敢壮山歌圩》的传说，主人公被改换成姆六甲。所谓连接法是指把在其他地区流传的布洛陀、姆六甲神话、传说或故事等与敢壮山的某一具体景观连接起来，形成新编的敢壮山布洛陀、姆六甲传说，如《洛陀峒》传说中叙述的有关布洛陀造牛的内容，就取自有关布洛陀的经诗或流传于壮族地区各地的布洛陀神话。

黄明标创编或再创作的布洛陀与姆六甲传说强化了两种观念。以往流传于民间的布洛陀与姆六甲传统口头叙事，虽有讲布洛陀与姆六甲是人类始祖的，但也有其他不同的说法，譬如有些神话就讲他们是创世神，经诗里面还讲他们是麽教主；又如，多年来在壮族民间信仰中姆六甲已主要被认为是管理生育、保佑妇幼的花婆，但是，在黄明标新创编的敢壮山布洛陀、姆六甲传说中，布洛陀与姆六甲基本上仅剩下了始祖神的身份，他们始祖神的身份得到了特别突出的强化。在黄明标新创编的敢壮山布洛陀、姆六甲传说中，一是讲布洛陀、姆六甲是怎样制造或繁衍了人类，二是讲他们如何关心呵护或护佑人类。所有新编的敢壮山布洛陀、姆六甲传说几乎都指向一个中心：布洛陀、姆六甲是壮族人民最早的祖父母，是他们创造了壮族人，并一直护佑着壮族人民。在黄明标新创编的敢壮山布洛陀、姆六甲传说中被反复强化的还有另外一个观念：敢壮山（春晓岩）就是布洛陀、姆六甲生活过的地方，这里的一峰一水、一岩一洞、一石一木都与布洛陀或姆六甲有关，都留下了他们的踪迹，而且有据可查，有物可证，敢壮山就是布洛陀与姆六甲的古居、壮民族的发源地与布洛陀文化遗址！

黄明标不愧是一个传说创编的高手，他创编的敢壮山布洛陀、姆六甲传说现在已通过书籍、网络与口头语言等在壮族地区广泛流传，产生了很大影响。这些传说的流传与传播，自然会对壮族始祖信仰的恢复与重建和敢壮山文化旅游的开发产生作用。据谢荣征讲，近年敢壮山布洛陀信仰已有一定恢复，这一地区已经有了布洛陀与姆六甲的祭祀活动，还流传开了与祭祀仪式相关的歌诗《十拜布洛陀》；在田阳群众中，"不拜布洛陀，不得上大学"①已成为十分流行的俗语。时国轻讲，他2006年到田阳县玉凤镇田野调查时，在玉凤镇巴令屯罗道公家的堂屋里出现了"始祖布渌途（布洛陀）神位"的神牌；亭怀屯还有个道公抄录了《布洛陀经诗》，并为梁庭望、罗汉田和中央电视台摄制组一行念颂了一段；在亭怀屯他还发现了"布洛陀"符——"布洛陀"三字与道教护身符结合的一种"符"。就此，时国轻认为："在敢壮山布洛陀开发的刺激下，当地人对布洛陀的历史记忆被激活……当地布洛陀信仰得到了恢复和重建。"②布洛陀与姆六甲始祖神信仰恢复与重建所取得的成果，自然不能完全归功于黄明标创编的传说，但它确实发挥了一定作用。

目前，敢壮山布洛陀旅游文化已开展得如火如荼。据说，2003年广西田阳地方政府在农历三月初八前后举办"布洛陀文化旅游节"，参加人数有18万之众；2008年"布洛陀文化旅游节"期间，来祭拜与参加歌圩的群众高达30万之众；③2009年4月3日，"布洛陀民俗文化旅游节"期间，参加旅游节各项活动的国内外来宾与游客也达到30万人次；④2010

① 谢荣征：《布洛陀传说研究》，硕士学位论文，广西民族大学，2009年，第9—10页。
② 时国轻：《广西壮族民族民间信仰的恢复和重建——以田阳县布洛陀信仰研究为例》，博士学位论文，中央民族大学，2006年，第115—116页。
③ 谢荣征：《布洛陀传说研究》，硕士学位论文，广西民族大学，2009年，第29页。
④ 孟萍：《三十万人拜祭先祖布洛陀》，广西壮族自治区旅游发展委员会网站，2009年4月4日。

年、2012 年"百色市布洛陀文化旅游节"期间，笔者两次与广西民族大学文学院少数民族语言文学专业、文艺学、美学专业的老师与研究生一起前往考察，目睹了敢壮山人山人海、万头攒动的景观。那碗口粗的缭绕的庹香，遍地的冥币，身着节日盛装、抬着猪头乃至整头猪给布洛陀与姆六甲上供的村民，为了防止因拥挤而造成踩踏、忙得满头大汗的民警与协警……都给笔者留下了深刻的印象。当前，敢壮山已经成为远近闻名的旅游景点，越来越多的人慕名而来。当然，敢壮山布洛陀文化旅游的红火，也肯定不能完全归功于黄明标创编传说的成功，但其中肯定有其一份功劳。旅游看的是景点，平时来敢壮山的人都要去看望子台、封洞岩、鸳鸯泉……这些地方之所以成为景点，正是因为有了与他们相联系的传说。没有故事的景点缺乏人文气息，没有灵气，难以成为景点。西湖的断桥、三峡的神女峰、杭州的飞来峰……如果没有了耐人寻味的传说，还算得上是景点吗？无疑，黄明标创编的布洛陀与姆六甲的传说增加了敢壮山布洛陀旅游文化的内涵，对发展敢壮山布洛陀文化旅游也发挥了重大影响。

这些年来，由于各种原因，不少地方出现了仿作民间文学作品的现象，对于这种现象一些学者斥之为"造假"，采取一种完全排斥的态度，不予理睬，也反对对它作研究。笔者认为这种"民间文学"拟作也并非全无价值，把它作为一种文化现象来考察也不能说完全没有意义，只是要认识到这些创作是有别于传统的民间文学作品的，在研究的视角与方法上应区别于对传统民间文学作品的研究。正是基于这种理念，笔者在研究布洛陀、姆六甲的神话与传说的过程中才把黄明标个人编写的布洛陀、姆六甲的神话或传说纳入了考察、研究的范畴。

近年来，随着改革开放形势的发展，民间社会拥有了越来越多的自主空间，一些传统的民间信仰也得以恢复重建，给人一种四处塑神、八方建庙的感觉。对此，一些学者颇有烦言，批评其为"造神"运动。民间信仰的恢复与重建究竟是利还是弊，不是一个可以简简单单说清楚的问题，李亦园在谈到该问题时说：

> 大陆地区近年来在改革开放之后，经济已逐年走向繁荣……而在同时，民间宗教也有逐渐兴起之势，其间的发展无疑也将与台湾的情况相近，因为无论如何，这都是出自中国文化底层的根，其发展的趋势必然相同。我们关心台湾民间宗教的偏向发展，自然也关心大陆在

将来的可能发展。而目前报道，大陆在中央层次将有"精神文明委员会"成立，相信这个机构也是针对社会风气、文化水准的情况而发，因此，我们希望这个委员会在运作之后，也能注意到民间宗教的动态，针对问题之所在而加以疏解促进。①

李亦园一方面看到民间宗教发展中的偏向，另一方面又认为民间宗教是中国文化底层的根，认为其恢复与发展是必然的，对于民间宗教或信仰的健康发展他寄望于官方的正确疏解与促进。

我们都知道，人是不能没有信仰的，我们可以倡导大家信仰马克思列宁主义或共产主义，却没有办法让每个人都信仰马克思列宁主义或共产主义。基于这种道理，我们为什么要反对群众从民间信仰中去寻找精神的归宿呢？何况这种"造神"运动还明显体现着地方政府与一般大众对现实利益的诉求，往往有益于地方经济的发展。单就壮族地区布洛陀、姆六甲始祖神信仰的恢复与重建来看，至少有三个方面的好处：一是发挥了民间信仰的整合功能，增强了壮族群众的凝聚力，有利于壮族地区和谐社会的建设；二是有利于恢复与延续、传承壮民族的文化传统，弘扬民族精神；三是促进了敢壮山旅游文化的进一步发展，给当地政府与群众带来了经济方面的实惠。当然，民间信仰在恢复重建中往往会出现这样、那样的问题或偏向，布洛陀、姆六甲始祖神信仰恢复与重建的过程中也未必不出现流弊，但因噎废食绝不是最好的选择！

小　结

千百年来，在壮族地区广泛流传着布洛陀与姆六甲的各种口头传承，这些口头传承和其他民俗事象一起承载着壮族民众的始祖神信仰或崇拜。通过对这些口头传承的分析、解读，我们可以了解壮族民众始祖神信仰或崇拜的本质与内涵。

学界一般认为，在神话中，作为创世大神女娲早于伏羲，最初伏羲、

---

① 李亦园：《宗教与神话》，广西师范大学出版社 2004 年版，第 85 页。

女娲互不统属，后来两者才演化为对偶神。① 笔者认为姆六甲与布洛陀的关系可以拿女娲与伏羲作类比，姆六甲大概是母权制时代出现的女神，布洛陀神话大概是产生于父权制时代，在民间信仰中姆六甲可能是先于布洛陀的创世大神，后来才演化出二者共同创世的神话、传说。麽教产生后，麽教从业者为了抬高麽教的地位，强化人们对麽教的信仰，把在壮族地区广有影响的创世大神布洛陀和姆六甲抬进了麽教经典，从此以后，布洛陀才兼有了麽教宗师的身份。至于姆六甲与花婆神的关系，笔者作如此设想，最初民间或麽教信仰中的花婆未必就是姆六甲，花婆神信仰与姆六甲信仰合而为一可能是民俗在传承过程中变异的结果，因而讲述姆六甲养花、送花、护花的传说、故事产生或流传可能较晚。

在本研究中，我们主要解读了布洛陀与姆六甲的传说。通过对这些传说的解读，看到壮族民众对布洛陀、姆六甲的崇拜，是对始祖神的崇拜，也是对创世神、文化神的崇拜。对姆六甲的崇拜逐渐由对创世神、始祖神与文化神的崇拜演绎为对花婆神的信仰；传说中布洛陀仍然神性十足，他是创世、造物与文化发明者，但是他的神性已经有所淡化，他济困扶危，庇益后人，更像是人类的良师益友。通过民间传说并结合一些民间信仰活动来看，民众对布洛陀与姆六甲的崇拜中还包含着生殖崇拜的内容。

人们一般认为宗教信仰大致有三项重要的功能，即生存功能、整合功能、认知功能。首先，布洛陀与姆六甲信仰具有生存的功能，特别是姆六甲由祖先神转化为花婆神之后，这种功能就更加突出了，明显具有"帮助人类克服种种生活与心理上的挫折、困难、恐惧、不安"，"获得安定、安心与安全"的功能。② 其次，布洛陀与姆六甲信仰还承担着整合功能，传说中布洛陀与姆六甲是壮族人民共同的祖先，这无疑具有强化壮族群众族群意识、促进壮族民众内部团结的功能，有利于壮族民众力量的凝聚。最后，通过传说来看布洛陀与姆六甲信仰承担着认知功能，布洛陀与姆六甲的传说告诉了人们天地是怎么形成的，人类是如何起源的，自然界的秩序是如何确定的，文化是如何发展的，等等，"满足"了"人类对于终极意义的困惑"，"提供"了"对宇宙、人生、存在与道德等等根本问题的

① 吕微：《神话何为》，社会科学文献出版社 2001 年版，第 323—332 页。
② 李亦园：《宗教与神话》，广西师范大学出版社 2004 年版，第 80 页。

答案"。①

　　以黄明标为代表的广西田阳县地方文化工作者，为了壮族始祖神信仰的恢复与重建及敢壮山布洛陀旅游文化的开发，结合敢壮山的自然景观，运用民间文学的传统形式和艺术手法，编创了一些布洛陀与姆六甲的传说。目前这些传说已经通过书籍、网络与口头语言广泛流传，为许多壮族群众所接受和认同，这在壮族始祖神信仰的恢复与重建和敢壮山布洛陀旅游文化的开发过程中产生了重大影响，发挥了重要作用。

---

① 　李亦园：《宗教与神话》，广西师范大学出版社 2004 年版，第 80 页。

第 二 章

壮族蛙崇拜与民间传说

在我国，蛙信仰或蛙崇拜作为一种文化现象表现出两方面的特点。第一方面是历史悠久，距今六七千年的河南渑池县仰韶村曾出土了许多绘有蛙纹的陶器；在甘肃临洮县马家窑遗址也发掘出了大量绘有蛙或蛙神形象的陶器，这些陶器距今最久的有五六千年；2001 年开始发掘的成都市城西苏坡乡金沙村商周遗址曾出土两枚蛙形金箔，这些都足以说明我国蛙崇拜文化的历史悠久。

分布区域广泛是我国蛙崇拜文化第二方面的特点。就出土文物的情况看，在上古时期，至少在我国的西北、西南、中原等广大地区都曾经流行过蛙崇拜。就今天的情况来看，蛙信仰在广西、江西、台湾等多个省、区和壮、黎、傈僳、纳西、土、佤等多个民族中都还有遗存。

第一节　相关研究的学术小史

古代文献中有一些对蛙崇拜的记载或描述。董仲舒《春秋繁露》卷十六《求雨第七十四》载：

> 春旱求雨，令县邑以水日祷社稷山川，家人祀户，无伐名木，无斩山林，暴巫聚尪八日，于邑东门之外为四通之坛，方八尺，植苍缯八，其神共工，祭之以生鱼八、玄酒，具清酒、膊脯。择巫之洁清辩利者以为祝。祝斋三日，服苍衣，先再拜，乃跪陈，陈已，复再拜，乃起……以甲乙日为大苍龙一，长八丈，居中央；为小龙七，各长四丈，于东方。皆东乡，其间相去八尺。小童八人，皆斋三日，服青衣

而舞之。田啬夫亦斋三日，服青衣而立之。凿社，通之于闾外之沟。取五虾蟆，措置社之中。池方八尺，深一尺，置水蝦（虾）蟆焉。①

文中"八日""八丈""八龙""八尺""八鱼"，显然与"八方"有关，而"植苍缯""服青衣"乃象征黑云，"五蝦（虾）蟆"之"五"宜是"五谷"之"五"的意思，意在以此祈求雨水充足、五谷丰登。此处所云汉人求雨时供奉五蝦（虾）蟆的仪式，即说明当时存在人们对蛙的崇拜。雨前和雨后，青蛙的叫声频繁而且响亮，古人凭直觉感到青蛙和雨水的密切联系，从而让青蛙在求雨巫术仪式中扮演一定角色。

有不少学者对蛙崇拜进行过研究，其中一些研究是针对古代的蛙崇拜进行的，如阚绪良的《汉代的青蛙求雨》一文，介绍了董仲舒《春秋繁露》一书记载的汉代以青蛙求雨的习俗，并与中国壮族、欧洲、美洲印第安人的类似做法作了比较；② 朱海鹰的《云南澜沧江失落的蛙文化》一文，根据中南半岛克伦族关于蛙鼓的传说和泰国、缅甸有关蛙鼓、蛙崇拜的文化，去寻找澜沧江流域曾有过的蛙鼓、蛙崇拜等文化现象；③《马家窑蛙纹：中华龙的起源》一文则是以马家窑文化遗址出土陶器上的蛙图案为证，提出中华龙文化源起于蛙崇拜的观点，认为从马家窑的彩陶可以看出，史前龙的演绎过程十分清晰：从蛙图腾到驭水蛙神，终而上天成为原始龙，这是中华龙产生的完整的链条；④ 叶舒宪的《蛙神八千年》，通过考察出土器物上的蛙图案，结合一些少数民族有关蛙信仰的口头资料，论证我国蛙神信仰历史的悠久，认为我国有一个传承不衰的蛙崇拜传统，这个传统发端于近8000年前的兴隆洼文化，经由6000年前的仰韶文化、5000—4000年前的马家窑文化，至今仍顽强地表现于民间美术或以民间信仰的形式传承于我国中原以外的少数民族地区；⑤ 王贵生的《从"圭"到"黽"——女娲信仰与蛙崇拜关系新考》一文，则是按照语义相关和文字构型原理，追溯女娲原始本相，提出了女娲信仰源于蛙崇拜的观点，指出女娲名称之缘起不仅与"蛙""娃"等在语音上相关，而且与作为重

① （汉）董仲舒：《春秋繁露》，河南大学出版社2009年版，第352页。
② 阚绪良：《汉代的青蛙求雨》，《安徽广播电视大学学报》2000年第1期。
③ 朱海鹰：《云南澜沧江失落的蛙文化》，《云南艺术学院学报》2003年第4期。
④ 钱汉东：《马家窑蛙纹：中华龙的起源》，《中国文物报》2006年7月9日。
⑤ 叶舒宪：《蛙神八千年》，《寻根》2008年第1期。

要礼器的"圭"有深厚的文化渊源——圭文化本原就是象征繁衍生育的蛙崇拜；① 屈小玲的《金沙遗址蛙形金箔与蛙崇拜源流初探》一文，依据出土文物和神话资料，指出古蜀王国金沙遗址蛙形金箔与马家窑彩陶蛙纹有着传承关系，蛙形金箔象征了蛙崇拜祭祀仪式在国家政治生活中的地位，认为蛙崇拜南传与彝族先祖由蜀入滇有联系，古蜀王国在源于马家窑彩陶的蛙崇拜南传中起到了承上启下的作用。②

在我国台湾、江西等地至今还保存着蛙崇拜习俗。章军华的《抚州青蛙信仰与跳魁星小戏源流考》③、张朝霞与章军华的《交感巫附——从江西金溪青蛙崇拜的起源折射南方古代民族青蛙信仰的交感点》④、黄意华的《马祖芹壁村的"蛙神"信仰》⑤ 等三篇文章都是就江西、台湾等地的蛙神信仰作介绍或研究的。《抚州青蛙信仰与跳魁星小戏源流考》一文指出，流行于抚州地区的供奉活体青蛙的习俗，源于上古时期星相占卜中对西方白虎七星中"奎星"的崇拜及唐末宋初兴起的江西风水学说等的交感附会。两宋时抚州科举兴盛，学宫中对北斗七星中的魁星崇拜习俗延续了"青蛙"拟物态神灵的形式，并被傩俗演绎为跳魁星小戏。《交感巫附——从江西金溪青蛙崇拜的起源折射南方古代民族青蛙信仰的交感点》一文指出，至今仍盛行的江西省金溪县青蛙崇拜可框定为西汉时期甚至更早以前的巫师对奎星的崇拜，从清代开始，这种信仰崇拜的本体意义因魁星崇拜的兴盛而被消解。《马祖芹壁村的"蛙神"信仰》一文，则介绍了马祖岛北竿乡芹壁村天后宫配祀的神祇"铁甲将军"（蛙神），并指出芹壁村的"铁甲将军"是大陆分灵而来的，其祖庙是武夷山市的"铁甲将军"庙。

鄂崇荣的《试论中国少数民族中的蛙崇拜》一文，依据考古发掘、历史文献记载以及民俗学和人类学调查，介绍了我国壮、黎、土、纳西、

① 王贵生：《从"圭"到"鼋"——女娲信仰与蛙崇拜关系新考》，《中国文化研究》2007年夏之卷。

② 屈小玲：《金沙遗址蛙形金箔与蛙崇拜源流初探》，《中南民族大学学报》2010年第4期。

③ 章军华：《抚州青蛙信仰与跳魁星小戏源流考》，《东华理工学院学报》2005年第2期。

④ 张朝霞、章军华：《交感巫附——从江西金溪青蛙崇拜的起源折射南方古代民族青蛙信仰的交感点》，《广西民族研究》2006年第3期。

⑤ 黄意华：《马祖芹壁村的"蛙神"信仰》，中国民族宗教网，2010年2月1日。

佤等众多民族的传统宗教信仰和风俗习惯中保留着的蛙崇拜遗风，并介绍
了流传于这些民族中的与蛙有关的神话传说、节日习俗、巫术仪式及民间
艺术等，认为蛙崇拜与图腾崇拜、生殖崇拜有关，与祈雨有关。①

也有一些论文是单独针对壮族蛙崇拜展开的研究。李溱的《论壮族
的蛙神崇拜》一文指出，壮族"蛙神崇拜"，经历了"图腾始祖—造化神
祇—启蒙英雄"的过程，后来的蛙神崇拜则是诸多因素合而一体，认为
"蛙神崇拜及其许多表现，记载着壮民族的发展史和变化史，产生了许多
极具价值的艺术品，记载了壮民族生产发展水平的过程，无疑已经成为壮
族历史的烙印"。② 彭臣帅的《关于壮族蛙崇拜的思考——蟾蜍崇拜不应
被忽略的部分》一文指出："壮族蛙崇拜包括蟾蜍在其中"，"蟾蜍崇拜的
意识在相当地区并没有完全消失，而且有些地方对蟾蜍的敬畏远甚于青
蛙。"③ 黄怡鹏的《红水河流域壮族蛙神崇拜的美学阐释》一文指出：
"红水河地区对蛙的崇拜其实是壮民族生存文化的具象性思维，而舞蹈、
铜鼓艺术形式则是壮民族对生存文化的审美体现。"④ 孙敏娜与李纶在
《试析云南文山壮族背带中的青蛙崇拜》一文中指出："壮族具有青蛙崇
拜的思想，在文山壮族背带中有明确的具体表现，背带心上怀孕的青蛙可
以保护小孩的健康，象征着小孩旺盛持久的生命力，也寓意着壮族后代昌
盛繁衍，民族丰收安康。"⑤ 覃燕的研究论文《壮族的蛙崇拜文化》梳理
了蛙崇拜观念在壮族神话传说、节日习俗、民间艺术中的表现，进而指出
蛙崇拜文化是壮族生殖崇拜文化的表现方式之一，是壮族丰饶文化的具体
表现。⑥

周春丽的《黎壮的蛙崇拜研究》一文是一篇以黎族、壮族蛙崇拜为
研究对象的硕士学位论文。周春丽指出黎族和壮族有着共同的祖先，同属
古骆越族，黎族文化艺术以及日常生活中，随处可见蛙形象；壮族地区的

① 鄂崇荣：《试论中国少数民族中的蛙崇拜》，《青海社会科学》2004 年第 5 期。

② 李溱：《论壮族的蛙神崇拜》，《广西民族研究》2002 年第 1 期。

③ 彭臣帅：《关于壮族蛙崇拜的思考——蟾蜍崇拜不应被忽略的部分》，《广西地方志》
2007 年第 5 期。

④ 黄怡鹏：《红水河流域壮族蛙神崇拜的美学阐释》，《广西师范学院学报》2009 年第
3 期。

⑤ 孙敏娜、李纶：《试析云南文山壮族背带中的青蛙崇拜》，《美术界》2009 年第 11 期。

⑥ 覃燕：《壮族的蛙崇拜文化》，《魅力中国》2010 年第 12 期。

铜鼓文化、岩壁画艺术、"蚂虫另节"等也都与蛙信仰相关，是自然灾害和战乱双重因素造成的种族人口繁衍问题导致了蛙信仰，对蛙的崇拜是建立在女性崇拜的基础上的。①

丘振声的《壮族图腾考》一书中的第三章"雷—蛙"（下）围绕壮族蛙崇拜展开探讨，将壮族蛙崇拜定性为图腾崇拜，认为这是人们把蛙当作自己血缘亲属的结果。然后，他又分别介绍了与蛙崇拜有关的壮族民间神话、民俗节日与铜鼓文化。② 覃彩銮的《神圣的祭典》一书是一部关于广西东兰县兰阳村"蚂虫另节"的田野考察报告，该著详细地记述了兰阳村"蚂虫另节"祭典的经过，并介绍了相关的饮食民俗、游艺民俗与信仰民俗等。③

上述成果提出了不少真知灼见，为本研究提供了借鉴，但笔者的研究与前述研究存在着不同，是采用了传说学的视角，主要是通过对民间传说的研究，透视壮族民众的蛙崇拜，或者说是采用传说学的方法研究壮族蛙崇拜。

第二节　蛙崇拜文化概说

世界上有不少民族信仰蛙神，并传承着相关的习俗，流传着相关的口头传承。弗雷泽在《金枝》一书中指出："青蛙和蟾蜍跟水的密切关系使它们获得了雨水保管者的广泛声誉，并经常在要求上天下大雨的巫术中扮演部分角色。"④ 随之，他列举了一些例证："一些奥里诺科印第安人，把蟾蜍奉为水之神或水之主人，从而惧怕杀死这些生物。还曾听说当旱灾来临时他们就把一些青蛙放在一口锅下面，而且还要鞭打它们。据说艾马拉印第安人常制作青蛙或其他水栖动物的小塑像，并将它们放在山顶上作为一种求雨的法术。英属哥伦比亚的汤普森印第安人和一些欧洲人则认为杀死一只青蛙可以导致下雨……"⑤

① 周春丽：《黎壮的蛙崇拜研究》，硕士学位论文，海南大学，2008年。
② 丘振声：《壮族图腾考》，广西教育出版社1996年版，第87—200页。
③ 覃彩銮：《神圣的祭典》，广西人民出版社2006年版。
④ ［英］弗雷泽：《金枝》（上），徐育新译，中国民间文艺出版社1987年版，第110页。
⑤ ［英］弗雷泽：《金枝》（上），徐育新译，中国民间文艺出版社1987年版，第110—111页。

在古埃及，海奎特是八个最受隐士崇拜的神之一，她是公羊神克努姆之妻，蛙头人身或头上有只蛙。相传，她与克努姆共同造人，克努姆在陶盘上造人并造其精神，世界万物也由他来创造，再由海奎特赋予生命。海奎特是专司创造与生育的女神，所以，妇女在产期将至时，都要佩带海奎特的神像，以保佑分娩顺利。海奎特也被视为家庭保护神，庇佑人们逢凶化吉。①

蛙崇拜在我国也是源远流长。就考古状况看，我国蛙崇拜的历史已有六七千年，在上古时代，蛙崇拜习俗几乎遍及我国各地。一直到汉代《春秋繁露》《淮南子》等文献中都还有对供奉蛙神求雨习俗的描述与记载。

目前，在汉族地区广泛流传着两则与青蛙有关的传说。一则讲：在古代，地球上的动物都会说话，吵得玉皇大帝烦躁不安。他命太上老君配了两种药，一种药喝了仍会说话，另一种药喝了不会说话。这一秘密被青蛙知道并告诉了人，青蛙带头喝下了不会说话的药，其他的动物也纷纷争喝此药，而只有人喝了仍会说话的药。② 另一则讲：穷人家的孩子刘海经常到山上砍柴，下河摸鱼。一天刘海发现一条大蛇正与金蟾大战，刘海救下金蟾并把它带回了家。没想到金蟾已得道成仙，刘海借金蟾的光也成了仙。他与金蟾天天戏耍，金蟾天天吐钱。刘海把这些钱分给穷人，大家都过上了好日子。③ 前一则传说讲青蛙有大恩于人，后一则传说讲青蛙与财富相关。现在一些商店大堂里往往摆放着口衔铜钱的青蛙，显然与"刘海戏金蟾"的传说有关。尽管目前大部分汉族地区的蛙崇拜已不突出或已不存在，但这两则传说无疑折射出汉族地区曾有过的蛙崇拜的历史。

虽然蛙崇拜在汉族地区已经不那么普遍了，但在部分地区仍还有残余，譬如前面提到的江西抚州地区与台湾的马祖芹壁村等地。

有关抚州的蛙崇拜习俗，清同治《金溪县志·轶事》有载：

> 水门庙所祀青蛙使者……好事者以锡作盆，置金椅子内。有祈祷

---

① 异宠新人：《外国与中国的青蛙传说》，异宠天堂网，2009 年 10 月 20 日。
② 洛阳一君：《青蛙的传说》，华夏收藏网，2006 年 7 月 8 日。
③ 同上。

者启其盖，祀之坐椅上，与人无异，目光炯炯。若识言语者。相传开县时作官舍，取土深数丈得之。神为人言云："掌邑中五瘟使者"，故祀于此。康熙甲寅春，有大蛇自神盒中出，盘椅上啖使者，几尽，还吐出，若肢解然。既又复故。数日，观者盈庙门。蛇不为动，三日乃去。既去，使者坐椅上如常……①

清代《金溪县志》对水门庙供奉的"青蛙使者"的神通大加鼓吹，称其"若识言语者"；为蛇所吞，"若肢解然"，"既又复故"。清代蒲松龄的小说《聊斋志异》中的《青蛙神》篇非常生动地反映了我国包括抚州在内的江汉地区青蛙信仰的情况，文中如此描述江汉间的崇蛙习俗："江汉之间，俗事蛙神最虔。祠中蛙不知几百千万，有大如笼者。或犯神怒，家中辄有异兆：蛙游几榻，甚或攀缘滑壁不得堕，其状不一，此家当凶。人则大恐，斩牲禳祷之，神喜则已。"小说以蛙神信仰为素材，讲述了楚地一薛姓青年与蛙神之女的婚恋故事。无论是《金溪县志》，还是《聊斋志异》，或因其著作者思想上的局限，或因其作为文学创作虚构想象的特点，所记载或描述都不能被视为纪实，但其中对蛙神信仰的记载或描述肯定是存在着现实依据的。

至于抚州地区为什么会有青蛙崇拜，当地有传说讲：古代抚州螟虫猖獗，常危害庄稼，农民到处求神拜佛，始终未能消灭虫害。一年春末夏初，出现了很多青蛙，一到晚间，蛙声遍野。这一年螟虫灭迹，早稻获得了大丰收。为了表彰青蛙灭虫有功，也为了今后不再发生虫害，当地群众便将青蛙捧上神坛，修建庙宇，塑青蛙将军三尊，经常供奉。② 从这则传说来看，抚州的蛙崇拜似乎与青蛙捕食害虫的习性有关。但也有另外一种说法，章军华认为：自汉代起，"奎星与青蛙拟物化形状关联一体"，"拟物化定格为青蛙形象，从而形成青蛙信仰"，"魁星在完成对奎星的主治文章意义的承接后，在清代与近代学宫中普通出现供奉魁星的习俗，把青蛙作为替代物"。③ 因而，他以为江西抚州地区的蛙崇拜的实质是奎星和

① （清）程芳等：《金溪县志》，清同治九年（1870）刻本，第8—9页。
② 抚州市文化局：《抚州蛤蟆头称谓的来历》，江西抚州市委市政府门户网，2009年5月7日。
③ 章军华：《抚州青蛙信仰与跳魁星小戏源流考》，《东华理工学院学报》（哲社版）2005年第2期。

魁星崇拜，其功能也因奎星向魁星象征意义的转化而变异。

抚州地区的青蛙信仰传承至今，金溪县城的水门寺还供奉活体青蛙为菩萨。水门庙中的师傅说"蛤蟆菩萨"会吸烟、会喝酒，还喜欢看戏，来无影去无踪，能给村民消灾除难和看病等，几乎无所不能。①

台湾一些地区有蛙神信仰。台湾科学家黄金雄曾回忆他在小时候常和小伙伴玩一种叫"蛙神附体"的游戏。做这种游戏的时间是在农历八月十五的前一个星期或后一个星期，选一个八字轻的孩子当蛙童，月亮出来时，焚香，烧纸钱，大家念念有词，祈求月亮娘娘送下蛙神来附身，"青蛙神，青蛙乩动，土地公请你来此乩动，快乩动"。当蛙童的人还要把一支或三支香放在额头上，用两手把香压在额头，手肘就依靠在膝盖上。蛙童一旦有蛙神附体会做出各种非本人控制的行动，通常叫"乩动"。②

马祖岛北竿乡芹壁村天后宫有一只泥塑的青蛙称"铁甲将军"，蛙神信仰是该村的一大特色文化。相传，早年芹壁村村民在一次祀神活动时，忽见在满桌祭品中，跳跃着一只硕大的青蛙，这只青蛙后来跃攀香柱，并伸出长舌，喝香柱旁的一杯高粱酒。正在主持请神仪式的私塾先生见状，视为神异，称这只青蛙为"铁甲将军"，村民后来塑像奉祀，敬为神明。芹壁村民中有两则关于"铁甲将军"显灵的传说：一是铁甲将军喜欢看闽剧。一天，突然从连江驶来一艘麻缆船，船上载着一个闽剧戏班子和道具。村民们甚感奇怪，没有听说有人请戏班子来演戏。班主上岸后称："有一位姓铁的老先生付过戏银，并定下了戏目，言明至芹壁村演出。"村民听后才恍然大悟，原来铁甲将军爱看戏。二是铁甲将军保境驱敌。清末民初，时有海盗出没，一日几艘海盗船集结在芹壁外海，准备上岸洗劫。危急之际，铁甲将军点起青蛙兵，海盗远远看去，只见漫山遍野都是官兵，慌忙撤退，芹壁村因此逃过一劫。

芹壁村村民原以为"铁甲将军"是土生土长的神祇。两岸关系解冻后，随着马祖与对岸连江、长乐交流的日益密切，芹壁村村民了解到连江、长乐也有"铁甲将军"，该"铁甲将军"也是爱喝高粱酒、爱看戏，

---

① 章军华：《抚州青蛙信仰与跳魁星小戏源流考》，《东华理工学院学报》（哲社版）2005年第2期。

② 黄金雄：《蛙神·阿西·拜月亮的秋夜》，易文网，2007年5月25日。

两地都流传着铁甲将军点兵退敌的传说，且大同小异。这才意识到芹壁村的"铁甲将军"是大陆分灵而来的。于是，芹壁村几度派人在连江、长乐一带寻访"铁甲将军"祖庙，未果。后来，把寻访范围扩至闽东、闽北，终于在武夷山市寻到一座"铁甲将军"庙，经过交流和"扛乩"测验，确定此处正是芹壁村"铁甲将军"的祖庙。① 当前，蛙神信仰在作为芹壁村旅游资源的同时，也具有了促进两岸文化交流，强化两岸一家观念的意义。

在我国少数民族中更是普遍存在着蛙崇拜文化，除壮族外，黎族、土族、纳西族、佤族等民族中都保留着蛙崇拜遗风。土族神话讲，天神要在一片茫茫的海水上创造阳世，他把土放在青蛙身上，青蛙把土抱住，这样造就了阳世。② 在鄂温克族、佤族等民族的神话中，青蛙都与天地形成或神的创世有关。蛙崇拜还表现于黎族文化艺术和日常用具方面，黎族的筒裙、铜鼓、皮鼓及各种日常用具上都绘有青蛙图案，每个黎族村都有一个以青蛙形象做鼓耳的大皮鼓。黎族人民认为青蛙能呼风唤雨，保证粮食丰收，不准捉食青蛙。③

综上所述，蛙崇拜或蛙信仰起源很早，在世界各地都有流传。就中国来讲，蛙崇拜文化也是历史悠久，在古代文献中常有记载，目前在一些汉族地区和许多少数民族地区仍有残存。在这些地区还有不少与蛙崇拜或蛙信仰相应的传说和习俗在传承，对于我们了解青蛙崇拜的内涵与功能有重要价值。

第三节　壮族蛙崇拜文化

壮族的蛙崇拜观念与壮族的节日、艺术、口头文学等民族民俗文化有着密切的关系，表现于壮族民众生活的方方面面。

传统的"蚂𧊂节"是壮族蛙崇拜最突出的表现，该节日包括找蚂𧊂、跳蚂𧊂舞、抬蚂𧊂游村、孝蚂𧊂歌会、葬蚂𧊂等一系列活动，主要流行于

---

①　黄意华：《马祖芹壁村的"蛙神"信仰》，中国民族宗教网，2010 年 2 月 1 日。
②　马光星：《土族文学史》，青海人民出版社 1999 年版，第 30—31 页。
③　符加积：《黎族史料专辑》（七），南海出版公司 1993 年版，第 194—195 页。

广西红水河流域的东兰、巴马、凤山、天峨等壮族聚居区。覃彩銮在 20 世纪 90 年代，曾陪同日本、泰国的学者到广西各地考察壮族民间的蚂𧊅节活动，之后写成《神圣的祭典》一书。[①] 在《神圣的祭典》一书中覃彩銮分别对东兰县兰阳村、南丹县那地村、天峨县那莫村三地的蚂𧊅节活动作了记叙，其中对东兰县兰阳村蚂𧊅节期间的活动描述最为细致。现根据本人的见闻并结合《神圣的祭典》一书中的描述，对东兰县兰阳村蚂𧊅节的具体过程作简单介绍。

蚂𧊅节一般始于每年的春节之后，贯穿于整个正月。东兰县兰阳村的蚂𧊅节是在正月初二开始。这天的上午 10 点，人们伴随着鞭炮声、铜鼓声，成群结队奔向田野，去寻找蚂𧊅。找到蚂𧊅后，以鸣放鞭炮为号，麽公、敲铜鼓者、抬棺者就会奔过去，就地鸣炮七响，宣告天地人神"喜结良缘"，找到青蛙的男孩或男青年，就成为雷王的女婿——"蚂𧊅郎"，以"峒主"的身份主持当年的蚂𧊅节，主祭及领唱（或由老歌手代之）"蚂𧊅歌"。麽公燃香、烧纸钱和念诵咒语后，将青蛙密封到为其预先准备好的棺材里，然后，人们捧着香，放着炮，抬着蚂𧊅棺，浩浩荡荡走回村里，把蚂𧊅棺放在蚂𧊅亭里上香供奉。

找蚂𧊅活动之后，接下来的活动是抬蚂𧊅游村。活动是从午饭之后开始。蚂𧊅头手里捧着香、纸钱在前引领，两人抬着蚂𧊅棺在其后，歌手随后，然后还有抬铜鼓的人、鼓手、手持彩旗的小孩及抬着箩筐收贡品的人，大家一律在头上或臂上扎着红布带。蚂𧊅队从村头第一家开始拜贺，当到其家门口时，主家燃放鞭炮相迎。两个抬蚂𧊅棺的人分别站在大门两边，将蚂𧊅棺托至门楣，大家齐唱蚂𧊅歌表示祝福。歌词大意是祝户主一家无病无恙，子女健康成长，六畜兴旺，五谷丰登。唱毕，抬蚂𧊅棺者进到屋里，抬着蚂𧊅棺在主家灶台上绕拜三圈，边绕边唱，歌词大意与之前相差不多，只是字面上有所不同。唱毕，主家把备好的米、腊肉、酒等祭品献给蚂𧊅神，然后，蚂𧊅队再去下一家，直到依次拜完全村每家每户。

抬蚂𧊅游村后，接着举行孝祭蚂𧊅歌会，这是蚂𧊅节活动的高潮。孝祭蚂𧊅歌会的日子是经由麽公择定的"吉日"，不同村落举行孝祭蚂𧊅歌会的日期不同，这样大家就会有机会参加别村的孝祭蚂𧊅歌会。举行孝祭

---

① 覃彩銮：《神圣的祭典》，广西人民出版社 2006 年版。

蚂蚜歌会前几天，人们在村子的蚂蚜亭上竖起高高的蚂蚜幡，并在临近的圩镇贴出告示，表示欢迎各村群众来参加歌会。会场就在蚂蚜亭的周围，蚂蚜棺被安放在蚂蚜亭正中，棺上有用红布扎成的花带，下面是一幅巨大的彩色蚂蚜图像，棺前摆一张四方桌，上面有三个香炉，香烟缭绕。在蚂蚜亭的左右两边呈"八"字形的绳索上分别挂着蛟龙、蜈蚣、蛇、乌鸦、蝗虫、鹰等动物或昆虫的画像。为了不耽误农活，歌会都是安排在晚上。一般在傍晚 7 点左右，人们陆续来到会场，蚂蚜亭的周围不断响起鞭炮声与铜鼓声。8 点左右歌会开始，鞭炮声、铜鼓声更是响成一片，回荡于山谷之中。歌会之初，先由麽公焚香祭拜蚂蚜神，然后由两对中老年男女唱开台歌，赞颂蚂蚜的功德，教育人们珍爱、保护蚂蚜。随后，除这两对主歌手仍然继续唱赞颂蚂蚜功德的山歌之外，其他人便开始自由寻找对歌的对象，此时，会场上到处都是密集的人群，歌声此起彼伏，经久不息。一开始大家唱的歌与蚂蚜有关，之后所唱的歌就往往是具有社交或娱乐性质了，其中也包括情歌。就在青年男女们纵情欢歌的同时，蚂蚜亭这边几位村中长老正神情专注地端坐于供桌两边，为蚂蚜守孝。

　　葬蚂蚜是蚂蚜节活动最神圣的一个仪式。日子通常选定在"亥日"，即鼠日，寓意是让蚂蚜镇克老鼠，消除鼠灾。这天中午 11 点左右，葬蚂蚜仪式正式开始，全村男女集中在蚂蚜亭前，组成送葬队伍。出发时，蚂蚜郎捧着蚂蚜画像走在队伍最前边，随后是手持香火的麽公，然后是挑蚂蚜幡、抬蚂蚜棺的人、手持三角形小彩旗的孩子、铜鼓队、提着各式祭品的各家代表。一路上旗幡飘飘、炮声阵阵、鼓声隆隆。人们来到去年的蚂蚜坟前，麽公摆上供品，向旧坟上香祭拜，口诵祷词，祈求蚂蚜神保佑人间风调雨顺、五谷丰登、六畜兴旺，并手持作为驱逐邪魔法器的铁制环首扁茎短剑向上舞动，鼓手们则擂响铜鼓，齐举双手高呼："好——嘿!"当麽公祭祀过后，双手揭开旧坟上的石块，取出上一年安葬的蚂蚜棺，验看蚂蚜遗骨，据其颜色判定来年年成的好坏。接着，麽公双手捧着新的蚂蚜棺放入石坟内，大家再垒上石块，掩上新土，麽公在坟前放上一条红布。葬毕，麽公再次上香祭拜诵唱祷词，每唱诵一段，就用手抓上一撮米撒向蚂蚜坟。通过蚜卜①证实蚂蚜魂升天后，麽公又将各家的祭品逐一献祭，并为每一家作一番祈祷。最后，大家将纸幡、彩旗、各种画像，分插

---

　　① 蚜卜，通过验看蚂蚜（蛤蟆）的腿骨占卜。

在蚂𧊅坟的四周，小孩将从家里带来的祭蚂𧊅的红蛋吃掉，安葬蚂𧊅的仪式即告结束。

以上，就是东兰县兰阳村"蚂𧊅节"期间民俗活动的大致状况。各地的蚂𧊅节活动也有一些差异和不同，如南丹县那地村，找蚂𧊅之后，接着举行跳蚂𧊅舞活动。那地村的蚂𧊅节是从正月十五开始，找蚂𧊅之后，下午1点，举行孝蚂𧊅表演，主要内容是表演蚂𧊅舞。首先是身着壮族传统服饰的妇女坐在蚂𧊅轿旁，用壮语唱颂蚂𧊅歌。歌词大意是蚂𧊅奉父王雷公之命来到人间，保佑人间农业丰收、人丁兴旺，人们感激蚂𧊅的功德，年年过蚂𧊅节，祈求蚂𧊅赐福消灾，保人间六畜兴旺、五谷丰登。然后，小伙和姑娘们表演耘田、插秧、收割等劳作过程。场上有四位全身用黑墨画着蚂𧊅纹、头戴蚂𧊅面具，装扮成蚂𧊅形象的小伙子，模拟蚂𧊅的动作舞蹈。时而在春牛前后跳跃，模仿青蛙捕食虫子、消除害虫的动作，时而模仿雌雄青蛙交配的姿势，时而模仿群蛙蹲坐向天鸣叫呼唤雨水的情态。

"蚂𧊅节"非常突出地表现了壮族民众的蛙崇拜观念。无论是麽公在祭祀蚂𧊅过程中念诵的祷词，还是节日期间群众表演的歌舞，其内容都反映出对蛙的崇拜，认为蚂𧊅可以消除人间的灾难，保佑人间人寿年丰。

壮民族对蛙的崇拜还通过各种民族艺术表现出来。在传统的壮族社会里，铜鼓既是财富、权力的象征，也承载着民间信仰，还是重要的在各种艺术活动中都不可或缺的民族乐器。在铜鼓上铸有各种蛙纹图案，这种现象人们早已察觉并在古代文献中有所描述。范成大《桂海虞衡志·志器》载："铜鼓，古蛮人所用，南边土中时有掘得者……满鼓皆细花纹，极工致，四角有小蟾蜍。"① 周去非《岭外代答·乐器门》中云："广西土中铜鼓，耕者屡得之，其制正圆，而平其面，曲其腰，状若烘篮，又类宣座，面有五蟾分据其上，蟾皆类蹲，一大一小相负也。"② 邝露在《赤雅》卷下中则云其所见铜鼓："锦纹精古，翡翠焕发，鼓面环绕作蛙龟十数，昂首欲跳。"③ 范成大、周去非、邝露作为外地旅桂的士人可能并不了解铜鼓上铸有蛙纹的深层含义，但他们却都注意到了这一现象。在铜鼓上铸

① （宋）范成大撰，严沛校注：《桂海虞衡志校注》，广西人民出版社1986年版，第41页。
② （宋）周去非撰，杨武泉校注：《岭外代答校注》，中华书局1999年版，第254页。
③ （明）邝露撰，蓝鸿恩考释：《赤雅考释》，广西民族出版社1995年版，第154页。

蛙纹这一现象如此普遍，显然不会是壮族先民一时间的心血来潮，而很可能是出于信仰方面的原因。对于铜鼓与蛙崇拜之间的关系，早在唐代就已为人所洞察。刘恂在《岭表录异》卷上记载了一则有关铜鼓的传说："有乡野小儿，因牧牛闻田中有蛤鸣，牧童遂捕之。蛤跃入一穴，遂掘之，深大，即蛮酋冢也……穴中得一铜鼓，其色翠绿，土蚀数处损厥；其上隐起，多铸蛙黾之状"。之后，刘恂发表了个人的看法："疑其鸣蛤即铜鼓精也"，"蛙铸于铜鼓，是鼓之精，精，谓神之至灵也。"① 刘恂的这几句话是什么意思呢？我们认为刘恂是说：蛙是鼓的神（灵），鼓是蛙的化身或变形，铜鼓文化中有蛙崇拜的内涵。

今人对于铜鼓文化与蛙崇拜的关系有更明确的认识，丘振声在《壮族图腾考》一书中对广西各级文管部门收藏的绘有蛙图案的铜鼓作了统计，计有：冷水冲式铜鼓 141 面、北流式铜鼓 194 面、灵山式铜鼓 95 面、西盟式铜鼓 2 面。然后指出："出土的年代不尽相同，形制有差异，大小也不一样，但它们却有一个共同特点，就是在鼓面的边缘都铸有蛙的塑像。"就此，他认为："壮族先民以蛙为图腾，他们铸上蛙的塑像，为的是使自己与图腾同样化，表达对蛙图腾崇敬的感情，求得蛙的保护与赐福"，并得出了"铜鼓是蛙鼓"的结论。②

提到壮族艺术，大家自然会想到花山岩画，花山岩画与壮族蛙崇拜也存在密切的关系。花山岩画分布于左江及其支流明江流域的宁明、凭祥、龙州、大新、崇左等地，绵延 200 余里。关于壁画绘制的年代可谓众说纷纭，有人说是在春秋、战国，也有人说是在两汉，还有人说是在宋代，甚至有人认为是在太平天国时期，其中将岩画绘制年代确定于春秋、战国至两汉之间的观点占着上风。

关于花山岩画的内容人家有多种不同的认识。陈汉流在《略谈花山崖壁画的语言符号》一文中认为花山岩画的内容是从绘画向象形文字发展过渡时期的一种语言符号；③ 梁任葆在《花山壁画的初步研究》一文中认为花山岩画的内容反映的是古代壮族先民纪念一次战争胜利时的场

①　（唐）刘恂：《岭表录异》，鲁迅校勘，广东人民出版社 1983 年版，第 26 页。
②　丘振声：《壮族图腾考》，广西教育出版社 1996 年版，第 190、200 页。
③　陈汉流：《略谈花山崖壁画的语言符号》，《广西日报》1961 年 9 月 18 日第 4 版。

面;① 覃彩銮等在《左江崖画艺术寻踪》一书中认为花山岩画可能是"拜水神的祭祀图";② 黄现、陈业铨在《广西宁明花山壁画与岩洞葬》一文中认为花山岩画是古代壮族岩洞葬的遗迹;③ 姜永兴在《壮族先民的祭祖圣地——花山崖壁画主题探索》一文中认为花山岩画是一幅写实性的描绘祭祖盛典的图画;④ 蒙飞在《花山岩画主题探》一文中认为花山岩画是"描绘即将获取猎物的栩栩如生的图景";⑤ 潘其旭在《花山岩画——图腾入社仪式的艺术再现和演化》一文中认为花山岩画是原始先民图腾入社仪式的艺术再现。⑥

　　围绕着花山岩画的内容虽言人人殊、莫衷一是,但笔者支持一些学者提出的花山岩画的内容与蛙崇拜有关的观点。梁庭望在《花山岩画——祭祀蛙神的圣地》一文中指出:"崖壁画上腰挎环首刀的大人物图像无疑是青蛙皇帝一类战神,周围欢呼的图像也是蛙形,这是蛙神的祖孙⋯⋯崖壁画上欢呼的场面记录了当年祭祀蛙神的盛况。"⑦ 笔者虽认为梁庭望所谓"崖壁画上腰挎环首刀的大人物图像无疑是青蛙皇帝一类战神"的揣测没有多少根据,但认为其所说崖壁画上"记录了当年祭祀蛙神的盛况"的观点还是可取的。蓝多民在《左江崖画当是蛙神图》一文中指出:"当时居住在左江流域的先民的最大灾难是洪水,而洪水是雷神从天上放水造成的。为了自己的安全,就得把蛙神请出来,把它画在悬崖陡壁上,毕恭毕敬、殷勤隆重地向它烧香、祭祀,目的是请它到雷神那儿报讯,求雷神宽恕,让人间风调雨顺,安居乐业。这是与人们生死攸关的头等大事,所以人们不惜冒着生命危险,攀上绝崖、陡壁去描绘蛙神的形象。"⑧ 蓝多民认为,花山壁画反映的内容是人们祭祀蛙神,让它去雷神那儿替人类求情。覃剑萍在其《壮族蛙婆节初探》一文中也讲到,花山岩画上人物图

① 梁任葆:《花山壁画的初步研究》,《广西日报》1957 年 2 月 10 日第 4 版。

② 覃彩銮、喻如玉、覃圣敏:《左江崖画艺术寻踪》,广西人民出版社 1992 年版,第 144—145 页。

③ 载中国西南民族研究学会编《西南民族研究》,四川民族出版社 1983 年版,第 394 页。

④ 姜永兴:《壮族先民的祭祖圣地——花山崖壁画主题探索》,《广西民族学院学报》1985 年第 2 期。

⑤ 蒙飞:《花山岩画主题探》,《广西民族学院学报》1990 年第 3 期。

⑥ 潘其旭:《花山岩画——图腾入社仪式的艺术再现和演化》,《民族艺术》1995 年第 9 期。

⑦ 梁庭望:《花山岩画——祭祀蛙神的圣地》,《中南民族大学学报》1986 年第 8 期。

⑧ 蓝多民:《左江崖画当是蛙神图》,《中央民族学院学报》1986 年第 3 期。

像的姿态及其组合形式、圆形图像及其反映的内容等，可以通过红水河流域壮族民间的蚂蜽节活动特别是蚂蜽舞得到启示。① 覃彩銮经过对壮族地区蚂蜽节的考察，更是明确指出："联想到花山岩画上众多的人物图像都作双手上举、两足叉开的半蹲姿态，与壮族蚂蜽节中所跳的模拟蚂蜽舞极为相似，应是拟蛙舞的形象反映；而画面中心手持刀剑、旁有圆形铜鼓的正身人像，四周环绕着众多的举手投足作舞蹈状的侧身人，也与壮族蚂蜽节活动中麽公（即民间巫师）主持祭典、众人敲击铜鼓跳蚂蜽舞的场景极为相似。"② 覃彩銮更为具体而细致地指出了花山岩画与蚂蜽舞和蚂蜽节之间的关系。

笔者结合对花山岩画与壮族蚂蜽节的考察，赞同以上学者关于花山岩画的内容与蛙崇拜有关的论断。

壮族的其他一些民间艺术也往往有对蛙崇拜观念的表现，如云南文山壮族背带上所绣图纹就体现着蛙崇拜观念。在文山地区，壮族妇女都会绣制精美的背带，用绣满吉祥纹样的背带兜住小孩，以便于劳动、赶集或处理家务。背带分为背带口、背带心、背带柱子、背带手、背带屁股、背带尾巴等六个部分。背带心位于背带的中间，包住孩子的背部。背带上的装饰图案主要集中在这里，背带心的主体图案就是一只青蛙。孙敏娜、李纶就此指出："壮族具有青蛙崇拜的思想，在文山壮族背带心中有着明确的具体表现，背带心上怀孕的青蛙可以保护小孩的健康，象征着小孩旺盛持久的生命力，也意寓着壮族后代昌盛繁衍，民族丰收安康。"③ 笔者不敢肯定背带心上所绣青蛙图案是否如孙敏娜、李纶所说有那么多寓意，但可以肯定的是这一定与蛙崇拜观念有关。

壮族蛙崇拜还往往通过民间口头传承来表现，这一问题将在下一节作集中论述，此处不再赘述。

第四节　壮族蛙崇拜与民间传说

在壮族地区，以蛙为主人公的民间口头创作主要包括故事、传说与歌

① 覃剑萍：《壮族蛙婆节初探》，《广西民族研究》1988 年第 1 期。
② 覃彩銮：《神圣的祭奠》，广西人民出版社 2006 年版，第 4 页。
③ 孙敏娜、李纶：《试析云南文山壮族背带的青蛙崇拜》，《美术界》2009 年第 11 期。

谣，其中一些叙事性歌谣也具有传说的性质，应该属于韵文形式的传说。

在壮族地区流传的有关青蛙的故事，大致可归纳为伤害青蛙遭报应、蛤蟆儿子等几个主题。伤害青蛙遭报应主题的故事讲某人因长期捕食青蛙或有意杀害青蛙而招致横祸，如流传于大新县的《会说话的青蛙》①的故事等。蛤蟆儿子主题的故事讲某夫妇生下（或收养）蛤蟆，蛤蟆儿子长大后娶某员外女儿或公主为妻。故事中的青蛙儿子往往具有超自然力，一些故事中的蛤蟆儿子往往为国家建立殊勋，最后替代岳父而成为皇帝。蛤蟆儿子主题的故事中也有一些以悲剧结局，原因往往是因为妻子烧掉了他褪下的蛙皮。此类故事很多，仅在广西就流传着许多异文，如流传于龙州的《癞蛤蟆娶员外女》②、流传于柳州市的《蚂虫另崽成亲》③、流传于崇左市的《蛙郎》④、流传于合山市的《蚂虫另仔登皇位》⑤，以及流传于凭祥市的《蛤蟆王》《勒法与癞蛤蟆》⑥等。

蛤蟆儿子主题类型的故事分布地区极广。美国民俗学家斯蒂·汤普森在其《民间故事类型》一书中将该故事列为"蛙王与铁亨利"类型，他指出："这个故事可回溯到13世纪德国的拉丁语故事，也在16世纪的苏格兰得到文学上的加工处理。但不论其文学背景如何，它似乎颇为德国的故事讲述者们所熟悉并向东远抵俄国，几乎全欧洲的国家都对它偶有报道，虽然未见其他大洲有过报道。"⑦就汤普森所言，蛤蟆儿子的故事在整个欧洲地区都有流传。蛤蟆儿子故事在我国流传更是广泛。德国学者艾伯华的《中国民间故事类型》一书将其称为"蛤蟆儿子"类型，并归纳

---

① 梁惠安：《大新县民间故事集》（资料本），韦唐搜集整理，1988年，第141—143页。

② 农秀琛：《广西民间文学作品精选·龙州县卷》，搜集整理者：邓祖强、邓志勇，广西民族出版社2002年版，第138—140页。

③ 刘沛盛：《广西民间文学作品精选·柳州市卷》，搜集整理者：杨钦华，广西民族出版社1991年版，第78—81页。

④ 雷庆多：《广西民间文学作品精选·崇左卷》，搜集整理者：罗应培，广西民族出版社1998年版，第102—105页。

⑤ 覃九宏：《广西民间文学作品精选·合山市卷》，搜集整理者：罗宏信，广西民族出版社1997年版，第79—81页。

⑥ 李甜芬：《广西民间文学作品精选·凭祥市卷》，搜集整理者：李光、英大洋、农远君，广西民族出版社1996年版，第140—141、142—145页。

⑦ ［美］斯蒂·汤普森撰，郑海等译：《世界民间故事分类学》，上海文艺出版社1991年版，第124页。

了六个情节单元；① 美籍华裔学者丁乃通在《中国民间故事类型索引》一书中将该故事类型命名为"神蛙丈夫"；② 我国民俗学者林继富搜集到该类型故事 120 余篇，这些异文分别流传在汉、赫哲、鄂伦春、朝鲜、满、蒙古、回、维吾尔、锡伯、哈萨克、裕固、土、藏、羌、彝、纳西、白、哈尼、瑶、壮、黎、畲等多个民族地区。③

如上所述，在壮族地区广泛流传着一些以青蛙为主人公的民间故事。一些壮学研究者也往往采用这些故事做研究材料探讨壮族的蚂蚁信仰，如丘振声在其著作《壮族图腾考》④ 中、廖明君在其著作《壮族自然崇拜文化》⑤ 中，都引述了不少这类民间故事以说明壮族群众的蛙崇拜观念。

民间故事可否用作研究历史或民众观念意识的材料呢？答案是肯定的。钟敬文主编的《民间文学概论》指出："在许多幻想性故事里，保存着原始社会的许多古老的观念、艺术形象和情节。其中有的是关于习俗、制度的，有的是关于原始人的信仰和特殊的心理状态的。"⑥ 就钟敬文看来，通过一些幻想性故事是可以管窥古代社会的习俗、制度并信仰与心理的。但是，我们认为，并不是所有的民间故事都可以用作研究民众观念意识的材料，因为相较于神话、传说，民众在创作、传播故事的过程中有着比较明确的自觉意识。在特罗布里安德岛上，土著人把民间故事分为三类：第一类是"库夸乃布"，第二类是"利薄窝过"，第三类是"里留"，大体相当于幻想性故事、传说和神话。在特罗布里安德岛上土著人的观念中，第一类故事"是说来消遣的"；第二类故事"是说得认真而且满足社会野心的"；第三类故事"是崇敬而神圣的，具有极其重要的文化作用"。⑦ 所谓"说来消遣的"即是说人们讲幻想性故事时有着比较明确的

---

① [德] 艾伯华撰：《中国民间故事类型》，王燕生等译，商务印书馆 1999 年版，第 83—84 页。

② [美] 丁乃通撰：《中国民间故事类型索引》，郑建成等译，中国民间文艺出版社 1986 年版，第 129—132 页。

③ 林继富：《蛤蟆儿讨亲的风波》，参见刘守华编《中国民间故事类型研究》，华中师范大学出版社 2002 年版。

④ 丘振声：《壮族图腾考》，广西教育出版社 1996 年版。

⑤ 廖明君：《壮族自然崇拜文化》，广西人民出版社 2002 年版。

⑥ 钟敬文：《民间文学概论》，上海文艺出版社 1980 年版。

⑦ [英] 马林诺夫斯基：《原始心理中的神话》，李安宅译，参见《巫术科学宗教与神话》，上海文艺出版社 1987 年版，第 131 页。

审美娱乐的追求。既然如此，一些民间故事中形象、情节之类的安排有时也就可能只是为了"消遣"，而并不反映民众真实的思想观念。

青蛙儿子之类主题类型的故事是否反映了青蛙崇拜之类的观念，笔者在这里不准备就这一问题展开讨论。但是，可以肯定地说，采用流传于广西地区的青蛙儿子之类主题类型的故事研究壮族民间的蚂蚜信仰是不可行的，之所以这么讲，原因在于青蛙儿子之类主题类型的故事就中国来讲是全国性的，就世界来讲是国际性的，因而通过它研究某一民族或某一区域的观念、信仰显然是不适宜的。

在壮族地区广泛流传着一些与蛙有关的民间传说。传说具有历史性，一向被看作民众的口传历史，它除了与地方的人文景观、自然景观相联系之外，还往往与真实的历史人物和历史事件相联系，在许多时候，人们不认为传说的内容来自杜撰或虚构，因而笔者一直认为传说是研究民众历史观念、思想观念与信仰观念的重要材料。流传在壮族地区的与蛙有关的民间传说解释、说明壮民族独有的民俗文化现象，具有鲜明的民族性与地方性，认为这些传说资料是可以用来分析、研究壮民族的蚂蚜崇拜现象的。

壮族表现蛙崇拜观念的传说主要是围绕着"蚂蚜节的来历"这一主题展开，以散文和韵文两种形式流传。围绕着"蚂蚜节的来历"这一主题，壮族民间主要流传着这样几种类型的传说。

第一，滚水烫蛙后赎罪型。这一类型传说主要有两种异文，流传于东兰县长江乡巴英屯葬蛙婆时的《祭词》讲，一个叫牙游的女人嫌蚂蚜"吵声刺耳难睡觉"，就"用牛锅把水煮"，"用鼎锅把水烧"，青蛙被烫死，"大小蚂蚜塘面漂"；侥幸未死的青蛙上天向玉帝告状，玉帝下旨让人们在"正月初到二月初"，"祭葬蚂蚜同吊孝。"① 在广西东兰县一带还流传着与前述传说有些区别的另外一种说法。该传说讲，古代一位名字叫东灵（东林）的小伙子，母亲去世后，非常伤心，当他为母亲的死哭泣的时候，青蛙也不停地叫，东灵心烦意乱，端起滚水泼向青蛙，此后天下大旱；布洛陀告诉人们，青蛙是雷王的女儿，人们要为她戴孝并安葬她，才能获得雷工的谅解，从此人们每年都举行蚂蚜节。② 这种类型的异文比较多，除上述两种说法之外，还有一种说法，讲某土官因觉得蛙鸣打扰了

---

① 丘声振：《壮族图腾考》，广西教育出版社1996年版，第141页。
② 覃彩銮：《神圣的祭奠》，广西人民出版社2006年版，第18页。

其母的在天之灵，叫人用开水把其母坟地的青蛙烫死，随后疾病缠身，在一算命先生的指导下，他将母亲的坟墓迁走，隆重地安葬青蛙的尸骨，之后，土官的病好了，附近的村寨也五谷丰登了。①

第二，蚂拐儿子型。该类型传说在天峨县一带以韵散两种形式流传，说法大致有二，一种说法讲：某李姓人家捡到一只青蛙，后来变成了身披蚂拐皮的后生；后番邦入侵，蚂拐郎立下奇功，做了驸马；太后或公主等趁蚂拐郎睡熟之际，将蚂拐皮烧掉；蚂拐郎因失去蚂拐皮而死去。另一种说法没有蚂拐郎立功、做驸马之类的情节，其他内容与第一种说法没有大差别，蚂拐郎也因失去蚂拐皮而死去，烧掉蚂拐皮的是他的妻子。② 该类型传说显然是由前述艾伯华在《中国民间故事类型》一书中所云"蛤蟆儿子"类型的故事转化而来。壮族群众拿这个在全中国乃至全世界都有流传的故事，解释他们的重要节日"蚂拐节"的来历。

第三，青蛙农神型。东兰长乐板登村的人们讲，青蛙是天帝派到人间管理桑稼的农神，但一农夫不知其就里，认为青蛙夜间满野欢叫扰人睡眠，将它们全部毒死，造成当年大旱，颗粒无收。后来，天帝道明原由，令下民将死去的青蛙一一找回，日夜祭拜，并以最隆重的仪式安葬，以赎罪过。以后年年沿袭，遂成节事，即今之"蛙婆节"。③

除上述三种类型之外，围绕着"蚂拐节的来历"，还有一种说法。在南丹县吾隘乡那地村有一个传说，传说讲，侬智高深受壮人爱戴，后因反宋失败被杀。人们非常怀念侬智高，认为他是蚂拐星转世，就以祭蚂拐的活动纪念他。④ 这一类型的传说显然流传较晚，表现了人们对宋代壮族民族英雄侬智高的怀念。

以上四种类型的传说都属于节日传说，采用溯源的形式，解释、说明壮人崇拜青蛙，举行蚂拐节的缘由。钟敬文主编的《民间文学概论》指出："传说也绝不是严格意义的历史，""传说在根据一定的历史事实反映社会生活本质时，是经过了取舍、剪裁、虚构、夸张、渲染、幻想等艺术加工的。"⑤ 诚如其所言，传说属于文学创作，自然不是生活或历史本身，

---

① 李坤荣、陈祯伟：《壮族蚂拐歌会》，《广西民间文学丛刊》（内刊）1982 年第 6 期。
② 覃彩銮：《神圣的祭奠》，广西人民出版社 2006 年版，第 113—117 页。
③ 汐缘：《蛙婆节传说和近况》，广西旅游在线，2010 年 1 月 31 日。
④ 丘声振：《壮族图腾考》，广西教育出版社 1996 年版，第 144 页。
⑤ 钟敬文：《民间文学概论》，上海文艺出版社 1980 年版，第 183 页。

存在着虚构与想象，就此而言，我们如果把上述传说看作对历史的直接反映肯定是错误的；但是，因为"传说"又是"在根据一定的历史事实反映社会生活本质"，因而这四种类型的传说对于我们了解蚂蜗信仰或"蚂蜗节"又绝不是毫无意义的。

学界认为，壮族蚂蜗崇拜的性质有两种可能，一种是图腾崇拜，另一种是动物崇拜。就这四种类型的传说来看，我们不认为壮族群众的蚂蜗信仰是图腾信仰。有关"蚂蜗节"来历的传说中，第一种类型讲青蛙是雷王的女儿，对它们的伤害会受到雷王的处罚，因而人们举行"蚂蜗节"；第二种类型讲蚂蜗郎因人的失误（烧掉蛙皮）而丧命，人们举行"蚂蜗节"，表达对蚂蜗郎的怀念；第三种类型讲农夫讨厌青蛙扰人睡眠，将它们全部毒死，因为青蛙是上天派来的农神，农夫的行为导致天谴，人们举行"蚂蜗节"赎罪；第四种类型讲，侬智高是蚂蜗精，他的死亡导致连年灾害，人们设"蚂蜗节"纪念他，向他祈求风调雨顺。图腾崇拜总有强调人与图腾物血缘联系的神话或传说。譬如，我们讲商人以燕为图腾，是因为有神话讲，"天命玄鸟，降而生商"；[1] 我们说周人以熊为图腾，是因为古代神话讲，姜嫄"履帝武敏歆"，然后"载震载夙，载生载育"，养育了周人的始祖后稷；[2] 我们之所以讲瑶族以狗为图腾，是因为有传说讲，高辛氏"以女配槃瓠"，"生子一十二人"，"自相夫妻"，"其后滋蔓，号曰蛮夷"。[3] 此外，彝族人自称是虎的后代或我们讲历史上突厥人以狼为图腾，都是以神话或传说为依据的。而在前述有关蚂蜗信仰或"蚂蜗节"的传说中，我们看不到任何有关人与蛙存在血缘关系的相关描述。就此而言，蚂蜗信仰很可能属于动物崇拜，而不是图腾崇拜。

学界认为，作为动物崇拜，人们崇拜青蛙，可能有多种原因：一是或许与生殖有关。赵国华在考察出土的彩陶上的蛙纹时曾说："从表面上看，蛙的肚腹和孕妇的肚腹形状相似，一样浑圆而膨大，蛙口与女性的阴部相似；从内涵来说，蛙的繁殖能力很强，产子繁多，一夜春雨便可孕育

① 《毛诗·卷二十·商颂·玄鸟》，参见吴玉贵、华飞编《四库精品文存》（第一卷），团结出版社1997年版，第247页。
② 《毛诗·卷十七·生民之什》，参见吴玉贵、华飞编《四库精品文存》（第一卷），团结出版社1997年版，第222页。
③ （南朝宋）范晔：《后汉书·南蛮传》卷八十六，百衲本景宋绍熙刻本，第1155页。

出成群的幼体，因此，作为女性生殖器的象征，深深领受过古人类的膜拜。"① 赵国华所说未必准确，蛙未必曾被人看作女性生殖器的象征，但因其繁殖力强而被人崇拜是有可能的。二是人们崇拜青蛙可能与人对蛙与雨水关系的认识有关。覃彩銮认为："青蛙对于气象有着极为敏感的反应，每当天将降雨或下雨过后，青蛙就会不停地鸣叫。先民们……观察到青蛙的这一特性，于是就从感性认识和形象思维出发，认为青蛙与天降雨水有着必然的因果关系，只要青蛙一叫唤，天就降下雨水。"② 覃彩銮所说很有道理。在《金枝》一书中就有相关的描述：

> 为了求雨，印度中部一些地区卑贱种姓的人们将一只青蛙绑在一根棍子上，并盖上"尼姆树"的绿色枝叶，然后带着它走家串户同时唱道："啊，青蛙，快送来珍珠般的雨水，让田里的小麦和玉蜀黍成熟吧。"卡普人和雷迪人是马德拉斯的种植者和地主中的大姓，当缺雨时，这两个族姓的妇女们便捉来一只青蛙，将其活生生地绑在一个用竹子编的新簸箕上，撒上些树叶拿着它挨家挨户地去唱歌："青蛙夫人要想洗澡。啊，雨神！哪怕给她一点点水也好。"在这些卡普妇女唱歌时，屋里的女人便把水洒在青蛙身上并给一些施舍，相信这样一来将很快带来倾盆大雨。③

就弗雷泽的描述来看，以蛙为求雨媒介的现象在世界各地都不少见。

三是人们崇拜青蛙，还有可能因为它是益虫，捕食各种不利于庄稼生长的害虫。据资料介绍，一只青蛙一天可吞吃五十余只稻虱或稻叶蝉，一年可吃掉害虫上万只，一亩稻田如果有 100 只到 1000 只青蛙，一年可吃掉 100 万只害虫。因而有人认为，人们崇拜青蛙是基于对青蛙对农业生产贡献的认识。

我们认为，从传说来看，蚂𧌒信仰最有可能源于人们对蛙与雨水关系的认识。前述解释"蚂𧌒节"来历的四种类型的传说，没有任何一种类型涉及生育或后代的繁衍，包括蚂𧌒儿子型传说，尽管讲到蚂𧌒与人成

---

① 赵国华：《生殖崇拜文化》，中国社会科学出版社 1990 年版，第 181—182 页。
② 覃彩銮：《神圣的祭奠》，广西人民出版社 2006 年版，第 58 页。
③ 〔英〕弗雷泽：《金枝》，徐育新等译，中国民间文艺出版社 1987 年版，第 110—111 页。

亲,却没有一语涉及生育后代的事。因此,至少就传说来看,蚂蚂信仰与生殖崇拜无关。

在围绕着"蚂蚂节的来历"这一主题演绎的传说中,最常讲的是人们祭蚂蚂是为了求得风调雨顺。滚水烫蛙后赎罪型这一类型的传说讲到,在蚂蚂被伤害后"天下大旱","布洛陀告诉人们蚂蚂是雷王的女儿……地上需要雨水时,蚂蚂就昂头向着天上鸣叫,天上的雷王听到叫声后,就知道地上的人需要雨水了,打开天池闸门播降雨水。"人们按照布洛陀的吩咐,"举行祭蚂蚂活动","第二年果然风调雨顺,农业获得了丰收"。① 蚂蚂儿子型传说讲,人们举行过蚂蚂节之后,"风调雨顺,无灾无害,稻谷丰收"。② 青蛙农神型传说讲,农夫毒死青蛙后,"造成当年天地大旱,颗粒无收",农民"将死去的青蛙一一找回,日夜祭拜,并以最隆重的仪式逐个埋葬,以赎过罪",然后"求得来年风调雨顺"。③ 有关蚂蚂节源于纪念侬智高的传说讲,侬智高是蚂蚂精转世,它死后,"桂西一带灾害连年不断",人们就以祭蚂蚂纪念它,祈求"风调雨顺"。④

从上述传说来看,祭蚂蚂可能是缘于两个方面的原因,一是因为人们认为青蛙与雨水有关;二是因为人们认为青蛙是益虫,可以消除农业灾害。那么,这两个原因,哪一个更接近历史真相呢?笔者认为,人们崇拜蚂蚂的真正原因很可能是因为青蛙与雨水相关。人们认识到青蛙的益虫性质是很晚的事。《周礼·卷三十七》中云:"蝈氏:掌去蛙黾。焚牡菊,以灰洒之,则死;以其烟被之,则凡水虫无声。"⑤ 由此可见,中原地区的人们直到进入农业社会后,还把蛙作为有害之物加以清理。人类认识能力的发展过程基本是一致的,壮族群众把蛙作为益虫应该也是在进入农业社会相当长一段时间之后。蛙崇拜属于自然崇拜,自然崇拜"是在生产力极低的情况下,人们以自然物为膜拜对象的原始宗教",⑥ 它发生在万物有灵的远古时代,如前所述,就考古发现来看,早在六七千年前,我国

① 覃彩銮:《神圣的祭奠》,广西人民出版社 2006 年版,第 18 页。
② 同上书,第 117 页。
③ 汐缘:《蛙婆节传说和近况》,广西旅游在线,2010 年 1 月 31 日。
④ 丘振声:《壮族图腾考》,广西教育出版社 1996 年版,第 144 页。
⑤ 《周礼》,参见吴玉贵、华飞编《四库全书精品文存》(第一卷),团结出版社 1997 年版,第 336 页。
⑥ 丘振声:《壮族图腾考》,广西教育出版社 1996 年版,第 6 页。

的一些地区就已产生了蛙崇拜文化。由此来看，人们崇拜青蛙最有可能的原因便是青蛙关乎雨水。也就是说，有关"蚂蜴节"的这四种类型的传说，以第一种所述最为接近历史真相。有人讲，"农业生产所需要的水，基本上受制于自然降雨"。①　其实人类对自然降雨的依赖绝不仅仅是在农业社会，渔猎时代、游牧经济时期，乃至今天的工业社会，自然降雨的多少都同样关乎人类的生产与生活。壮族的蛙崇拜观念和"蚂蜴节"习俗传承已久，经历了漫长的历史过程，在漫长的历史岁月中，人们把对蛙的崇拜与农业生产联系起来是非常正常的，并不能说明蛙崇拜就一定是产生于农业社会。

钟敬文指出："由于传说往往和历史的、实有的事物相联系，所以包含了某种历史的、实在的因素，具有一定的历史性特点。"②　有关"蚂蜴节"的传说也包含某种历史的、实在的因素，这些传说反映了蚂蜴节的本质。尽管有关"蚂蜴节"传说的内容有不同，但这些传说所讲举办蚂蜴节的原因却是惊人的一致，都是说，人类在有意无意间伤害了青蛙，因而招致大自然的报复，于是人们举行葬蚂蜴、祭蚂蜴仪式以求得神灵的谅解。就此笔者认为"蚂蜴节"的本质旨在强化不能伤害青蛙的观念，设置禁忌，以控制人们对青蛙的捕杀。

岭南地区的人们嗜食青蛙。唐人尉迟枢著《南楚新闻》云："百越人好食虾蟆，凡有筵会，斯为上味。先于釜中置水，次下小芋烹之，候汤沸如鱼眼，即下其蛙，乃一一捧芋而熟，如此呼为抱芋羹。又或先于汤内安笋箨，后投蛙，及进于筵上，皆执笋箨，瞪目张口。而座客有戏之曰：'卖灯心者。'又云，疥皮者最佳，掷于沸汤，即跃出，其皮自脱矣，皮既脱，乃可以修馔。时有一叟闻兹语，大以为不可，云：'切不得除此锦袄子，其味绝珍。'闻之者莫不大笑。"③《粤西丛载》云："桂人有为御史者，或谓之曰：'公所居之台，当曰桂台。'盖讥其食蛙也。御史曰：

---

① 廖明君：《自然崇拜文化》，广西人民出版社2002年版，第386页。

② 钟敬文：《民间传说》，参见蔚家麟编《传说研究资料选》（内部资料），中国民间文艺家协会湖北分会编印，1990年，第7页。

③ （唐）尉迟枢：《南楚新闻》，转引自汪森编辑，黄振中、吴中任、梁超然校注《粤西丛载校注》，广西民族出版社2007年版，第1003页。

‘此月中灵物，用以奉养，不胜黑面郎哉。’黑面郎谓猪也。”① 从上述文献记载看，自古以来广西就普遍有嗜食蛙类的习俗。

　　韩愈《答柳柳州食虾蟆》诗中云："居然当鼎味，岂不辱钓罩"，诗中韩愈对柳宗元在贬谪岭南时期沾染上食蛙的"蛮俗"有些不以为然。苏东坡在《闻子由瘦》诗中写道："旧闻蜜唧尝呕吐，稍近虾蟆缘习俗。"则是讲他受岭南食俗的影响也能食蛙了。可见，在岭南食蛙习俗之强大，竟影响和改变了从中原来的士人的食俗。

　　广西地区的人们从何时以青蛙为食我们已无从知道，但可以肯定的是，人们以青蛙为食早于崇拜青蛙。在青蛙崇拜形成之初，人们一边崇拜青蛙，视之具有通天之超自然力，一边又延续着食蛙的习惯，将之付于刀俎，这就难免给人造成内心之矛盾与恐惧。正是因为这种心理背景，才有了蚂𧋊节，人们通过葬蚂𧋊、祭蚂𧋊的仪式，一方面设置禁忌，禁止对青蛙的捕杀；另一方面通过这种赎罪仪式而求得心安。这种由民俗发挥的软控制功能在一定程度上发挥了作用，就今天看，虽然不少壮族群众仍以青蛙为美味，但在举行"蚂𧋊节"的村落人们还是以食蛙为禁忌的。

　　综上所述，我们认为，从围绕着"蚂𧋊节的来历"这一主题演绎的传说来看，壮族群众的青蛙崇拜是一种动物崇拜，缘起于人们对蛙与雨水关系的理解。而蚂𧋊节的本质则在于设置禁忌，禁止对青蛙的捕杀，或通过赎罪仪式而求得心安。

　　我们通过考察传说得出的有关壮族蛙崇拜和"蚂𧋊节"的结论，自然还可以从其他方面找到佐证，譬如某地壮族群众唱的《蚂𧋊歌》中有这样的句子："蚂𧋊是天女，雷婆是她妈。她到人间来，要和雷通话，不叫天就旱，一叫雨就下。"② 这首《蚂𧋊歌》也非常清楚地表明，蛙崇拜属于自然崇拜，缘于人们对蛙与雨水关系的理解。

　　我们仔细考察花山岩壁画，也能够得出相同的结论。花山崖壁画上，太阳下众多的图像人物作双手上举、两足叉开的半蹲姿态。这些图画显然是表现人们在施展模拟巫术，通过模仿青蛙的姿势，与神灵（雷王）沟通，达到求雨的目的。花山岩壁画上的蛙舞图与有关壮族蛙崇拜和"蚂𧋊

　　① 汪森编辑，黄振中、吴中任、梁超然校注：《粤西丛载校注》，广西民族出版社 2007 年版，第 1003 页。

　　② 丘振声：《壮族图腾考》，广西教育出版社 1996 年版，第 46—47 页。

节”的传说所呈现的蛙崇拜观念明显是一致的。花山岩壁画也可以作为壮族蛙崇拜缘于人们对蛙与雨水关系的理解这一观点的佐证。

当然，壮族的蛙崇拜观念和“蚂蜗节”习俗传承已久，在漫长的历史过程中，壮族群众对蛙会不断有新的理解和认识，譬如，对蛙旺盛的生殖力的认识，对蛙保护庄稼的益虫性质的认识，等等。这些也会被逐渐融入蚂蜗节的活动中或体现于其他包括口头文学在内的民俗文化中，使研究者眼花缭乱，增加了我们在探讨壮族蛙崇拜的起源和“蚂蜗节”的本质时辨伪求真的难度。

本章我们对蛙崇拜研究、蛙崇拜文化概况加以梳理，并从传说的视角探讨了壮族蛙崇拜文化的缘起。蛙崇拜文化源远流长，曾广泛流行于世界各地，在壮族地区传承至今。壮族地区的蛙崇拜属于动物崇拜的范畴，从流传于壮族群众中的传说来看，壮族人民之所以崇拜青蛙是基于对其与雨水关系的认识。笔者认为，壮人最重要的崇蛙形式“蚂蜗节”，虚拟了这样一个事件过程：人类在有意无意间伤害了青蛙，因而招致大自然的报复，于是人们举行葬蚂蜗、祭蚂蜗仪式以求得神灵的谅解。因此，“蚂蜗节”的本质旨在强化不能伤害青蛙的观念，设置禁忌，以控制人们对青蛙的捕杀。

第 三 章

壮族民间传说与铜鼓崇拜

第一节 相关研究的学术小史

我国古代关于铜鼓的文献记载非常丰富。南朝范晔《后汉书》载：马援"好骑，善别名马，于交趾得骆越铜鼓，乃铸为马式，还上之。"[①] 讲东汉伏波将军马援出征交趾时获得铜鼓，将其熔化后铸成铜马。晋裴渊《广州记》载："俚僚铸铜为鼓，鼓唯高大为贵，面阔丈余，初成，悬于庭，克晨置酒，招致同类，来者盈门，豪富子女，以金银为大钗，执以叩鼓，叩竟，留遗主人也。"[②] 裴渊讲，在西南少数民族中铜鼓以高大者为贵，初成之时，主人将其悬于庭，置办酒席，邀集宾客。晚唐时期的刘恂，曾出任广州司马，晚年居住在广东南海，他在《岭表录异》卷上记载："蛮夷之乐有铜鼓焉，形如腰鼓，而一头有面，鼓面圆二尺许。面与身连，全用铜铸，其身遍有虫鱼花草之状，通体均匀，厚二分以外，炉铸之妙，实为奇巧。击之响亮，不下鸣鼍。"[③] 刘恂详细描绘了铜鼓的形状、花纹及音质。

两宋之交的诗人范成大，曾在桂林做广西经略安抚史兼静江知府，在《桂海虞衡志》"志器"类中讲："铜鼓，古蛮人所用，南边土中时有掘得者。相传为马伏波所遗。其制如坐墩，而空其下，满鼓皆细花纹，极工

---

① （南朝）范晔：《后汉书》（第三册），（唐）李贤等注，中华书局1983年版，第840页。

① （南朝）范晔：《后汉书》（第三册），（唐）李贤等注，中华书局1983年版，第840页。
② （晋）裴渊：《广州记》，转引自郑师许撰《铜鼓考略》，中国书店1992年版，第6页。
③ （唐）刘恂：《岭表录异》，参见吴玉贵、华飞编《四库全书精品文存》（第二十七卷），团结出版社1997年版，第87页。

致。四角有小蟾蜍。两人舁行，以手拊之，声全似鞞鼓。"① 这里介绍了铜鼓的形状、花纹及以蟾蜍为饰的特点。南宋周去非在《岭外代答》卷七乐器门"铜鼓"条载：

> 广西土中铜鼓，耕者娄（屡）得之，其制正圆，而平其面，曲其腰，状若烘篮，又类宣座，面有五蟾，分据其上。蟾皆累蹲，一大一小相负也。周围款识，其圆纹为古钱，其方纹如织簟，或为人形，或如琰璧，或尖如浮图，如玉林，或斜如豕牙，如鹿耳，各以其环成章，合其众纹，大类细画圆阵之形，工巧微密，可以玩好。铜鼓大者阔七尺，小者三尺，所在神祠佛寺皆有之，州县用以为更点。交趾尝私买以归，复埋于山，不知其何义也。……亦有极小铜鼓，方二尺许者，极可爱玩，类为士大夫搜求无遗矣。②

周去非详细描述了铜鼓的形制、纹饰、鼓上所塑蟾蜍之情态，并介绍了人们对铜鼓的收藏。

明末文人邝露，广东南海人，客居广西多年，他在《赤雅》卷下"伏波铜鼓"条中记载：

> 伏波铜鼓，深三尺许，面径三尺五寸，旁围渐缩如腰形，复微展而稍侈，其口锦纹精古，翡翠焕发。鼓面环绕作蛙黾十数，昂首欲跳。中受击处，平厚如镜。③

邝露描述了所见铜鼓的大小、形状，以及铜鼓上栩栩如生的蛙饰。明末清初，广东番禺人屈大均撰《广东新语》卷十六中云：

> 永乐中万州土官黄惠，于多辉溪中得一铜鼓，长三尺，面阔五尺，凸二寸许，沿边皆蝌蚪，各衔线缕抵脐，束腰奓尾，若今之杖鼓然者。击之，声如鹅鹳，闻数十里，万历间，茂名高田溪水暴涨，涌

① （宋）范成大撰，严沛校注：《桂海虞衡志校注》，广西人民出版社1986年版，第41页。
② （宋）周去非撰，杨武泉校注：《岭外代答校注》，中华书局1999年版，第254页。
③ （明）邝露：《赤雅》，商务印书馆1936年版，第47页。

出铜鼓，径三尺，高二尺有奇，面列龟蛤六，遍体作细篆文，有朱砂积翠蜗蚀之孔十余。其声镗镗，或以革掩底，或积水瓮中，盖而击之，声闻十余里外。①

屈大均对铜鼓的大小、形状、纹饰、音质等都作了描述，尤为形象地状写了铜鼓嘹亮的音响效果。

总之，在我国古代文献中已有不少关于铜鼓的记载，这些记载主要是对铜鼓外观、形制的介绍。基本上停留在感性描述的层面上，还不能算真正意义上的科学研究。

进入现代社会以后，铜鼓文化研究步入了科学研究的新时期。民族学家徐松石是杰出的铜鼓文化研究者。他在《粤江流域人民史》一书中设有"铜鼓研究"专章。该章对铜鼓的起源、铜鼓的用途、铜鼓的出土等方面的问题都作了探讨，提出铜鼓是壮族先民骆越人在秦汉之间创造的观点。②《百粤雄风岭南铜鼓》一书更是徐松石研究铜鼓的集大成之作，该书介绍了史籍中对岭南铜鼓的记载，归纳了铜鼓的各种用途，提出了"大约在秦末汉初岭南俚僚创制铜鼓"的观点。③ 该书还将使用铜鼓的民族分为创鼓族、铸鼓族和用鼓族三大类，认为岭南俚僚是创鼓族，苗、瑶、僮、侗等土人及越南汰人和缅甸昔日的骠国人是铸鼓族，其余是用鼓族。

新中国成立后，铜鼓研究进入了新阶段。20 世纪 50 年代，闻宥先后编著了《四川大学历史博物馆所藏古铜鼓考》④、《铜鼓续考》⑤ 和《古铜鼓图录》⑥ 等三种铜鼓研究著作，对四川大学历史博物馆收藏的 16 面铜鼓作了全面介绍，并展示了 300 多种铜鼓照片。60 年代，先后有黄增庆

①　(清) 屈大均：《广东新语》，中华书局 1999 年版，第 437 页。

②　徐松石：《粤江流域人民史》，参见壮学丛书编委会编《徐松石民族学文集》（上卷），广西师范大学出版社 2005 年版，第 162—163 页。

③　徐松石：《百粤雄风岭南铜鼓》，参见壮学丛书编委会编《徐松石民族学文集》（下卷），广西师范大学出版社 2005 年版，第 715 页。

④　闻宥：《四川大学历史博物馆所藏古铜鼓考》（内部发行），1953 年。

⑤　闻宥：《铜鼓续考》，四川大学历史博物馆（影印本），1953 年。

⑥　闻宥：《古铜鼓图录》，中国古典艺术出版社 1957 年版。

的《广西出土铜鼓初探》①、何纪生的《略述中国古代铜鼓的分布地域》②
等论文发表，探索铜鼓在地域上的分布及铜鼓的分类、族属和出土情况。
70 年代，又有洪声的《广西古代铜鼓研究》③、汪宁生的《试论中国古代
铜鼓》④、李伟卿的《中国南方铜鼓的分类和断代》⑤ 等一批铜鼓研究论
文相继问世。这些论文运用新的考古资料对铜鼓从分类、断代和纹饰含
义、社会功能等方面作了系统研究。

　　进入 20 世纪 80 年代后，我国铜鼓文化的研究进入繁荣阶段。1980
年 3 月，第一次古代铜鼓学术讨论会在广西南宁召开，会上成立了中国古
代铜鼓研究会。该研究会成立后，积极组织学术交流，先后召开了六次国
内国际学术研讨会，出版论文集四本。这些论文探讨了铜鼓的起源、分
类、族属、功用、装饰艺术、音乐性能、铸造工艺、合金成分、金属材质
和矿料来源等方面的问题。这一时期除有大量的研究论文发表外，还有多
部铜鼓文化研究专著出版。如中国古代铜鼓研究会组织编著了《中国古
代铜鼓》一书，该著在前人研究成果的基础上全面、系统地论述了中国
古代铜鼓的起源、类型、分布、年代、族属、纹饰、用途和铸造工艺等问
题。⑥ 万辅彬等著的《中国古代铜鼓科学研究》一书从科学技术的角度研
究铜鼓的冶制。⑦ 汪宁生著的《铜鼓与南方民族》一书以当代人类学的观
点研究铜鼓的社会功能，认为其反映了岭南各族人民的宗教信仰和社会意
识，并从铜鼓的传播、分布状况追寻中国南方民族文化的变迁历程。⑧ 原
广西博物馆馆长蒋廷瑜是这一时期研究铜鼓的著名专家，著有《铜鼓史
话》⑨、《铜鼓》⑩、《铜鼓艺术研究》⑪、《古代铜鼓通论》⑫、《铜鼓：南国

①　黄增庆：《广西出土铜鼓初探》，《考古》1964 年第 11 期。
②　何纪生：《略述中国古代铜鼓的分布地域》，《考古》1965 年第 1 期。
③　洪声：《广西古代铜鼓研究》，《考古学报》1974 年第 1 期。
④　汪宁生：《试论中国古代铜鼓》，《考古学报》1978 年第 2 期。
⑤　李伟卿：《中国南方铜鼓的分类和断代》，《考古》1979 年第 1 期。
⑥　中国古代铜鼓研究会：《中国古代铜鼓》，文物出版社 1988 年版。
⑦　万辅彬等：《中国古代铜鼓科学研究》，广西民族出版社 1992 年版。
⑧　汪宁生：《铜鼓与南方民族》，吉林教育出版社 1989 年版。
⑨　蒋廷瑜：《铜鼓史话》，文物出版社 1982 年版。
⑩　蒋廷瑜：《铜鼓》，人民出版社 1985 年版。
⑪　蒋廷瑜：《铜鼓艺术研究》，广西人民出版社 1987 年版。
⑫　蒋廷瑜：《古代铜鼓通论》，上海古籍出版社 2006 年版。

奇葩》①、《壮族铜鼓研究》②、《铜鼓文化》③ 等多种铜鼓文化研究专著。
这些著作不仅围绕着铜鼓的起源、纹饰、功能和铸造工艺等传统课题展开
探讨和研究，也对铜鼓文化的艺术特征、文化内涵及铜鼓文化的保护与传
承等作了分析和探讨。

　　综观我国铜鼓文化的现代研究，主要集中在铜鼓的起源、铜鼓的铸造
工艺、铜鼓的分类、铜鼓的族属、铜鼓的功用、铜鼓的装饰艺术、铜鼓的
音乐性能等若干方面。

　　西方学者对铜鼓的学术研究始于 19 世纪末。1884 年德国人迈尔（A.
B. Mayer）著《东印度群岛的古代遗物》一书，将巴达维亚铜鼓图片和欧
洲保存的铜鼓图片一起发表，为以后欧洲兴起的铜鼓研究热开了先河。④
奥地利学者弗朗西·黑格尔（Frang Heger）对铜鼓文化有着浓厚的兴趣，
1902 年他完成了铜鼓研究巨著《东南亚古代金属鼓》。⑤ 黑格尔把收集到
的 165 面铜鼓按形制、纹饰的演化，划分为Ⅰ、Ⅱ、Ⅲ、Ⅳ四个类型，又
在Ⅰ—Ⅱ、Ⅰ—Ⅳ、Ⅱ—Ⅳ之间分出三个过渡类型，还探讨了不同类型铜
鼓分布的地域、铸造年代和所反映的文化观念。该书是 20 世纪初研究铜
鼓的集大成之作。此后近一个世纪以来，不少研究铜鼓的学者都非常尊重
他的意见，并用新的发现和新的成果不断充实和阐发他的观点。法国学者
戈露波（V. Goloubew）被学界认为是继黑格尔之后西方在研究铜鼓方面
最有权威的学者，1932 年他发表的《金属鼓的起源及流布》一文就铜鼓
文化的起源与传播展开讨论。⑥

　　二战以后，日本学者研究铜鼓的兴趣逐渐浓厚起来。20 世纪 30 年
代，冈崎敬发表了《石寨山遗迹与铜鼓问题》⑦、松本信广发表了《古代
稻作民宗教思想之研究——通过古铜鼓纹饰所见》⑧ 等论文。这些研究主

　　① 蒋廷瑜：《铜鼓：南国奇葩》，天津科学技术出版社 2001 年版。
　　② 蒋廷瑜：《壮族铜鼓研究》，广西人民出版社 2005 年版。
　　③ 蒋廷瑜：《铜鼓文化》，浙江人民出版社 2007 年版。
　　④ ［德］迈尔（A. B. Mayer）：《东印度群岛的古代遗物》，莱比锡，1884 年。
　　⑤ ［奥地利］弗朗西·黑格尔（Frang Heger）：《东南亚古代金属鼓》，莱比锡，1902 年。
　　⑥ ［法］戈露波（V. Goloubew）：《金属鼓的起源及流布》，河内第一次史前学会议论文，
1932 年。
　　⑦ ［日］冈崎敬：《石寨山遗迹与铜鼓问题》，《史渊》第 86 辑，1962 年第 12 期。
　　⑧ ［日］松本信广：《古代稻作民宗教思想之研究——通过古铜鼓纹饰所见》，参见松东信
广《东南亚稻作民族文化综合调查报告》，郁邻堂 1965 年版。

要依据西方学者已公开的资料和越南博物馆展出的实物，研究的问题涉及铜鼓的起源、分布、纹饰及铸造工艺等。20 世纪 70 年代以后，日本学术界对铜鼓的研究进入了一个新高潮，又有多篇论文发表，如今村启尔的《古式铜鼓的变迁和起源》①、新田荣治的《东南亚早期铜鼓及其流传》②等。这些研究除了对铜鼓的起源与传播作了探讨外，还对黑格尔的铜鼓分类法作了补充，确定了比黑格尔Ⅰ型铜鼓更早的类型，明确提出同一时代同一类型铜鼓中有东、西两个系统。

西方及日本学者在铜鼓研究方面探讨较多的是铜鼓的分类问题。黑格尔划分的四个基本类型和三个过渡类型成为铜鼓的基本分类方法，日本学者对黑格尔的分类法作了补充，使铜鼓的分类法更趋完善。

铜鼓传说早在古代岭南地区地方风物志著作中就有记载。如《岭表录异》卷上"铜鼓"条、《广东新语》卷十六《器语·铜鼓》、《广西通志》卷二百二十九《金石略·铜鼓条》及清乾隆年间修《郁林州志》卷二十《艺文·铜鼓》中都记载了一些有关铜鼓的传说，当然这些记载还算不上今天所说的科学意义上的研究。

现代社会以来关于铜鼓传说的研究散见于我国的一些民间文学研究著作及铜鼓文化研究专著中。韦其麟在《壮族民间文学概观》中提及壮族铜鼓传说。③该书将壮族的地方风物传说分为山川传说、风俗传说和物产传说，在物产传说中介绍了壮族铜鼓传说。作者重点介绍了"铜鼓为什么埋在地下"的传说，认为该传说中的主人公形象是崇高献身精神的化身。欧阳若修、周作秋等编著的《壮族文学史》在介绍壮族民间文学时特别对"红铜鼓"传说作了分析，认为该传说反映了壮族人民的反抗与献身精神。④蒋廷瑜在其铜鼓研究著作中也屡屡涉及有关铜鼓的传说，在《古代铜鼓通论》一书中，设专节"民间传说中的铜鼓"，对流传于我国各民族中的铜鼓传说作了介绍、归纳，列出铜鼓传说一览表，并根据内容分为铜鼓的来历、铜鼓的神威、铜鼓通人性三大类；⑤他的《铜鼓：南国

---

① ［日］今村启尔：《古式铜鼓的变迁和起源》，《考古学杂志》1973 年第 3 期。

② ［日］新田荣治：《东南亚早期铜鼓及其流传》，参见乙益、重隆《九州上代文化论集》，乙益重隆先生古稀纪念论文集刊行会，1990 年。

③ 韦其麟：《壮族民间文学概观》，广西人民出版社 1988 年版。

④ 欧阳若修、周作秋、黄绍清、曾庆全：《壮族文学史》，广西人民出版社 1986 年版。

⑤ 蒋廷瑜：《古代铜鼓通论》，上海古籍出版社 2006 年版。

奇葩》一书在探讨铜鼓的由来时列出了壮、布依、苗、瑶等民族关于铜鼓由来的传说；① 《壮族铜鼓研究》一书中则设有专节——"民间文学中的铜鼓"，对流传于壮族地区的铜鼓传说作了归纳和分类；② 《铜鼓文化》一书也设有专节——"民间传说"，对民间关于铜鼓来历的传说作了介绍与分类。③

关于铜鼓崇拜也有学者给予过关注，丘振声在其《壮族图腾考》一书第三章中就专设了"蛙图腾与铜鼓"一节，指出："壮、侗、苗、瑶、彝等少数民族仍在使用铜鼓，崇敬铜鼓。他们不仅把铜鼓当作乐器，而且把它们作为神器来膜拜。这主要的原因是铜鼓上面有着各种纹饰，这实际上是各种图腾画像，因而铜鼓是图腾祭祀仪式的一个重要礼器，人们通过它表达对图腾崇拜的感情。"④ "壮族先民以蛙为图腾，他们（在铜鼓上——著者注）铸上蛙的塑像，为的是使自己与图腾'同样化'，表达对图腾崇敬的感情，求得蛙的保护与赐福。"⑤ 丘振声认为壮民族之所以崇拜铜鼓，是因为铜鼓是图腾祭祀仪式的一个重要礼器。刘映华著《壮族古俗初探》一书指出，在古代社会人们认为"铜鼓具有鬼神的威力"，"谁拥有铜鼓，谁就能拥有通鬼神的能力"。⑥ 蒋廷瑜在其《红水河流域铜鼓文化综述》一文中也谈到一些地区存在的铜鼓崇拜现象，他说："由于相信铜鼓有神，有些民族以自己的身体和身上装饰的某种物件在特定的场合与铜鼓接触，就可以获得神的佑护。西林县的那劳、那兵等地的壮族，在新春佳节祈年的时候，妇女们常拔下发髻上的银簪扣击铜鼓，她们认为这样可以使自己的头发永不变白，自己永远年轻漂亮……"⑦ 刘映华、蒋廷瑜意识到在壮族群众中有铜鼓崇拜现象，但他们没有进一步挖掘存在这一现象的原因。

综上所述，铜鼓文化早就为世人所关注。就古代来看，大多是记录、

① 蒋廷瑜：《铜鼓：南国奇葩》，天津科学技术出版社 2001 年版。

② 蒋廷瑜：《壮族铜鼓研究》，广西人民出版社 2005 年版。

③ 蒋廷瑜：《铜鼓文化》，浙江人民出版社 2007 年版。

④ 丘振声：《壮族图腾考》，广西教育出版社 1996 年版，第 155 页。

⑤ 同上书，第 190 页。

⑥ 刘映华：《壮族古俗初探》，广西人民出版社 1994 年版，第 179 页。

⑦ 蒋廷瑜：《红水河流域铜鼓文化综述》，参见容小宁编《红水河民族文化艺术考察研究》，广西人民出版社 2005 年版，第 74 页。

描述铜鼓的外观、形制及相关传说，还不能算是真正科学意义上的研究。就现代来看，中外学者的铜鼓研究主要集中在考古学、科学技术层面。一些学者也涉及铜鼓传说和铜鼓信仰的研究，这些研究对我们有一定启发，可以作为我们进一步研究的借鉴。本章将运用民间文艺学的方法，通过对传说资料的分析、解读，透视壮族铜鼓信仰的内涵与本质。

第二节　壮族铜鼓文化概说

铜鼓文化分布于我国与东南亚多个国家，在我国主要分布于广东、广西、云南、贵州、四川等多个省区，在壮、布依、侗、瑶、苗、水、彝等多个少数民族群众中广泛流传；在东南亚则主要分布于越南、柬埔寨、老挝、缅甸、泰国、马来西亚、印度尼西亚等国。就世界范围讲，铜鼓文化以中国为盛；就国内来讲，铜鼓文化以广西壮族地区为盛。铜鼓文化在壮族文化中具有重要位置，从目前来看，已发现的存世铜鼓以我国广西地区为多，而且，时至今日铜鼓文化仍在壮族群众中传承。

徐松石认为岭南铜鼓大概是在秦、汉间由壮族群众所创制。他在《粤江流域人民史》一书中说："两粤所发现这许多铜鼓，到底何时创制，颇难断定。按中国内地与骆越交通，并非始于马伏波时。为何以前并无关于铜鼓的记载，这事颇堪研究。又屈大均说：'三代铜器用阴识，其字凹。秦汉用阳识，其字凸。阳识易成，阴识难铸。铜鼓必汉物无疑。'根据上述两点，岭南铜鼓大约是秦汉之间所创造的。"又云："这些铜鼓又必出于岭南的僚僮族。南朝范晔作《后汉书》，说马伏波在交趾得骆越铜鼓。按伏波往骆越必先经过岭南内地的桂江西江。他在内地不见铜鼓，到了骆越然后遇见，似乎铜鼓为骆越人之所先用。……我们在中国所发现这些铜鼓，必系骆越和两广壮人之所首先使用的。苗瑶使用铜鼓，乃是仿效壮俗。"[①] 徐松石认为岭南铜鼓大约是在秦、汉之间所创造的，两广壮人首先使用，苗瑶使用铜鼓，乃是仿效壮俗。徐松石的观点在学界得到了较为普遍的响应。

---

① 徐松石：《粤江流域人民史》，载壮学丛书编委会编《徐松石民族学文集》上卷，广西师范大学出版社 2005 年版，第 162—163 页。

在传统社会里，铜鼓在壮族群众看来尤为重要。一个人拥有了它，就意味着拥有了财富与权力；一个家庭或家族拥有了它，就意味着鸿运当头，吉星高照；对于村寨来讲，它又是镇寨之宝，可以佑护村寨之民平安长寿、福运亨通。因而，壮家人特别珍视铜鼓，为了保护铜鼓，甚至不惜牺牲生命。说到壮族人对铜鼓的珍视时，蒋廷瑜曾举过这样一个例子：1947年秋，一伙土匪掠走了东兰县金谷乡板六村的四面铜鼓。该村火速联络了附近几个同姓村，集中起五十余人将铜鼓如数夺回。其间有两位村民被土匪打死。[1] 对铜鼓的信仰与珍视，使村民们克服了对土匪的恐惧，为了保护世代相传的铜鼓，他们不惜以命相搏，以致付出鲜血与生命。

在传统社会里，铜鼓对壮族群众有着特别重要的意义，它是人们生活的必需品，几乎一刻也不能离开。徐松石在其《粤江流域人民史》一书中说："这些铜鼓，古时有什么用呢？当时的用处，大概正如今日一样的复杂。有些地方用以表示权势。家有铜鼓，便称都老。有些地方用以施放警号。所谓击鼓山岭，群蛮毕集。有些地方用于祭祀。有些地方用于娱乐。有些地方用于军旅。有些地方用来驱逐猛兽。有些地方用来镇压邪魔。有些地方用来庆祝年节和嘉礼。此外古时还有两个用处，就是（1）祈雨镇雷，和（2）领导村峒群众。"[2] 徐松石根据自己对贵州、两广等地群众使用铜鼓的情况的考察，对铜鼓的用途作了较为全面的归纳。蒋廷瑜在其《壮族铜鼓研究》一书中认为铜鼓对壮人来讲具有"乐器功能""神器功能""集众功能"与"礼器功能"等四种功能。他说：

> 早期铜鼓主要作为乐器使用，但其未脱离炊具功能，主要以其响亮的节奏参与跳神、娱神的巫术活动，娱人与娱神难以分辨。发展成熟后的铜鼓用于祭祀和陈设，代表神圣、权力、地位和富有，主要作为权力重器和神器，也作为贡纳赏赐品，到达礼器功能的顶峰。到后期，随着中央王朝对南方民族地区统治的不断加强和深入，铜鼓的礼器功能和神器功能逐渐消失，成为平民大众的娱神、乐神和自娱自乐的乐器。铜鼓作为音乐舞蹈的伴奏乐器，祭祀时敲击铜鼓以保佑平

---

① 蒋廷瑜：《壮族铜鼓研究》，广西人民出版社2005年版，第104页。
② 徐松石：《粤江流域人民史》，参见壮学丛书编委会编《徐松石民族学文集》（上卷），广西师范大学出版社2005年版，第165页。

安，婚嫁时聚众击铜鼓以示庆贺，丧葬时敲击铜鼓致哀。①

蒋廷瑜是壮学界知名学者，几十年来一直执着于壮族铜鼓文化的研究，他对壮族铜鼓功能的认识具有一定的权威性。

今天，由于时代的变化，铜鼓对于壮人来讲已经不再是"礼器"，不再代表权力与财富，也不再具有"集众"功能。尽管如此，在近年，铜鼓在壮族民间还仍然被使用。

首先，壮族群众在春节使用铜鼓。人们往往在腊月末将铜鼓取出，擦拭干净，悬挂于家中，让人敲打。东兰、南丹等一些壮族村寨，在除夕夜或年初一，敲打铜鼓挨家拜年。还有个别村寨自年初一起，将铜鼓悬挂于村中凉亭，供人娱乐；大家到这里敲铜鼓、唱山歌，欢度春节。再者，一些壮族村寨的群众在婚嫁中使用铜鼓。如东兰县兰阳乡、长江乡等地，在新娘过门的前一天要将铜鼓悬挂于家中敲打，直到婚礼结束，宾客云散；其间，在铜鼓的伴奏声中，宾客间你唱我和。东兰县的兰阳、长江、巴畴等地壮族村寨建房时也要打铜鼓，当新房的木架竖起来之后，即将铜鼓悬挂于木架上敲打庆贺，直到把整个木架安装完毕。铜鼓在一些壮族村寨的丧葬仪式中还被使用。东兰县兰阳乡的壮族老人去世以后，在出殡前一天晚上，众人将铜鼓带到将要安葬死者的地方敲打，直到第二天安葬结束。金谷乡接浪村的壮族群众在为村中有威望的老人送葬时，通常打一面低音铜鼓（母鼓）为之送葬。这面铜鼓随着送葬队伍，走几步打一下，直到墓地。广西东兰、巴马、凤山、天峨等地每年都举行蚂蚜活动，举办"蚂蚜节"一定要有铜鼓。人们认为蚂蚜（青蛙）是雷王的女儿，举办蚂蚜节不仅是向青蛙献媚，还是向雷王邀宠，于是人们在"蚂蚜节"要击打铜鼓，让雷王知道人间的祭蛙活动。在"蚂蚜节"中，人们用铜鼓伴歌伴舞，在唱"蚂蚜歌"时，每在歌前，敲一轮铜鼓，以酝酿情绪，营造氛围；在跳"蚂蚜舞"时，人们随鼓声节奏进退蹲举。②

虽然目前一些地区的壮族群众仍然在使用铜鼓，在节日里或在婚丧嫁娶的场合还能听到铜鼓的声响，但毫无疑问的是现在人们对铜鼓的重视程

① 蒋廷瑜：《壮族铜鼓研究》，广西人民出版社2005年版，第221页。
② 蒋廷瑜：《红水河流域铜鼓文化综述》，参见容小宁编《红水河民族文化艺术考察研究》，广西人民出版社2005年版。

度已大不如从前，铜鼓的使用场合也大为减少。黄文富指出："在当下社
会中，现代社会各种思想、文化、生产方式、娱乐产品等充斥着乡土社
会，使乡土社会传统的生态基础发生了很大的变迁，民众有了强烈的现代
意识，其生活方式也跟着转变，民众审美、娱乐、信仰、生产生活节奏等
都发生了很大的变化。他们对铜鼓习俗的兴趣骤然减少，用于铜鼓习俗活
动的时间也大为减少。"① 我们认为，铜鼓文化在壮族地区的衰退虽然有
着多方面的原因，但其中最为关键的是壮族民众已不再像传统社会那样把
铜鼓当作神灵信仰。壮族民众对铜鼓的膜拜与崇敬，是几千年来铜鼓文化
绵延传承的重要的思想基础，目前如何保护失去了这一思想基础的传统文
化，无疑已成为摆在广西文化界面前的一个难题。

第三节　古代文献中的壮族地区铜鼓传说与民间信仰

　　考古学家考证，铜鼓由铜釜演化而来，大约出现于公元前 7 世纪的春
秋时期，距今已有两千多年的历史。就古代文字资料看，铜鼓多在举行迎
神赛会或祈神祷鬼的场合使用，明显与民间信仰有密切联系。李嘉佑诗
云："南方淫祀古风俗，楚妪解唱迎神曲。锵锵铜鼓芦叶深，寂寂琼筵江
水绿。"（《夜闻江南人家赛神因题即事》）② 温庭筠词中讲："铜鼓赛神
来，满庭幡盖徘徊。"（《河渎神》）③ 许浑则有诗云："绿山暖草苹，湘潭
万里春。瓦樽留海客，铜鼓赛江神。"（《送客南归有怀》）④《宋史·蛮夷
列传》中讲：西南诸夷"疾病无医药，但击铜鼓、沙锣以祀神鬼"。就上
述诗词与文献看，古代社会使用铜鼓的场合多具巫术与宗教性质，是被人
们作为具有神秘力量的法器使用的，体现出人们对铜鼓的崇拜倾向。

　　历代文献在记录、描写西南各族民众生活状况及风土人情时大都提及
铜鼓，其中记录了一些有关铜鼓的传说，这些传说中的相当一部分流传于
广西壮族地区。古代文献中记载的流传于广西壮族地区的铜鼓传说大致分

---

① 黄文富：《东兰壮族铜鼓习俗研究》，硕士学位论文，广西民族大学，2011 年，第67页。
② （清）文廷式：《纯常子枝语》，民国三十景二年刻本，第516页。
③ （五代）赵崇祚集：《花间集》，四部丛刊景明万历刊巾箱本，第5页。
④ （清）曹寅编：《全唐诗》，清文渊阁四库全书本，第3636页。

为两类：一类是关于铜鼓来历的，另一类是讲述铜鼓神奇、灵异的。后一类反映了壮族民众有关铜鼓的信仰。

历史上西南各族人民将铜鼓视为神器，他们将铜鼓人格化，并赋予它辨别善恶是非、福佑黎庶的能力。一些涉及壮族地区的古代文献中有很多关于铜鼓显神性的记载。《粤西丛载》引明张穆《异闻录》云："铜鼓，昔马伏波征蛮物，以山溪易雨，因制之。一悬之梧州镇府左廊，昔沉潭中，声震十里，鼓出遂无怒波。人言其为崇，人舟赖以无险。"① 此处讲，梧州沉入潭中的铜鼓，能镇压潭中的波涛，保护行舟人的安全。《广东新语》卷十六载："罗定城隍庙有铜鼓，高二尺五寸，径二尺，州人争讼不平及被诬欲昭白者，击之则祸有归，无事而击，则祸击者。"② 该传说讲，铜鼓能帮助人们断案，还清白于那些被冤枉的人，无事击鼓，击鼓者会招来祸殃。民间还认为铜鼓有公母之分，《广东新语》卷十六记载，南海庙中原来有两个铜鼓，一大一小，大的不知去向，小的还留在庙中，当地父老们说："（铜鼓）旧雌雄各一，今庙所存者雄也，其雌向遇风雷，飞入狮子海中，今雄鸣则其雌辄相应云。"③ 岸上的雄铜鼓与水中的雌铜鼓虽然分离了，却仍然彼此呼应。在这则传说中，铜鼓不仅有雌雄之别，而且还像人间恩爱夫妻一般感情缠绵。《峒溪纤志》卷二十八中说："人传铜鼓有神，有此峒之鼓盗于彼峒，夜见有虎，欲出啮人，迹之鼓也，还之乃静。"④ 该传说讲，某个峒的人偷了别峒的铜鼓，这个铜鼓在夜间竟化作一只老虎出来搅扰，他们只好把铜鼓还了回去。清乾隆五十七年（1792）《郁林州志》卷二十"艺文·铜鼓"记载："时适梁姓家娶妇，吹笛敲锣，铜鼓遂应声而起。居人又谓，未掘获以前，往往天阴夜雨，见其地有光云。"⑤ 这个故事颇为神奇，说埋在地下的铜鼓听见娶亲的锣鼓声竟应声而起，从地下跳了出来。《广西通志》卷九云："伏波将军南征交趾，舟载骆越二铜鼓，跃入八桂江中，后有得之者，旋失去，殆神物通灵，抑隐

---

① （清）汪森撰，黄振中、吴中任、梁超然校注：《粤西丛载校注》，广西民族出版社2007年版，第799—800页。

② （清）屈大均：《广东新语》，中华书局1985年版，第437页。

③ 同上书，第436页。

④ （清）陆次云：《峒溪纤志》，诒清堂刻本，康熙三十六年至四十二年。

⑤ （清）邱桂山、刘玉麟、秦兆鲸等：《郁林州志》，关氏见贤书坊刻本，清乾隆五十七年（1792），第315页。

见无常，将以待有德也。"① 这里讲马伏波将军过江时，两个铜鼓自行跳入了江中，后来有人得到了它们，却又马上失去了，于是人们认为它们是有灵性的，只有有德行的人才能拥有它们。

上述关于铜鼓的传说要么说铜鼓有意志和情感，有道德标准或判断是非的能力，要么讲它们能变换形象……总之，通过这些传说可以看到古代在壮族群众中普遍存在着铜鼓崇拜或信仰，铜鼓在壮族人民的心目中是有生命和灵性或神性的。

刘恂撰《岭表录异》卷上记载的一则传说则透露出包括壮族群众在内的西南各民族民众的铜鼓信仰观念与青蛙崇拜之间的关系。传说云："有乡野小儿，因牧牛，闻田中有蛤鸣。牧童遂捕之，蛤跃入一穴，遂掘之，深大，即蛮酋冢也。蛤乃无踪，穴中得一铜鼓，其色翠绿，土蚀数处损阙。其上隐起，多铸蛙之状，疑其鸣蛤即鼓精也。"② 这个传说讲，人们在青蛙跳入的墓穴里挖到了铜鼓，鼓上铸有许多青蛙的塑像，人们遂将青蛙视为铜鼓精。从这一传说来看，至少在唐代粤西地区的群众似乎还对蛙崇拜与铜鼓文化之间的联系有着朦胧的记忆。对于壮人为什么崇拜铜鼓，学者们虽说法不同，但一致认为与蛙崇拜有关。如黄增庆认为："壮族先民信奉蛙图腾，将它铸在铜鼓上作代表民族的标致，于是铜鼓变成了'神灵器'，变成了权力的象征，具有维系壮族成员的魔力。"③ 黄增庆认为壮人之所以崇拜铜鼓，原因是铜鼓上铸着壮人膜拜的蛙。丘振声则认为："（铜鼓）实际上就是蛙的化身"，"铜鼓"即是"蛙鼓"。④ 就《岭表录异》记载的这则传说看，丘振声说得似乎更有道理，所谓"鸣蛤即鼓精也"意即蛙是铜鼓的精灵。据此推断，壮族铜鼓文化很可能是壮人蛙崇拜观念的一种表现形式。

就目前存世和出土的铜鼓看，有万家坝式、石寨山式、冷水冲式、遵义式、麻江式、北流式、灵山式、西盟式等八种样式，广西壮族先民使用的铜鼓主要是冷水冲式、北流式、灵山式等三种样式的铜鼓，而这三种样

① （清）谢启昆、胡虔：《广西通志》（九），广西师范大学历史系中国历史文献研究室点校，广西人民出版社1988年版，第249页。

② （唐）刘恂：《岭表录异》，鲁迅校勘，广东人民出版社1983年版，第26页。

③ 黄增庆：《广西铜鼓立体蛙饰是壮族先民图腾崇拜的反映》，参见《中国铜鼓研究会第二次学术讨论会论文集》，文物出版社1986年版，第288页。

④ 丘振声：《壮族图腾考》，广西教育出版社1996年版，第200页。

式的铜鼓上差不多都有蹲蛙或累蹲蛙的塑像。将前述《岭表录异》记载的传说结合广西各地存世铜鼓上多有蛙饰的事实加以考察，壮族群众的铜鼓信仰与蛙崇拜肯定有着一定的渊源。

在一些壮族地区有一个重要的节日——蛙婆节，这个节日的目的是取悦蛙神，进而希望得到雷公的眷顾，因为在民间信仰中青蛙是雷公的女儿。蒋廷瑜指出："举办青蛙节时一定要有铜鼓，没有铜鼓就不能举办青蛙节。"① 就铜鼓与青蛙节的关系，也可看出铜鼓崇拜与青蛙崇拜有着密切的关系。

综上所述，古代文献上记载了不少流传于广西壮族地区的铜鼓传说，这些传说反映了人民群众对铜鼓的信仰与崇拜，个别传说还反映了铜鼓信仰的源起或本质。

第四节　现代口头资料中的壮族铜鼓传说与民间信仰

广西壮族自治区各级政府和文化部门一直重视对自治区内各民族的口头文学作全面、广泛搜集。20 世纪 80 年代以来，我国各地开展了大规模的民间文学普查工作，该活动在广西更是得到了积极响应，目前大多市、县都印刷、出版了本地的民间文学三套集成卷本，广西壮族自治区民间文学三套集成区卷本也已出版发行。笔者通过查阅包括三套集成资料在内的各类壮族民间故事书及通过田野考察，计搜集到壮族铜鼓传说 15 则，壮族之外的西南其他少数民族铜鼓传说 15 则。以下通过对这些传说的分析，在比较中探讨壮族铜鼓信仰的内涵与特点。

壮族与西南其他民族都有铜鼓信仰，都将铜鼓视为保家护寨、佑人平安的神灵，在这一点上壮族与西南其他民族是相同的。

泰勒在《原始文化》一书中提出了"万物有灵"的概念，他指出："万物有灵观的理论分解为两个主要的信条，它们构成一个完整学说的各部分。其中的第一条，包括各个生物的灵魂，这灵魂在肉体死亡或消失之

---

① 蒋廷瑜：《壮族铜鼓研究》，广西人民出版社 2005 年版，第 273 页。

后能够继续存在。另一条则包括各个精灵本身，上升到威力强大的诸神行列。"① 就民间信仰的实际来看，被认为有灵魂存在的并不局限于泰勒所说的"生物"，也包括如铜鼓之类的人造非生物。在我国西南各民族的铜鼓传说中，铜鼓都已经不是物理学意义上的人造之物。它像人一样有公母之分，而且还像人间的夫妻一样情深意长，如流传于贵州水族群众中的"铜鼓情"的传说讲，一公一母两个铜鼓分离后，虽相隔千百里，一旦敲击其中一只，另一只就会马上发出回声。② 流传于贵州布依族群众中的"铜鼓镇金江"的传说讲，公铜鼓与蛟龙搏斗，沉入了江底，母铜鼓不顾艰险找到它，两个相约，一个在水里镇江龙，另一个在岸上报平安。③ 壮族民间传说中的铜鼓也是分公母并互相结为夫妻，如"铜鼓的传说"讲，古时，驮娘江的深潭里住着一条蛇魔，它兴风作浪，为害四方；红、黄铜鼓夫妻打败了蛇魔，救出了被掳去的渔妇；从此，人们把铜鼓当成了壮乡的保护神。④

　　总之，包括壮族在内的我国西南各民族信仰中的铜鼓，都是有灵魂、有意志、有生命的，他们在铜鼓信仰方面都体现出"万物有灵"的思想倾向。但若就壮族与西南其他民族的铜鼓传说作比较，我们就会发现壮族民众心目中的铜鼓具有更为鲜明的人格化倾向。在壮族之外的其他西南少数民族的铜鼓传说中，铜鼓虽然也如人一样有情感意志、喜怒哀乐，但它们最经常的还是以器物原本的形象出现，而很少以人的形象出现。相较之下，壮族铜鼓传说中的铜鼓作为故事主人公常常以人的形象出现。

　　在壮族铜鼓传说中，铜鼓可以变化为漂亮的后生，如"铜鼓的耳耳为什么穿着黄猄角"的传说讲："老辈人讲，铜鼓是有生命的精灵。白天，他们是一个个不动的铜鼓，可是一到夜间，他们就变成一个个英俊威武的后生，挎着刀箭，骑着最能跑的黄猄，守卫村寨，巡视山河田地，驱赶毒虫恶兽、妖魔鬼怪。有时，他们也到歌圩，跟姑娘们对歌；到兰弄的

　　① ［英］爱德华·泰勒：《原始文化》，连树生译，广西师范大学出版社2005年版，第349—350页。
　　② 岱年、世杰：《水族民间故事》，贵州人民出版社1984年版，第123—124页。
　　③ 贵州省社科院文学研究所黔南布依族苗族自治州文研室：《布依族民间故事》，搜集整理者：罗隆渊、罗文亮、徐则舜，贵州人民出版社1981年版，第103—105页。
　　④ 西林县民委、文化局：《西林民间故事集成》（内部资料），搜集整理者：岑护双，1990年，第120—122页。

火塘边同妹仔们谈情说爱。"① 又如"铜鼓为什么埋地下"的传说讲："毒兀霸占了泉洞，到处祸害人，壮乡也就遭了难"，"这个时候，壮家出了个名阿冉的后生，他是铜鼓变的。阿冉是个猎手，专射伤害人畜的野兽。他很喜欢乡亲们，帮大家扛木头起房子，把打到的野物分给大家吃。大家闷了，他给大家唱歌"，"阿冉见到毒兀作恶，乡亲受难，决心去杀死毒兀"。② 上述传说中的铜鼓，不仅以人的形象出现，而且就生活在人们中间，与人们一起劳动，一起娱乐，一起生活，更是与人无异。由此看来，在壮族人民的信仰中铜鼓就是有生命、有情感、有意志的人，在他们的身上通常焕发着常人没有的英雄主义精神。

在漫长的历史岁月中，人类与自然的矛盾始终是社会的主要矛盾之一。在生产力水平极为低下的状态下，人们既对自然界缺乏科学的了解，也没有能力抵抗自然界给人类造成的各种灾难。出于对强大自然力的无奈，在蒙昧意识的支配下，人们"用想象和借助想象""把自然力加以形象化"，③ 并企图通过自己的行为影响被形象化或人格化了的自然力。在这种情况下，人们对作为自然力化身的各种神魔采取了讨好或镇伏两种截然不同的手段。为了人间的风调雨顺、人畜平安，人们常常采取各种各样的手段讨好作为自然力化身的神灵，以祈求其怜悯或护佑人类。人类讨好作为自然力化身的各种神灵的方式是多样的，其中给神灵供献牺牲是最经常的一种，比较庄重的情况下，通常是供奉猪、牛、羊三牲，有时甚至不惜以人为牺牲。歌舞娱神也是一种经常性的祭神方式，戏剧就起源于巫觋祭神时所表演的歌舞。人类社会的早期，在蒙昧意识的支配下，人们推己及神，甚至还曾以供献美女的方式讨好自然界的神灵，《史记·滑稽列传》中记载的西门豹治邺的事迹就透露了相关的信息。

人类对于作为自然力化身的神灵并不仅仅是一味地取悦或顺从，有时也采取强硬手段，即使用厌胜法威吓或镇压。"厌胜"系巫术之一种，"其实质是以较高的力压服较低的力"。④ 通常是使用咒语、避邪物或镇物等以期达到镇压、抑制所厌恶的人、物或各种魔怪的目的。厌胜法被古人

---

① 岑隆业、杨荣杰、金稼民、蓝鸿恩搜集整理：《壮族民间故事选》，上海文艺出版社1984年版，第126—128页。

② 同上书，第128—130页。

③ 刘世锦：《马克思主义论民间文艺》，漓江出版社1988年版，第21页。

④ 姜彬：《中国民间文学大辞典》，上海文艺出版社1992年版，第57页。

运用于社会生活的诸方面，针对人们通过想象虚拟出的形形色色的妖魔鬼怪，包括作为自然力化身的各种神灵，运用于禳除各种灾害，有时也被用于害人的黑巫术。

在漫长的历史岁月中，由于人们对大自然缺乏科学了解和没有与大自然对抗的能力，他们只好借助想象和幻想来影响自然，他们有时向作为自然力化身的各种神灵献媚、讨好；有时则采用厌胜法企图镇伏或威慑。厌胜是一种巫术，没有任何科学依据。但是，由于古代社会生产力水平的落后与人们认识水平的低下，这种通过幻想控制自然力或超自然力的手段却大行于世。就有关铜鼓的民间传说看，在古代社会，我国西南少数民族聚居区也曾广泛流行以铜鼓为厌胜物禳除各种自然灾害的习俗。

流传于贵州三都县水族群众中的"虎鼓伏虎"的传说讲，某寨子附近的山坡上有一只老虎，经常咬伤人畜。听说虎铜鼓伏虎，寨老便派人到外寨借来了虎铜鼓。以后，一连三天没见老虎踪影。人们打开铜鼓，看见鼓底下有一堆老虎骨头，鼓身上粘着老虎毛。原来铜鼓真的把老虎给吃了。① 流传于广西马山瑶族群众中的"黑岩鼓声"的传说讲，一千多年前，瑶族先祖带着一批人从湖南经东兰迁徙，来到黑岩。当从黑岩山洞里通过时，大家在洞中遇到了一条巨大的蟒蛇。当人们面临危急，一筹莫展时，抬铜鼓的两位弟兄将铜鼓丢在地上，铜鼓的跌落声震住了蟒蛇。于是他们敲着铜鼓安全走出了黑岩洞。为了以后同胞们也能走这条路，他们将一面铜鼓埋在了那条路上。② 流传于广西那坡县彝族群众中的"铜鼓的神威"的传说讲，那坡县城附近的山脚下有一口深潭，潭里住着一条大母龙，母龙经常危害周围的百姓。一天大家抬着铜鼓经过深潭时，铜鼓突然发热，烧断了抬它的杠子，滚进深潭，母龙被铜鼓砸成七八截浮上了水面。③ 贵州三都县水族群众中流传的《斗犀》的传说讲，某地有一处水潭，潭中住着一头犀牛，犀牛经常兴风作浪，淹没庄稼。寨中翁达老爹的

① 文亮、岱年、何以搜集整理：《水族民间故事》，贵州人民出版社1984年版，第122—123页。

② 王光荣、红波搜集整理：《红波诗文集·故事传说卷》，天马图书有限公司2000年版，第107—108页。

③ 广西师范学院民间文学研究所：《毛南、京、仡佬、回、彝、水六族故事选》，搜集整理者：王光荣，广西人民出版社1987年版，第120—121页。

铜鼓挣断拴它的棕绳，滚进潭中打败了犀牛，然后一直留在潭中镇守。①
贵州黔南布依族群众中流传的"铜鼓镇金江"的传说讲，一个后生挑着
一公一母两个铜鼓渡金沙江，一条黄龙掀起巨浪，危急关头，铜鼓跃入江
中打败了黄龙。后来，公铜鼓留在江中镇江龙，每年春节，乡亲们就敲响
母铜鼓向它报平安。②

从上述传说来看，在古代社会，我国西南地区的各民族群众认为，铜
鼓是老虎、巨蟒等各种毒蛇猛兽和作为旱灾、水灾等自然力化身的种种妖
魔的克星，它们英勇神武，能为人类消除各种来自自然界的威胁，保人类
平安。铜鼓并不能吃掉老虎，也未必能震慑巨蟒，更不可能自动去与作为
自然力化身的犀牛、黄龙之类搏斗，这些传说反映了古代社会我国西南地
区各民族群众为了消除各种自然灾害，以铜鼓为镇物所举行的各种厌胜
仪式。

就壮族群众中流传的铜鼓传说来看，古代社会壮族群众也同西南其他
民族的群众一样认为铜鼓具有厌胜功能，不过，只是被集中地用于禳除
旱、涝之灾，尤其是水灾。如流传于广西隆林壮族群众中的"铜鼓为什
么埋地下"的传说讲，古代有一对神鹅，它们走到哪里，哪里就有甘甜
的泉水。后来毒兀霸占泉水，神鹅被迫离开，壮乡发生了旱灾。铜鼓化身
成小伙，射杀了毒兀，找回了神鹅，并为守护泉水源头，留在了地下。③
流传于广西红水河流域壮族群众中的"铜鼓与图额搏斗"的传说讲，图
额（水怪）经常兴风作浪，危害百姓。铜鼓要求主人给他的两耳拴上山
羊角，然后下水与图额搏斗。铜鼓胜利后，乡亲们供奉它为铜鼓王。④ 流
传于广西天峨县壮族群众中的"石壁铜鼓"的传说讲，某地深潭中有一
头犀牛经常作怪，危害当地百姓。铜鼓挣脱挂绳，飞进深潭，与犀牛争

① 文亮、岱年、何以搜集整理：《水族民间故事》，贵州人民出版社 1984 年版，第 120—121 页。

② 贵州社科院黔南布依族苗族自治州文研室：《布依族民间故事》，搜集整理者：罗隆渊、罗文亮、徐州舜，贵州人民出版社 1981 年版，第 103—105 页。

③ 杨业荣、岑隆业、蓝鸿恩搜集整理：《壮族民间故事选》，上海文艺出版社 1984 年版，第 128—130 页。

④ 覃乃昌：《红水河流域稻作文化研究》，参见容小宁编《红水河民族文化艺术考察研究》，广西人民出版社 2005 年版，第 53 页。

斗，铜鼓粘在水潭的石壁上，再没回来，从此深潭风平浪静。①

在壮族群众当中流传最广泛的是铜鼓斗水妖的传说，这类传说是对人们把铜鼓作为镇物用于镇压水患的现实反映，至今，壮族群众中还比较多地流传着这类传说，并在某种程度上保留着这一信仰。广西民族大学少数民族语言文学专业研究生张东茹同学在田野调查时，壮族群众就告诉她："流传最广的就是铜鼓与水鬼搏斗的传说。"② 黄文富同学通过对广西东兰县铜鼓文化的考察，了解到壮族民众有关铜鼓的民俗观念主要体现于两点，"一是民众认为铜鼓可以愉悦雷神"，"二是民众认为铜鼓能镇水怪"。他说：当地人认为"水怪最怕铜制的东西，铜是他的死对头，尤其是最怕铜鼓"。通过调查，他还了解到水怪"其原型实际上就是鳄鱼和白鳝"。至于为什么是这样，他分析道："这两种动物都不轻易看到，鳄鱼生性凶残，猛恶，尤其是很久以前的粤西、粤东地区，鳄鱼非常的大，吞食人和牲口的情况时有发生，人们闻之色变；而白鳝身体细长如蛇形，身体长可有一米多，头部又尖又长，像个小精灵，它生活在深水处，而人们的水中事故多是在深水区发生，遇见白鳝与人们经常出事的地点不谋而合地相似，不免给人心理增添几分神秘与恐惧的氛围。"③ 由此可见，认为铜鼓可以镇伏水患是壮族铜鼓信仰的重要内涵，同时，这种观念也是相当根深蒂固的。

总之，就铜鼓传说来看，包括壮族在内的我国西南地区各民族群众都曾以铜鼓为厌胜之物，镇伏各种各样、形形色色的自然灾害；有所不同的是，壮族以铜鼓为厌胜之物，主要是局限于禳除旱、涝之灾，尤其是用于禳除水患。至于原因，很可能与壮族铜鼓信仰源于蛙崇拜有关。学者们一般认为人们之所以崇拜蛙，是因为人们把蛙看作雷公的女儿，同时，人们又认为雷公是管理雨水的，因而，蛙崇拜自然也就与雨水有关。既然蛙崇拜与水有关，铜鼓崇拜自然也不会例外，人们认为铜鼓有禳除旱、涝之灾的功能也就不足为怪了。

---

① 天峨县民间文学二套集成编辑领导小组：《天峨县民间故事集成》（资料本），1988 年，第 112 页。

② 张东茹：《壮族铜鼓传说的文化研究》（附录 3：东兰县铜鼓文化考察小记），硕士学位论文，广西民族大学，2009 年。

③ 黄文富：《东兰壮族铜鼓习俗研究》，硕士学位论文，广西民族大学，2011 年，第 49—50、62 页。

从壮族铜鼓传说来看，在古代社会，铜鼓很可能在部分壮族地区群众的心目中获得了图腾祖先的位置。流传于云南鹤庆县壮族群众中的"铜鼓老祖包登"的传说讲：天地刚分开时，大地上只有重甲人（属壮族一支）。天神怕重甲人的势力大起来，同他们争夺管理天地的位子，就派耍发（蛟龙）淹没了大地，只剩下一个重甲人和一个母老虎。老虎驮着重甲人在洪水中漂到了云南鹤庆朵美地方。这头母老虎和重甲人相处了九年后怀孕了，那唯一的重甲人等不到自己的娃娃落地就死了，母老虎生下一铜鼓。老虎爪子一扒着铜鼓，铜鼓就发出"哄——哄"的响声。随着响声，大地上出现了万物。老虎一高兴，使劲用爪一击铜鼓，铜鼓下底被击烂了，从破洞中滚出一个身穿铁胄铁甲的重甲人来。老虎给他取名叫"包登"。包登变成了一个巨人，手里握着根大铁鼓槌，不住地敲打铜鼓。鼓声中，有无数的人从铜鼓里钻出来。重甲人的儿孙跟着包登，敲着铜鼓，打败了耍发。从此，他们在各地定居下来，建造家园，繁衍子孙。①这则传说讲述的是洪水后人类再殖的故事，故事讲大水后世上只剩下一人与一虎，人虎结合后生下铜鼓，而铜鼓中走出了人类。就这则传说来看，老虎与铜鼓在古代云南鹤庆的壮族群众中可能曾被作为图腾祖先而被崇拜过。

无论是从古代文献中记载的壮族民间传说来看，还是就现代口头资料中的壮族民间传说来看，壮族民间都曾普遍存在过铜鼓信仰。在壮族群众的心目中，铜鼓有生命、有情感、有意志，可以幻化为人的形象，帮助人类战胜水灾、旱灾。在个别地区的壮族群众中，铜鼓甚至成了人类的祖先，在洪水毁灭了人类之后，从铜鼓中走出了新的人类。正是因为有了这样的信仰，壮族群众才把铜鼓视为重器和宝器，把它运用于各种严肃、庄重与重要的场合。

第五节 铜鼓信仰的淡化与铜鼓文化的保护

近几十年来，壮族地区的铜鼓文化受到了前所未有的冲击。新中国成

---

① 《中国民间故事集成·云南卷》编辑委员会：《中国民间故事集成·云南卷》（上），中国 ISBN 中心 2001 年版，第 278—280 页。

立后，包括"文化大革命"在内的相当长一段时间，传统的铜鼓文化被与封建迷信联系起来，大量铜鼓遭毁弃，相关活动被禁止，以往相关活动的组织者和铜鼓文化传承人大都受到不同程度的冲击；"文化大革命"之后，政治环境逐渐宽松，政治方面的因素对传统文化的传承已不再构成妨碍，但是，因为改革开放后中国社会转型过程的加速，人民群众的生产方式与生活方式迅速变化，传统文化又出现了新的危机。传承于壮族及我国西南各民族中的铜鼓文化也是如此。据《东兰县志》载："（从前）红水河沿岸壮家，几乎村村有铜鼓，逢年过节，红白喜事，都要打铜鼓，表示哀乐。尤其是春节欢度'蛙婆节'，红水河畔遍地铜鼓声响。新中国成立初期，全县民间铜鼓数量数以千计……"① 很显然，在今天的壮族地区铜鼓文化已很难再现这种红火的场面。

在长期的传统社会里，包括壮族在内的我国西南各民族群众视铜鼓为"神器"。他们认为铜鼓可以酬神驱鬼，祛灾纳福，将之视为传家之宝、镇寨重器。铜鼓受损，意味着家庭、家族，乃至整个村寨将会有不幸。所以，在传统社会里，人们不惜重金购置铜鼓，并悉心呵护，代代相传。随着社会发展，人民群众科学文化知识水平的普遍提高，人们对铜鼓的信仰自然日渐淡化，现在已经很少有人把铜鼓作为神灵崇拜。在过去铜鼓具有"娱乐功能""祭祀功能"与"神器功能"等多种功能，② 今天，随着民间铜鼓信仰的淡化，已经仅剩下娱乐功能。黄文富指出："过去人们对铜鼓习俗是怀着一种十分神圣的心理观念……而今，铜鼓的神圣性大为减弱，人们使用铜鼓时怀有的神圣心理弱化，很多时候单纯把铜鼓作为一种乐器来使用，其目的原来是以'娱神'为主，而现在则以'娱人'为主，娱乐性十分明显。"③ 黄文富通过调查了解到过去广西东兰群众围绕铜鼓展开的活动主要与信仰相关，而现在则纯属娱乐了。然而，现代化社会娱乐的形式又是多样的，尤其是电视的普及，对许多传统的娱乐方式形成了很大冲击，在这种情况下铜鼓文化亟待保护。

一种文化一般有三个层面，即物质层面、科技层面和历史文化层面；

① 东兰县县志编纂委员会：《东兰县志》，广西人民出版社1994年版，第510页。
② 蒋廷瑜：《红水河流域铜鼓文化综述》，参见容小宁编《红水河民族文化艺术考察研究》，广西人民出版社2005年版，第73—74页。
③ 黄文富：《东兰壮族铜鼓习俗研究》，硕士学位论文，广西民族大学，2011年，第66页。

三个层面相互依存，没有科技层面就没有物质层面，没有物质层面，就是"皮之不存"，也就不可能有历史文化层面。就铜鼓文化而言，铜鼓自身是铜鼓文化的物质层面，它承载着铜鼓的科技层面与历史文化层面；铸造铜鼓的技术属于铜鼓文化的科技层面；铜鼓文化的历史文化层面包括与铜鼓相联系的各种文化现象，如铜鼓信仰、铜鼓传说及与铜鼓相关的各种人生礼仪、节日礼俗与文化娱乐活动，这一层面与铜鼓文化的技术层面共同构成铜鼓文化的非物质文化遗产部分。

就以上所说，铜鼓文化面临的危机不外乎三个方面：一是物质层面——传世铜鼓的数量不断减少；二是科技层面——铜鼓制造技术一度失传；三是与铜鼓相关的信仰日益淡化，与铜鼓相关的各种民俗文化活动日趋减少。

目前，铜鼓文化的前两个层面的危机已得到解决。从"大跃进"到"文化大革命"都有不少铜鼓被人为地毁掉；到20世纪80年代以来，又有人倒卖铜鼓，造成铜鼓大量流失；同时，以往传世的铜鼓也面临自然损坏的问题。这样，在铜鼓铸造工艺失传的情况下，铜鼓损坏一面少一面，让人发出了几十年后将无铜鼓可用的感叹。面对这种情况，从1996年起，河池文物站就与北京科技大学冶金史研究所联合进行铜鼓铸造实验，现在铸造铜鼓的技术已经比较成熟，制造出的铜鼓可以供群众使用。在恢复铜鼓铸造工艺方面民间力量也发挥了很大作用，据廖明君说，在广西环江县有两兄弟恢复了传统的铜鼓铸造方式，其铸造的铜鼓很受群众欢迎，大家纷纷购买。[1]

目前，铜鼓文化所面临的物质层面、科技层面的危机已经基本解决，铜鼓文化的传承所真正面临危机的是其历史文化层面。如前所述，随着历史的发展，作为铜鼓文化传承关键性动力的铜鼓信仰在人们的观念中日渐淡化，而这一趋势又是不可逆转的，这就决定了围绕铜鼓而形成的种种传统的民族民间文化的逐渐萎缩。其历史文化层面的危机不是靠技术攻关能解决得了的，无疑，铜鼓文化的保护作为一个难题已摆在我们面前。如前所讲，今天铜鼓的功能已经变了，过去是"娱神"，今天是"娱人"，由于群众铜鼓信仰淡化趋势的不可逆转，保存所谓"原生态"的铜鼓文化

① 廖明君：《薪火传承：非物质文化遗产保护与发展》，参见容小宁编《八桂讲坛录（一）》，广西人民出版社2007年版，第99页。

无疑是痴人说梦，而只有成功完成铜鼓功能的转换，才能保证铜鼓文化的延续传承。

如何保护铜鼓文化，学界目前还没有提出具体的建议与方案，但笔者认为广西著名铜鼓文化研究者蒋廷瑜所言应该对解决这一难题具有指导意义。他说：

> 保护一种传统文化，并不是真的把它作为化石，送到博物馆供奉起来，而是要把它发扬光大。铜鼓文化不能作为阻碍历史前进的守旧文化，它必须在现代化潮流中获得新生，与时俱进……要为它找到一个历史与现代的交融点，青蛙节要注入新内容，铜鼓舞要不断创新，提升其文化底蕴，使之成为民俗旅游的亮点，铜鼓山歌艺术节花样要翻新，为西部大开发"唱戏"，铜鼓艺术要借助于现代美术、音乐、舞蹈、戏剧获得新生，走出山区，走向世界，这都是赋予铜鼓文化时代的历史使命。①

按笔者的理解，蒋氏是说：保护铜鼓文化就要顺应时代潮流，赋予其以新的功能与内涵，借助新的形式，让其服务于社会发展需要，这样铜鼓文化才能得到传承与保护。蒋氏虽没有提出保护铜鼓文化的具体措施，但无疑为铜鼓文化的保护指明了方向。

综上所述，我们对铜鼓文化研究的相关学术史、壮族铜鼓文化的概况、壮族铜鼓传说及所反映的信仰观念等作了系统梳理，同时也就新时期铜鼓文化如何进一步传承的问题作了探讨。壮族铜鼓文化历史悠久，在铜鼓文化传承的漫长岁月里，壮族民间形成了对铜鼓的崇敬与膜拜。人们视铜鼓为神灵，认为其具有非凡的超自然力，可以祛邪镇魔，保佑人类、长寿安康、风调雨顺。铜鼓信仰是铜鼓文化延续、传承的关键。目前，壮族民间有关铜鼓的信仰日趋淡化，因而，在壮族民间传承了数千年之久的铜鼓文化也面临着危机。如何在新的形势下让铜鼓文化继续发展、传承是我们当前所面临的一个重要课题。

---

① 蒋廷瑜：《红水河流域铜鼓文化综述》，参见容小宁编《红水河民族文化艺术考察研究》，广西人民出版社 2005 年版，第 102—103 页。

第 四 章

壮族民间传说与莫一大王崇拜

第一节 相关研究的学术小史

刘锡蕃较早注意到南壮①群众对莫一大王的崇奉,在《岭表纪蛮》中作了比较详细的介绍。莫一大王系壮族群众所奉祖先神,同时被祭祀的还有莫二、莫三、莫四大王。莫一大王的木祖上书有"敕奉通天圣帝莫一大王"等字。壮人每三年向莫一大王"庆愿"一次。五年"庆愿"两次,每十年"还愿"一次,"还愿"仪式极为隆重:"延巫诵经七昼夜,居住衣服器用,必件件皆新。乞丐登门索食若干,必善与之,不与而为丐所诅怨,则家必不吉。""庆愿"也要"延巫诵经咒,说淫词,一昼夜或数昼夜,所费亦不赀"。因为"还愿"所费甚巨,大多数人家往往无力"还愿",便年年"烧腊",即于腊月以三牲祀祖,祷告不能"还愿"的理由。家主死要"勾愿",即祷告某应"还愿",今已亡故,所欠愿贴应勾销。刘锡蕃认为壮族群众所祀莫一大王当为某代南丹莫姓土司。②

"莫一大王"传说在壮民族中有比较大的影响,故该传说一直为学界所关注,有不少研究该传说的文章可见之于书刊,如覃德清的《莫一大王原型显、隐结构内涵与壮族民族文化心理》③、覃桂清的《试论莫一大

---

① 壮族群众被分为南壮、北壮,南壮系聚居于广西南部的壮族群众。

② 刘锡蕃:《岭表纪蛮》,参见《民国丛书》第三编《凉山夷家·疍民的研究·岭表纪蛮》(影印本),上海书店出版社 1991 年版,第 82—83 页。

③ 覃德清:《莫一大王原型显、隐结构内涵与壮族民族文化心理》,载《民间文学论坛》1992 年第 5 期。

王的"飞头"》①、顾乐真的《壮族师公土俗神"莫一大王"考》②、杨树喆的《桂中壮族民间的莫一大王崇拜及其内隐意蕴》③、黄玲的《诗性的奔放和伦理的沉重——从〈莫一大王〉的异文看壮族民族叙事的演变》④等。其中有一些文章从文化学的角度分析《莫一大王》的深层文化意蕴，也有一些文章是运用文献学的方法考证传说英雄"莫一大王"这一形象的原型或《莫一大王》传说的原型；同时，还有一些文章是考察与分析莫一大王信仰的性质的。

在壮族民间除流传着"莫一大王"传说外，也有《莫一大王》叙事长诗在流传。《壮族文学发展史》一书中专设了"英雄史诗《莫一大王》"一章，该章分析了《莫一大王》叙事诗的形成过程，介绍了其思想内容，就史诗中莫一大王的形象做了研究，并探讨了《莫一大王》叙事诗与《莫一大王》神话或传说之间的关系，肯定了《莫一大王》叙事诗取得的艺术成就，认为其开启了壮族文学"现实主义与浪漫主义相结合的先河"⑤。

此外，还有多部著作涉及莫一大王信仰的研究，如农学冠的《岭南神话解读》⑥、廖明君的《壮族自然崇拜文化》⑦ 等。

这些研究成果中不乏一些真知灼见，如杨树喆在其《桂中壮族民间的莫一大王崇拜及其内隐意蕴》一文中指出："莫一大王崇拜中包容了特定历史时期壮族人民的情感体验，是一个蕴涵着壮民族文化心理特质的'原型'，它一方面反映了壮族社会历史的基本特征，另一方面则体现了壮民族的文化态度、精神特质和民族性格。"⑧ 杨树喆把"莫一大王"看

① 覃桂清：《试论莫一大王的"飞头"》，《广西民族研究》1992年第4期。
② 顾乐真：《壮族师公土俗神"莫一大王"考》，《广西民族研究》1992年第3期。
③ 杨树喆：《桂中壮族民间的莫一大王崇拜及其内隐意蕴》，《民族文学研究》2001年第1期。
④ 黄玲：《诗性的奔放和伦理的沉重——从〈莫一大王〉的异文看壮族民族叙事的演变》，《民族文学研究》2010年第1期。
⑤ 周作秋、黄绍清、欧阳若修、覃德清：《壮族文学发展史》（上），广西人民出版社2007年版，第198—214页。
⑥ 农学冠：《岭南神话解读》，广西民族出版社2000年版。
⑦ 廖明君：《壮族自然崇拜文化》，广西人民出版社2002年版。
⑧ 杨树喆：《桂中壮族民间的莫一大王崇拜及其内隐意蕴》，《民族文学研究》2001年第1期。

作壮族人民情感体验的结晶，认为其蕴含着壮民族的文化心理，这种观点显然胜过那些把莫一大王看作真人，把"莫一大王"传说看作真事的观点。

围绕着"莫一大王"传说，笔者陆续撰写过四篇论文。《〈莫一大王〉及其同类型传说英雄人物原型浅论》一文，就《莫一大王》及其同类型传说中英雄人物的原型发表了个人的看法，否定了学界以宋代广西南丹莫氏开创人的后裔莫世忍或莫公佞等为莫一大王原型的说法，认为壮族《莫一大王》及其同类型传说中英雄的形象，是壮族人民根据他们对现实中的巫师及其相关宗教职业者的揣测或理解来塑造的。[①]《从神话人物到传说英雄——浅析壮族民间故事中"莫一大王"的形象》一文指出，莫一大王是神话人物，也是传说人物，因此，他是一个跨越不同历史时期的虚拟人物。莫一大王是壮族人民在与自然作斗争的过程中，不怕困难、积极乐观的精神象征，也是壮族人民反抗压迫的斗争精神的象征，总之，莫一大王是壮民族民族精神的象征。[②]《试论〈莫一大王〉型传说的神话原型——兼与覃桂清、农学冠先生商榷》一文，否定了"莫一大王"传说中英雄断头不死的情节与"飞头"传说存在联系的说法，认为上古神话《刑天与帝争神》才可能是该传说的原型。[③]《"竹生甲兵"母题生成新探》一文，否定了"莫一大王"传说中"竹生甲兵"母题与古代文献中记载的《夜郎侯出生》的传说之间的关系，指出该母题很有可能是接受了《孔子项托相问书》的影响生成的，是壮、汉文化交流的产物。[④]

总之，以前就有一些学者针对莫一大王信仰或"莫一大王"传说等作过一些研究，笔者也有一些关于"莫一大王"传说的研究成果。但是以前的研究或是针对莫一大王信仰，或是针对"莫一大王"传说、史诗等，很少有人把两方面结合在一起加以研究。以下，我们将通过对"莫一大王"传说的研究透视莫一大王信仰。

[①]　陈金文：《〈莫一大王〉及其同类型传说英雄人物原型浅论》，《民族文学研究》2006 年第 6 期。

[②]　陈金文：《从神话人物到传说英雄——浅析壮族民间故事中"莫一大王"的形象》，《社会科学战线》2007 年第 2 期。

[③]　陈金文：《试论〈莫一大王〉型传说的神话原型——兼与覃桂清、农学冠先生商榷》，《中央民族大学学报》2007 年第 2 期。

[④]　陈金文：《"竹生甲兵"母题生成新探》，《广西民族大学学报》2008 年第 2 期。

第二节　"莫一大王"传说的情节介绍与分析

　　在古代文献中，曾多次出现"莫大王"之类的字眼，如马端临《文献通考》引《桂海虞衡志》云："其酋莫氏，国朝命为刺史，月支盐料及守臣供给钱百五十千。比内郡，自号'莫大王'。"①　《岭外代答》云："南丹者，所谓莫大王者也。"②　然而，在古代文献上却没有发现关于"莫一大王"传说的记载。进入现代社会以来，有关莫一大王的口头资料得到了较为全面的搜集。黄勇刹、蒙光朝、韦文俊翻译整理了叙事长诗《莫一大王》；而"莫一大王"的传说则可见之于《壮族民间故事选》③、《女神·歌仙·英雄——壮族民间故事新选》④、《中国民间故事集成·广西卷》⑤ 等多种壮族或广西地区的民间故事书。

　　学界一般认为"莫一大王"的传说系艾伯华归纳的《蜂王》型故事⑥或丁乃通归纳的《险避魔箭》型故事；⑦刘守华归纳出《早发的神箭》型故事，也把"莫一大王"传说列入该类型。⑧ 但就我们所掌握的"莫一大王"传说文本来看，这三个故事类型中的任何一个都不能完全概括"莫一大王"传说所有的情节或母题。

　　笔者据前述《壮族民间故事选》《女神·歌仙·英雄——壮族民间故事新选》《中国民间故事集成·广西卷》等多种壮族或广西地区的民间故事书，将"莫一大王"传说归纳为下述两个故事类型：

---

　　①　（宋）马端临：《文献通考》卷三百三十一，清浙江书局本，第 5152 页。

　　②　（宋）周去非：《岭外代答》，屠友祥校注，上海远东出版社 1996 年版，第 7 页。

　　③　搜集整理者：黄文诗、韦世儒、依易天：《莫一大王》，参见农冠品、曹廷伟编《壮族民间故事选》（一），广西人民出版社 1982 年版，第 57—59 页。

　　④　搜集整理者：黄勇刹、过伟：《莫一大王别传》，参见农冠品编《女神·歌仙·英雄》，广西民族出版社 1992 年版，第 45—49 页。

　　⑤　搜集整理者：尹肇荃、蓝鸿恩：《莫一大王和十二大龙》、《神牛的儿子莫一大王》，参见过伟主编《中国民间故事集成·广西卷》，中国 ISBN 中心 2001 年版，第 164—166、167—170 页。

　　⑥　［德］艾伯华：《中国民间故事类型》，商务印书馆 1999 年版，第 111—112 页。

　　⑦　［美］丁乃通：《中国民间故事类型索引》，中国民间文艺出版社 1986 年版，第 205 页。

　　⑧　刘守华：《楚文化中的民间故事——〈早发的神箭〉文化形态剖析》，参见刘守华《民间文学魅力与价值》，大众文艺出版社 2007 年版。

类型 A：

（1）古代河池南丹有一户姓莫的贫苦人家，两口子年过半百还没有孩子。

（2）一天，莫老汉打柴归来，救起一位冻饿昏死多时的老人。

（3）老人将一颗核桃大的种子，交给两口子走了。

（4）莫老汉遵照仙人嘱咐，将种子种在莲花山顶，当山顶长出一棵幼苗，莫大娘怀孕了。

（5）莫家生下一个儿子，取名莫一，头上有十二只眼睛，粗臂粗腿，力大无穷。

（6）一天，莫一打猎归来，见官兵洗劫村子，他将官兵杀得尸横遍野，剩下的官兵吓得夺路逃去，乡亲们拥护莫一为王。

（7）南丹河里有十二条恶龙，年年要人进献猪、牛、羊三牲。

（8）莫一打败了龙王，此后，它们便老老实实地耕云播雨，再不敢胡作非为。

（9）夜里，莫一在蛇龙滩渡口造桥。

（10）莫一拼命地堆砌，两岸的石头渐渐靠拢了，单等鸡啼头遍便可合拢。

（11）土地婆硬是不让鸡啼叫，造桥失败。

（12）莲花山上的大树一天换一次叶，换一次叶就往上长一尺；换下的叶子飘到京城的金銮殿，飘落到皇帝的洗脸盆里；皇帝召来老国师卜问吉凶。

（13）老国师道："如果这棵大树长与天齐，那里就会有人当皇帝。"

（14）国师派出大批奸细混进南丹境内，摸清楚莲花山上的大树是莫一的生命树，亲率十万精兵杀上了莲花山，下令砍树。

（15）大树被砍倒了，莫一顿感头昏目眩，摔到马下，莫一大王被捉住了。

（16）国师害怕莫一会半路逃跑，就地将他杀害，将尸体丢下河去。

（17）莫一的尸体落到河里，十二个龙王见了赶来抢救，把河里的泥沙刮起来，从四面八方覆盖了莫一的尸体，形成了一个巨大的坟墓。

类型 B：

（1）皇帝派钦差来要人皮，莫一的父亲不从被斩首，尸首被丢到一个深潭里去了。

（2）莫一跳进深潭去寻找父亲的尸体；水底洞里住着一头神牛，神牛耍弄着一颗珠子。

（3）神牛告诉莫一自己是他的父亲，给了他那颗珠子；珠子跳进莫一嘴巴，滑进肚里，他顿时觉得浑身发热，四肢充满力气。

（4）莫一和孩子们一起放牛，一次，一块比房子还大的石头，被雷雨冲坍下来，堵塞了道路。

（5）莫一用肩膀把牛一头、两头地扛起来，跨过崩坍的岩石。

（6）河池五圩有条河被山挡住，水流不出去，泛滥成灾；隔山的九圩地方没有河，老闹旱灾。

（7）莫一用伞尖戳向山腰，捅出洞来，从此，五圩那条河的水就穿过山洞流到九圩来。

（8）山区缺盐，盐是用海水制的，莫一想搬山造海。

（9）莫一把山背起搬走，嫌背山太慢，又用伞把当作赶牛鞭，把一座座山当作猪、牛、羊、马一样赶走。

（10）他妈看见这些石山滚滚而来叫喊起来，这些石山一听寡母婆的话便不再滚动了。

（11）莫一家的门口有一株大葡萄藤，葡萄藤攀过三十六座山头；莫一就在这葡萄藤上跑马射箭。

（12）有一片葡萄叶，落到京城的王宫里；皇帝找国师来问，国师一打听，知道南丹州出了个莫一。

（13）皇帝要派兵征剿莫一，国师则建议要这位新任头人献人皮造宫殿。

（14）莫一带了一百个后生来到京城，在朝见皇上之前，先叫这一百个后生煮十锅玉米粥，里面放了很多辣椒，大家喝了全身发热，每个毛孔冒出比花生粒还大的汗珠。

（15）莫一告诉皇帝："我们壮人皮肤是漏水的。"皇帝不再要壮人的人皮。

（16）莫一回到半路，国师向皇帝奏本说皇帝受骗了，派兵马追杀。

（17）官兵砍倒了莫一家门前那株特大的葡萄藤，藤汁就像鲜血一样流出来，还是抓不到莫一大王。

（18）将官们把莫一包围住了，莫一把包头的头帕解下来，向前一抖，变成了一座桥，搭到山头上，莫一骑着马过了桥。

（19）见剿灭不了莫一，皇帝便出圣旨，请莫一去京城做官。

（20）莫一有顶腾云帽，到了京城，每天晚上仍旧回家来睡。

（21）妻子怀孕了，他母亲还以为媳妇不守规矩，媳妇告诉她，莫一大王每晚都回来睡；到了晚上，妻子把莫一的一只靴子收藏起来，给母亲做凭据。

（22）莫一一早起床，找不到那只靴子，太阳已上到东山，莫一大王怕迟到了，把帽子向太阳一挥，太阳就退下东山去了；莫一在路旁水池边，用泥巴捏成了一只靴子穿上了。

（23）皇帝发现升起的太阳又落了下去，十分吃惊，国师设计查出是莫一所为。

（24）莫一逃回家后，天天去割草，挑到水潭下的一个岩洞里，并在屋后种上竹子。

（25）妻子每天来给他送饭，小狗给她带路，小狗颈项下有一串铃铛，跑起来铃铛直响；他叮嘱妻子去给屋后种的竹子浇水，有人来买竹，一根竹子要一两白银，少了不卖。

（26）母亲去送饭，怕铃铛声会妨碍孩子做事，便解了下来，再让那小狗带路到岩洞里。

（27）莫一正在岩洞里把那些割来的草扎成草人草马，只要三十六天内不接触人气，就可以成为真人真马，不料突然闯进守寡的母亲。

（28）有个当官的暗探莫一的下落，他坐的轿子有根轿杠断了，就到莫一家来买竹子。

（29）莫一的妻子说一根竹子少一两银子不卖，母亲却说随便赏几钱银子就是。

（30）当官的选一根竹子砍下来，这些竹子里每一节都有一个人，有的拿刀，有的拿枪，但眼睛都还闭着，如果那当官的真的给一两银子，这些人眼睛就会睁开，便可以出来打仗了。

（31）莫一大王把贵州那边的山赶过来，想围住皇帝的兵马，正赶着山走的时候，遇上两个女人，她们的冲撞让莫一赶着走的山停了下来。

（32）皇帝发兵讨伐莫一，莫一解开头帕，向天空抛去，顿时，天上现出了一条彩虹，落到地面上来，莫一跳到彩虹脖颈上，准备骑了上天去。

（33）皇帝的将官将一盆狗血向彩虹泼过去，彩虹立刻又变成头帕，莫一被杀。

（34）莫一提着自己的头走回村来，如果人们都说，头被割了还能活，他就不会死；结果他的母亲说：人头割了，哪还能活啊！莫一就倒下了。

（35）莫一让妻子把他的头放到瓦缸里，每天洒点粥水进去，七天七夜再揭开盖子，妻子依他的话做了。

（36）他的母亲揭开瓦缸看，见里面好多蛆，便把开水泼下去。

（37）一群蜜蜂从瓦缸里面飞出来，飞到京城，把皇帝、国师、将军们都蜇了（本来到七天七夜之后，会有一帮兵马出来，替莫一报仇）。

这是笔者所了解的《莫一大王》传说的基本风貌。艾伯华归纳的《蜂王》型传说列出了 11 个情节单元，基本上都包含在《莫一大王》传说类型 B 中的（20）至（37）等 17 个情节单元中。刘守华归纳的《早发的神箭》型传说列出了密谋取代皇帝坐天下、神弓神箭、竹人竹马、提前发射、失败被害等 5 个情节单元，其中仅有"竹人竹马"的母题与《莫一大王》传说类型 B 情节单元（25）（28）（29）（30）相重合。而丁乃通归纳的《险避魔箭》型故事中没有与《莫一大王》型传说相重合或有联系的情节单元。因此，把《莫一大王》传说归入《险避魔箭》型故事并不合适。

李道和指出："莫一大王故事以及相关类型的故事群，实际讲述了一个地方首领与中央王朝抗衡的中心主题，表达了'天子梦'的破灭，形成了一系列关于边地少数民族或地方势力反抗王权统治的悲剧性故事。"[1]正如李道和所说，围绕着"一个地方首领与中央王朝抗衡的中心主题"表达"天子梦"破灭的感慨，这一类民间故事在我国许多地区都有流传，从数量看，可谓多如繁星。刘守华搜集到该类传说的不同文本 37 篇，其中湖北 12 篇、湖南 4 篇、广东 4 篇、广西 2 篇、四川 2 篇、贵州 6 篇。[2]其实，相关主题传说的不同文本实际篇目远远超过这个数目，就广西而言，就有岑逊的传说、岑三爷的传说、陈宏胆的传说、简宜的传说、金伦的传说、独齿王的传说、高仙户的传说，等等。这类故事之间虽然常有一

---

① 李道和：《莫一大王故事的文献考论》，《百色学院学报》2009 年第 1 期。

② 刘守华：《楚文化中的民间故事——〈早发的神箭〉文化形态剖析》，参见刘守华《民间文学魅力与价值》，大众文艺出版社 2007 年版，第 301 页。

些重合的母题或情节，但也往往有一些迥然相异的母题或情节，可以说相互间存在着许多差别。我们常常希望用一个类型来概括这类传说，譬如艾伯华归纳的"蜂王"型，丁乃通归纳的"险避魔箭"型、刘守华归纳的《早发的神箭》型以及本人归纳的《莫一大王》型等。实际上很难将这些林林总总的传说全部囊括在内，总是会把相当多的母题、情节遗漏。因而，这一主题的传说不应该用一个类型来概括，而应该列为若干类型，甚至这一主题之下某一人物的传说也很难用一个类型来概括。

为了让大家对"莫一大王"传说有一个基本认识，本人把它归纳为两个类型，这两个类型的内涵容量也都非常大，应该视为复合型的类型，即每一个类型当中都还能分解出一些独立的情节完整的类型。如"莫一大王"传说类型 A 中的（1）（2）（3）（4）（5）等情节单元组合起来，就可看作艾伯华所归纳的"神奇的受孕"型故事；① 情节单元（9）（10）（11）组合起来则属于钟敬文所归纳的"鸡鸣"型传说；② 贺学君在《中国四大传说》中将故事中能够对主人公的"生命和行为状况""作出准确反映"的"与人物异质并遥遥相隔的植物（或其他物件）"，称为"生命指示物"。③ "莫一大王"传说类型 A 中的（12）（13）（14）（15）情节单元组合起来是一则完整的围绕着"生命指示物"展开的故事。"莫一大王"传说类型 B 内涵容量也很大，除了包括了艾伯华归纳的"蜂王"型故事外，还容纳了一些其他类型的故事，如情节单元（8）（9）（10）组合起来便是万建中归纳的"赶山鞭"型故事；万建中在分析"赶山鞭"型故事时就列举了"莫一大王"传说中莫一移山造海的传说。④

广西籍学者在研究"莫一大王"传说时，往往把它看作本土所独有的，寻找其与本地区历史文化的联系。譬如，他们常常把"莫一大王"传说类型 B 中莫一大王头断而不死的母题与"飞头"传说联系起来；把竹子当中藏着兵马的母题与"竹王"的传说联系起来。

"飞头"传说在我国古代文献中常有记载。《搜神记》卷十二载："秦

---

① ［德］艾伯华：《中国民间故事类型》，商务印书馆 1999 年版，第 99 页。
② 钟敬文：《中国的地方传说》，参见《钟敬文民间文学论集》（下），上海文艺出版社 1985 年版，第 87 页。
③ 贺学君：《中国四大传说》，浙江教育出版社 1995 年版，第 160 页。
④ 万建中：《解读禁忌——中国神话、传说和故事中的禁忌主题》，商务印书馆 2001 年版，第 205 页。

时，南方有落头民，其头能飞。其种人部有祭祀，号曰'虫落'，故因取名焉。吴时，将军朱桓得一婢，每夜卧后，头辄飞去。或从狗窦，或从天窗中出入，以耳为翼，将晓复还。数数如此，傍人怪之。夜中照视，唯有身无头。其体微冷，气息裁属，乃蒙之以被，至晓头还，碍被，不得安，两三度堕地，噫咤甚愁，体气甚急，状若将死。乃去被，头复起，傅颈。有顷和平。"①《搜神记》中云南方有"落头民"，并称吴时将军朱桓婢女即是此类人种。此后，《新唐书》又有记载："有飞头獠者，头欲飞，周项有痕如缕，妻子共守之，及夜如病，头忽亡，比旦还。"②《新唐书》也是讲獠人即南方少数民族中有飞头之人，夜间头飞，早晨头还。《赤雅》卷上"飞头獠"条载："飞头獠，头将飞，先一日头有痕匝，如红缕，及夜状如病，头忽飞去，须臾飞还，其腹自实，其觉如梦，虽獠不知也。予尝入石袍山涧中，偶见二头，一食蟹，一食蚓……獠俗贱之，不与婚娶，欲绝其类。"③《赤雅》著者所云更为离奇，竟自称在广西的山涧中曾亲眼看见两"飞头"觅食，言之凿凿，似不容怀疑。"飞头"的传说不仅流传于我国，在其他国家也有流传。《西洋番国志》中的《占城国》条云："其国家有人家妇人，呼名尸于只者，惟以目无瞳人为异。夜寝时头能飞去，食人家小儿粪尖，则妖气入儿腹必死。其头复回本体，相合如旧。曾有人能以妇人之体移置他处，其妇亦死，但知人家有此妖异不报官者，罪及合家。"④ 这里讲该国有被称为"尸于只者"的妇人，以眼睛里没有瞳仁为外貌特征，夜里头能飞去，飞回后则"复回本体"，"相合如旧"。占城国系今印度某地，可见古代印度一些地区也有"飞头"型传说流传。

　　从上述文献中的记载看，传说中的"飞头"之人大都系"獠人"，即今南方少数民族，这很容易让人认为"飞头"传说来自南方少数民族地区。"飞头"传说中的主人公，头和身子分离而无碍于生命，可谓头断犹生，这一点与"莫一大王"型传说中的英雄们也颇为相类。因而，有不少广西籍学人便认为"飞头"传说是"莫一大王"类型传说的原型。覃桂清在《试论莫一大王的"飞头"》一文中指出：人的头被砍断了，还能

①　（晋）干宝：《搜神记》，中华书局1979年版，第151—152页。

②　（宋）欧阳修、宋祁：《新唐书》，中华书局1975年版，第6326页。

③　（明）邝露：《赤雅》，商务印书馆1936年版，第12页。

④　（明）巩珍：《西洋番国志》，中华书局1961年版，第4页。

生还，"似是古代先民的巫术"，随后，覃氏指出"莫一大王"型传说中英雄断头不死的情节可能与古代文献中记载的"飞头"传说或过去我国少数民族中的猎头习俗等有关。① 农学冠则指出："蜂王本体的英雄都有一个断头而不死的情节。如驾二、简宜、莫一、侬智高、高天雾，都曾经历断头未死，但因未闯过第三关（母亲关或妻子关）才断了气。这与古代巫术仙术文化影响有很大关系。"农氏随后也列举了古代文献中记载的"飞头"传说，以之说明"莫一大王"型传说中英雄"头断犹生"的情节源于民间的"心理因素"或"心理状况"。②

覃桂清、农学冠把"飞头"传说与"莫一大王"型传说中英雄断头不死的情节联系了起来，然而在笔者看来这种联系却未必存在。一者，我国文献中记载的"飞头"之人虽都系獠人，然而此类传说却未必就是产生或流传于南方少数民族地区。从传说叙述中带有的歧视性的语气来看，此类传说很可能产生于我国古代的腹心地区，反映了我国古代腹心地区的民众对边远地区少数民族的想象性认识，其中不乏对少数民族的偏见或妖魔化的成分。二者，"飞头"传说中的主人公与"莫一大王"型传说中的英雄虽同样是头断不死，但一个头断是自然的生理现象，一个是暴力所为，两者有着本质的不同。再者，从文献记载看，传说中的"飞头"之人被人"贱之"或视为"妖异"，是受人歧视的，就此来看，他们亦不可与"莫一大王"型传说中受人敬仰的英雄相提并论。总之，笔者不同意将"莫一大王"型传说中英雄断头不死的情节与我国古代文献中记载的"飞头"传说联系起来。

《华阳国志》《后汉书》等古代文献中都有关于《夜郎侯（竹王）出生》传说的记载。《华阳国志·南中志》载："有竹王者，兴于遁水。有一女子浣于水滨，有三节大竹流入女子足间，推之不肯去，闻有儿声，取持归破之，得一男儿，长养有才武，遂雄夷狄，氏以竹为姓。"③《华阳国志》讲述了竹王奇异的出世经过，说他孕育于竹，是一女子破竹而得。该传说以后又为《后汉书》所载，《后汉书·南蛮西南夷列传》第七十六云："夜郎者，初，有女子浣于遁水，有三节大竹流入足间，闻其中有号

---

① 覃桂清：《试论莫一大王的"飞头"》，《广西民族研究》1992年第4期。

② 农学冠：《岭南神话解读》，广西民族出版社2000年版，第138页。

③ （晋）常璩撰：《华阳国志校注》，刘琳校注，巴蜀书社1984年版，第339页。

声，剖竹视之，得一男孩，归而养之。及长，有才武，自立为夜郎侯，以竹为姓。"① 从内容上看，《后汉书》所载与《华阳国志》基本相同，只不过在字眼上略有不同而已。

农学冠、刘亚虎、丘振声、张声震等都着力于对传说中"竹生甲兵"母题的探讨。农学冠在其《蜂王的传说与竹崇拜》一文中指出："由于岭南民族自古就有了认竹为母体及竹王崇拜的传说文化，进而把竹文化运用于自己崇拜的民族英雄、民族头人（土司）身上，这种心理因素是很自然的了。"② 农学冠认为"莫一大王"型传说中"竹生甲兵"情节与岭南的竹文化有关，尤其是与竹王崇拜有直接关系。刘亚虎的《南方民族文学关系史》一书认为"莫一大王"型传说中"竹生甲兵"情节"是《竹王》神话中'竹破得一男儿'原型的延续"。③ 丘振声在《壮族图腾考》一书中也指出："这些与《莫一大王》的故事大同小异，都是从一个源头衍生出来的。皇帝、国师、丞相之类的人物，以及反抗皇帝的情节，是图腾神话在流传过程中，后人增加进去的。"④ 丘振声就"莫一大王"型传说中"竹生甲兵"这一母题推断这一类型的传说源自竹的图腾神话，也就是大家通常所说的"竹王"传说。张声震主编的《壮族通史》在谈及"莫一大王"及其同类型传说时说："至于林化兵马，乃夜郎竹王故事流传的衍化。"⑤ 认为"莫一大王"及其同类型传说中"竹生甲兵"的母题是由古夜郎国的"竹王"故事演绎而来的。总之，农学冠、刘亚虎、丘振声、张声震等对于《莫一大王》型传说中"竹生甲兵"的母题有着相似或相近的认识，认为其与古代文献中记载的《夜郎侯（竹王）出生》传说有着密切联系，是从该传说衍生、演化出来的。

笔者认为上述观点并不成立。《夜郎侯（竹王）出生》的故事属于英雄人物奇异出生传说，旨在叙述英雄不同寻常的出生经历，神化英雄人物。反映英雄人物奇异出生的传说非常多，譬如孔子的传说、刘邦的传说、关羽的传说中都有该类型传说。"莫一大王"型传说中的"竹生甲兵"的母题显然不属于这一叙事类型。"莫一大王"型传说中的"竹生甲

---

① （南朝宋）范晔：《后汉书》，中华书局 1964 年版，第 2844 页。

② 农学冠：《蜂王的传说与竹崇拜》，《广西民族大学学报》1999 年第 1 期。

③ 刘亚虎：《南方民族文学关系史》（上），民族出版社 2006 年版，第 310 页。

④ 丘振声：《壮族图腾考》，广西教育出版社 1996 年版，第 391 页。

⑤ 张声震主编：《壮族通史》，民族出版社 1997 年版。

兵"的母题，竹中孕育的不止一人，也不是婴孩，而是成千上万能够冲锋陷阵的战士。其主题不是讲述英雄人物出生方式的奇异，而是讲述英雄被杀后化生为千千万万的甲兵，藏在竹中，待机而动，该母题旨在表现英雄坚强不屈的斗争精神。"莫一大王"型传说中的主人公的形象充满了幻想性色彩，他是一个掌握法术，具有超自然力的英雄，就此而言，"莫一大王"型传说反映了古老的法术观念，该传说中的"竹生甲兵"的母题讲述的是英雄主人公使用法术与封建皇帝作斗争的内容。

利用法术与敌人斗争是古代文学作品中常有的内容，《水浒传》中的入云龙公孙胜、神行太保戴宗、混世魔王樊瑞等都是掌握法术的英雄。至于《西游记》《封神演义》等神话小说或神魔小说中人物更是经常性地施展或运用法术。在民间文学中这一类故事也不鲜见，如布依族"乜德者"的传说中，造反英雄乜德就善使法术，他能够用粗藤将两座大山拉到一起，堵住来进攻的敌人；撒出去的黄豆会变成成千上万浴血奋战的勇士。[①] 如上所说，"莫一大王"型传说中"竹生甲兵"的母题与古代文献中记载的"夜郎侯（竹王）出生"的传说不属于同一叙事类型，而与其他文学作品中表现法术观念的情节或母题具有同样的性质。那种认为"莫一大王"型传说中"竹生甲兵"的母题是由"夜郎侯（竹王）出生"传说衍生、演化而来，或以为其是直接取材于"夜郎侯（竹王）出生"传说的观点很可能并不成立。

刘守华把包括"莫一大王"型传说在内的同一主题的故事，都归纳为"早发的金箭"型传说，指出该类型传说主要流传于湖北、湖南、广东、广西、四川，其"所流布的地区，大体上就在楚地范围之内"，"同源远流长的楚文化有着深刻联系，是楚文化因子结成的文学奇葩"。[②] 刘守华把该主题的传说放在楚文化的背景中考察，比广西籍学者仅仅把它作为岭南地区所独有的有一定进步。而本人更赞成李道和的观点。李道和认为："它（'莫一大王'型传说）是包括古代内地主流汉文化和边地少数民族文化在内的多元文化整合的结果。"[③] 李道和以我国各民族文化相互

① 《中国各民族宗教与神话大词典》编审委员会编：《中国各民族宗教与神话大词典》，学苑出版社 1990 年版，第 38 页。

② 《楚文化中的民间故事——〈早发的神箭〉文化形态剖析》，参见刘守华《民间文学魅力与价值》，大众文艺出版社 2007 年版，第 301、312 页。

③ 李道和：《莫一大王故事的文献考论》，《百色学院学报》2009 年第 1 期。

影响的观点理解"莫一大王"型传说的形成及其内涵。李道和的观点很有道理，就"莫一大王"型传说的一些情节看，无疑与汉文化有着密切的关系。请看以下古文献所载故事。

《太平御览》云：

> 昔有卢眈，仕州为治中，少学仙术，善解云飞。每夕，辄凌虚归家，晓则还州。尝于元会至朝，不及朝列，化为白鹄，至阁前，回翔欲下，威仪以石掷之，得一只履，眈惊还就列，内外左右，莫不骇异。时步骘为广州刺史，意甚恶之，便以状（列）闻，遂至诛灭。①

该故事西晋《甄异记》、南朝宋《南康记》、北朝魏《水经注》、唐《北堂书钞》、《艺文类聚》、宋《太平广记》、元末明初《说郛》等先后有载。

《太平御览》又载：

> 南野县有汉监匠陈怜，其人通灵。夜尝乘龙还家，其妇怀身。怜母疑与外人通，密看乃知是怜乘龙，至家辄化成青竹杖。怜内致户前，母不知，因将杖去。须臾，光彩满堂，俄尔飞失。怜失杖，乃御双鹄还。②

在这里不需笔者多费口舌，大家就可看出这两则故事中都具备"莫一大王"型传说的一些重要情节单元，譬如主人公的早出夜还；"其妇怀身"，"母疑与外人通"；因法术为外人知被杀，这些都是"莫一大王"型传说中比较稳定的情节单元。

"莫一大王"型传说中"竹子中跑出兵马"等情节也在我国北方的古代文献中见得到踪迹。敦煌变文《孔子项讬（托）相问书》中云："项讬（托）残去犹未尽，回头遥望启嬢嬢（娘）：'将儿赤血瓮盛着，擎向家中七日强。'阿嬢（娘）不忍见儿血，擎将写（泻）着粪塠（堆）傍。日二日竹生根，三日四日竹苍苍，竹杆森森长百尺，节节兵马似神王。弓

① （北宋）李昉：《太平御览》卷二十，四部丛刊三编（景宋本），第193页。
② （北宋）李昉：《太平御览》卷七百，四部丛刊三编（景宋本），第4216页。

刀器械沿身带，腰间宝刀白如霜，二人登时却觅胜，谁知项讬在先亡。"①

　　就敦煌变文《孔子项讬（托）相问书》中的这段韵文叙事来看，其中有两个情节与"莫一大王"类型传说的母题相类：一个是项讬（托）让母亲将自己的血放入缸中，这样若干天后，便可复活，母亲不忍，将血泼掉，这一情节与"莫一大王"传说类型 B 中的情节单元（35）（36）类似，不同仅在于放入缸的一个是血，另一个是头；另一个是项讬（托）血流处长出竹林，竹节里面跑出兵马，这一情节则与"莫一大王"传说类型 B 中"竹子中跑出兵马"的情节相似，不同在于"莫一大王"传说类型 B 中长出竹林的地方是埋葬莫一大王头的地方。

　　总之，本人认同"莫一大王"型传说是多民族文化交流的产物，不同意把它作为岭南地区所独有的来研究，也反对仅从楚文化的角度来考察。

第三节　莫一大王崇拜与壮族民间传说

　　关于莫一大王崇拜，民国时期刘锡蕃在其著作《岭表纪蛮》中有比较详细的记载。据《岭表纪蛮》讲，莫一大王系壮族群众所奉祖先神，木祖上称其为"敕奉通天圣帝莫一大王"，壮族群众所祀莫一大王当为某代南丹莫姓土司，壮族群众每隔三五年就要举行"庆愿"或"还愿"仪式，耗资颇巨。②

　　当代广西籍学者有不少论及莫一大王崇拜。梁庭望在《壮族风俗志》中介绍：

　　　　六月二日为莫一大王诞辰，传说他是敢于反抗皇帝的壮族英雄。柳江、龙江两岸的壮族人民把他奉为祖先，在神龛上写有他的神位……每年六月二日为一小祭，六年为一大祭。小祭是各家宰鸡杀

---

　　① 《孔子项讬（托）相问书》，周一良、王重民等编《敦煌变文集》（上），人民出版社1984年版，第231—235页。

　　② 刘锡蕃：《岭表纪蛮》，参见《民国丛书》第三编《凉山夷家·疍民的研究·岭表纪蛮》（影印本），上海书店出版社1991年版，第82—83页。

鸭，焚香供祭，求他佑护壮家人安宁。大祭十分隆重，要在莫一大王庙举行盛大的仪式。贡品用两牲，即一头猪，一头羊。祭祀的方法也很特别，要用猪和牛的肉、骨头、肝、肠等不同部位做十二道菜，少一道也不行。十二道菜也不能同时做，同时摆上神台，而是隔一会送一道，十二道齐全，即可焚纸行礼，祭毕，将每道菜按全村户数分份，每户一人参加聚餐，礼成。①

梁庭望非常详细地记述了壮族群众举行祭祀莫一大王的礼俗。

杨树喆在提到莫一大王崇拜时讲：

莫一大王是壮族民间师公教神灵系统中一个富有民族特色的土俗神，号曰"通天大圣"。……桂中和桂西北地区，过去几乎每个较大的壮族村寨都曾经建有莫一庙。

龙胜各族自治县和平乡龙脊壮族聚居区，过去也有莫一大王庙，相传莫一大王能保护人畜平安和五谷丰登，所以每年农历六月初二莫一诞辰日举行小祭，每隔六年的这一日举行一次大祭，大祭时要杀猪宰羊，并将牺牲按十二月分为十二味依次奉上。当地各家各户的神龛上，也出现了莫一大王的名字。神龛两侧有副红纸对联，通常写的是"神恩深似海，祖德重如山"或"祖功广大如山重，宗德源远似海深"；神龛中央用大楷书写"天地君亲师"，右边为"祀奉通天大圣莫一大王神位"，左边为"某某氏堂上历代高僧祖妣宗亲位"。可见，莫一大王神在民间师公信仰中绝非等闲之辈。②

顾乐真也曾撰文对莫一大王作过考证，他这样介绍壮族民间对莫一大王的信仰：

长期以来，河池一带的师公，以莫一大王为他们"三十六神"之一，予以奉祀，这在其他汉族地区是个独特的地方神。当地壮民尤

①　梁庭望：《壮族风俗志》，中央民族学院出版社 1987 年版，第 97—98 页。
②　杨树喆：《桂中壮族民间的莫一大王崇拜及其内隐意蕴》，《民族文学研究》2001 年第
1 期。

视之为骄傲、自豪，而又充满自信力的家族神，甚至是民族神而予敬奉……在壮族师公中，莫一大王的面具为一武相。冠将军盔，赤面，眉上挑，眼豹（疑为"暴"——作者注）突，鼻间纹皱，英武焕发而具反抗精神，当然也就有了使人充满信念的驱逐疫鬼的神力。①

关于壮族民间的莫一大王信仰，笔者也曾亲自到河池一带去作田野考察。河池一带有不少传说中的莫一大王的遗迹，譬如，在金城江区老虎山脚下，有一个圆形的大山包，有人说，这就是莫一大王的陵墓；金城江区六甲镇坡维村莫姓村民讲，他们的祖先是莫一大王的某代孙，而且有墓碑可"证"。河池市河池镇公华村被视为莫一大王的出生地，当地群众还保存着祭祀莫一大王的还愿仪式，届时要请道公和师公讲经，场面十分隆重。莫国酬讲，② 这里举行还愿仪式，经常请的是道公，现在从事宗教活动的人少了，道公人手不够，所以就邀来师公，他们与道公一起完成仪式。

壮族民间信仰或传说当中的莫一大王究系何人？对这一问题，不少学者都发表过看法。刘锡蕃在《岭表纪蛮》一书中讲：

> 考桂、柳、平、梧诸属壮人，均自兰州、丹州（即东兰、南丹）迁来，丹州酋长世为莫氏，其势力从前实广被于今之南丹、宜北、东兰、那地、凤山一带。宋太祖开宝七年，土酋莫洪曹内附，诏给牌印。宋明两代，抚水蛮屡服屡叛，惟莫氏部勒所部，出师攻贼（按当时之广西土司，岑氏势最强，而莫氏次之，其地虽小，而兵劲敢死，为诸氏之冠）。嘉佑二年，莫维戟以功封湖南团练副使，治平中，莫世忍又以战功为刺史。明洪武中，又以莫氏为庆远南丹军民安抚使，世其职，以统诸夷，其族南征北伐，遂蔓延于桂粤各属，壮人所谓莫一大王，当系洪曹或其祖父子孙。其为酋长，或由"鬼主"之资格出身，故其忌讳之多，至于如此。壮人祀王之外，又有莫法义、

---

① 顾乐真：《壮族师公土俗神"莫一大王"考》，《广西民族研究》1992 年第 3 期。
② 莫国酬，女，25 岁，广西河池金城江六甲镇坡维村人，广西民族大学少数民族语言文学专业 2009 级研究生。

莫法贵等诸法官，大概为王宗族，而以法术见重于其族者。①

　　刘锡蕃认为南丹酋长，世为莫氏，且莫氏累以战功受封于中央王朝，并兼有鬼主的身份（古代南方少数民族地区的首领利用"鬼巫"进行统治，辖区大小不等。有都鬼主、大鬼主、小鬼主的区别。各鬼主间没有固定的隶属关系）。故壮人信仰或传说中的莫一大王当为南丹土司莫洪瞽或其后世子孙。

　　刘锡蕃的观点得到后世一些学者的支持，如顾乐真在其《壮族师公土俗神"莫一大王"考》一文中认为：

　　　从《宋史·蛮夷南丹州蛮传》可以清楚地看出莫公佞的不规。故而宋王朝要调动大军征讨并擒杀之。当时，以其弟公晟袭南丹知州，莫公晟在大军压境之下，不得不"内附"。但于二十年后，即宋高宗绍兴三年（1133 年），金人南侵，南宋朝廷刚刚建立，无力四顾之际。又联合各少数民族，举兵叛宋，"焚宝积监"，"杀知监陈烈"。又造了二十多年的反，直到宋绍兴二十四年才"内附"。这一事件可能造成很大影响，至少在南丹、河池、环江等民族地区，被认为是一件大事。从民族心理上说，壮民为顾全大局，以民族团结为重，归附朝廷，这是正义的。但却被朝廷"擒杀"。统治阶级的残酷无情和反复无常，不得不使"蛮夷"再次举兵，复仇反抗。……总之，其人其事，大体上与民间传说相吻合。可见，人民心目中的莫一大王，很可能就是莫世忍的儿子、被朝廷擒杀的莫公佞。而其弟莫公晟，种种事迹亦可能附会于莫一，或为民间传说中之"安天显圣莫二相公"。②

　　顾乐真认为莫氏土司莫公佞因举兵叛宋被杀，其弟莫公晟袭其位，为其复仇，造反二十多年。他们的事迹最为接近信仰或传说中的莫一大王，故他们也就很可能是"人民心目中的莫一大王"。

　　但是，也有一些学者对把民间传说或信仰中的莫一大王与真人联系起来表示质疑。杨树喆在其《桂中壮族民间的莫一大王崇拜及其内隐意蕴》

　　① 刘锡蕃：《岭表纪蛮》，参见《民国丛书》第三编（18），上海书店出版社 1991 年版。
　　② 顾乐真：《壮族师公土俗神"莫一大王"考》，《广西民族研究》1992 年第 3 期。

一文中指出："今天的研究者多持莫洪蓽后裔说，但具体是谁又主要有两种不同的看法，一是认为莫一大王是莫洪蓽之孙莫世忍，二是认为莫一大王是莫洪蓽之曾孙莫公佞。这两种看法都言之凿凿，大有一种真理在握的态势。但笔者却认为，这不过是一种将神话传说历史化的倾向。"① 杨树喆针对把莫一大王看作历史上的真人真事的现象提出批评，认为这是把神话传说历史化。就两种观点相比较，本人同意杨氏的观点，在《〈莫一大王〉及其同类型传说英雄人物原型浅论》一文中明确指出：

> 我以为运用文献学的方法，考察《莫一大王》及其同类型传说中的英雄人物与历史人物的关系没有太大意义，因为即使该类型传说中的人物与历史人物并非风马牛不相及，真有哪位历史上的英雄与其有那么点渊源关系，例如同名同姓之类，二者之间也必然有天壤之别，也不能将其看作就是"莫一大王"之类传说英雄的原型。因此，我认为对这类幻想性极强的人物传说我们还是应该运用民间文学的研究方法，将其放置于所属的传说类型中，对其进行情节单元方面的分析，并将其置于发生、传承的特定历史文化环境去考察，这样可能会对其中人物形象的内涵产生更为深刻的了解，或对该类型传说的文化意义能有更为深入的理解和认识。②

这样，我们认为不宜把莫一大王信仰看作对历史人物的信仰，而应该视其为对传说人物的信仰。当然，我们并不否认在现实中有民众将"莫一大王"传说附会于真人真事或自然、人文景观，赋予其可信性的现象。

笔者认为，莫一大王信仰就本质而言是对传说人物的信仰。以下，我们将通过对《莫一人王》传说的透视进一步分析莫一大王信仰，从传说学的角度去体会莫一大王崇拜中包容的壮族人民特定历史时期的情感体验，蕴含的壮民族文化心理特质，体现的壮民族的文化态度、精神特质和民族性格，等等。

---

① 杨树喆：《桂中壮族民间的莫一大王崇拜及其内隐意蕴》，《民族文学研究》2001年第1期。

② 陈金文：《〈莫一大王〉及其同类型传说英雄人物原型浅论》，《民族文学研究》2006年第6期。

杨树喆在其《桂中壮族民间的莫一大王崇拜及其内隐意蕴》一文中，通过对《莫一大王》叙事长诗与《莫一大王》传说的分析，发表了他对壮族莫一大王信仰的认识。其认识有三：

> 对莫一大王的崇拜，实际上就是对民族英雄和民族图腾的崇拜，或者说，其表层含义是民族英雄崇拜，而深层意蕴是壮族先民的图腾崇拜；
>
> 面对历代中央王朝的专制统治及其所采取的民族歧视政策，包括上、中、下三个层次在内的壮族人民一次又一次进行艰苦卓绝的反抗斗争……正是这些绵延不断、此起彼伏的民族抗争，为莫一大王原型的产生提供了丰富的现实土壤。可以认为莫一大王是众多壮民族英雄人物的抽象化和艺术化，而不能具体地说哪一位农民领袖或有民族正义感的上层人物是莫一大王的雏形。换言之，是封建中央王朝的残酷压迫和汉族文化的强烈冲击，引起了壮族人民的抗争，造就了壮民族坚忍不拔的反抗精神，形成了难以磨灭的"民族记忆"。而这些民族记忆经过自觉或不自觉的艺术加工后，又通过民族的神话、宗教和民俗文化折射出来；
>
> 莫一大王崇拜之所以在壮族民间长期流传而不衰，是因为它全面而且深刻地概括了秦始皇统一岭南后，壮族社会与文化在冲突、交流和涵化的岁月里，所经历的艰难发展历程。我们至少能从中体验到，在壮族人民的无意识心理结构中希望有一天莫一大王式的民族保护神，能用神鞭赶山、能死而复生、败而不馁，甘心为民族的生存而抛头颅、洒热血。当然，这不过是一种聊以自慰的幻想，一种无可奈何的精神寄托①。

通过对《莫一大王》叙事诗和传说的分析，杨树喆认为，莫一大王信仰包含对图腾和民族英雄的崇拜，蕴含着壮族人民对于历史上一次次反压迫斗争的记忆，反映了壮族人民在无意识心理结构中对保护神的期待。

笔者对杨氏所论基本赞同，独对其莫一大王信仰"深层意蕴是壮族

---

① 杨树喆：《桂中壮族民间的莫一大王崇拜及其内隐意蕴》，《民族文学研究》2001 年第 1 期。

先民的图腾崇拜"一说有所质疑。无论是《莫一大王》叙事诗，还是《莫一大王》传说都有一个情节，讲莫一见到一头牛，牛告诉他，自己是莫一死去的父亲，然后，给他一颗珠子，莫一吞下后，变得力大无比。本人认为这一情节的确反映了图腾观念，也表现了图腾崇拜，但这一情节在"莫一大王"故事中不属主要情节，所占分量甚小，不能作为莫一大王信仰整体上是表现图腾崇拜的证据。

　　笔者认为，《莫一大王》传说中具有浓郁的神话色彩。在一些时候，莫一大王是神，他能够用伞柄把山穿个洞，让一边的水流到另一边；还有搬山的神力，用伞挑走大山，以至用伞把做成赶山鞭，赶山而行。从这些情节看，莫一大王改天换地，改造自然，打山穿洞，消除壮族地区的涝、旱之灾，以及搬山造海，解决壮族人民的缺盐问题。是借助想象和幻想征服自然或改造自然，反映的是生产斗争，表现的是壮族古代先民"在强大的自然力面前不妥协的态度"，及"征服自然或改造自然的意志和行动"。① 就此，可以看出《莫一大王》传说中具有神话的因素。

　　神话产生于人类社会的童年，在那个时代，生产工具极为简陋，变幻莫测的自然力对人类形成严重威胁，人们处在受大自然迫害的地位，在极其困难的情况下，原始人与大自然展开了不懈的斗争，一心渴望认识自然、征服自然。他们把这一意志和愿望通过不自觉的想象化为具体的形象和生动的情节，于是便有神话产生。正是在这种情况下产生了《莫一大王》的神话，它是壮族社会童年时期的产物。我们认为，作为故事主人公或民间信仰人物的莫一大王，最早是一位神话人物。在原始社会里，由于人们利益的一致，在集体生产中涌现出来的技艺超群、勇敢刚强的人物，往往会受到全体氏族或部落成员的崇敬，被推举为氏族或部落的首领，并被视为具有神奇能力的神或半神。这就是莫一大王这一人物形象最初形成的现实基础，在莫一大王身上最早是表现壮族原始先民通过想象和幻想支配自然的理想和愿望。

　　神话在流传过程中，常常出现在地化现象，与流传地的人物、事件或人文、自然景观相联系，获得了传说才有的可信性特点，从而变化为传说。《莫一大王》神话也是如此，逐渐演化成我们所归纳的《莫一大王》传说，但莫一大王神话英雄的色彩却依然被保留在《莫一大王》传说中。

---

① 钟敬文：《民间文学概论》，上海文艺出版社1980年版，第174页。

《莫一大王》传说还有一部分情节是反映社会斗争的，譬如，讲他打败洗劫村子的官兵；骗过向壮族征收人皮的皇帝；大战皇帝派来征讨的兵马，死后化生为造反的兵马，等等。这些情节产生较晚，应该是对壮族社会民族斗争历史的反映。就壮民族的历史来看，自秦统一岭南之后，一直是在统一国家的中央王朝统治下生活繁衍的。壮族与蒙古族、满族等民族有不同，从未入主中原成为过统治民族，而一直是被统治、被压迫、被同化。在漫长的历史发展时期，壮族人民身受阶级的和民族的双重压迫，他们为了争取生存的权力，进行了无数次的反抗和斗争，由于种种原因，这些反抗和斗争最终都失败了，但这并不能改变壮族人民推翻暴政，争取理想生活的决心和信念。壮族人民为了适应传颂自己历史的要求，逐渐把神话人物莫一大王历史化，《莫一大王》传说中浓缩地反映了阶级社会中壮族人民一次次反压迫、反剥削斗争的历史。

通过对《莫一大王》传说的分析，我们可以就莫一大王信仰得出以下结论。一是，莫一大王信仰历史悠久，最早可能产生于神话时代，承载了洪荒时代壮族原始先民与大自然作斗争的历史记忆，表现了壮族原始先民，在自然环境极为恶劣、生产力水平极为低下的情况下，改造山河的美好愿望。二是，莫一大王是一个跨越了不同历史时期的虚拟人物。在他的形象中也浓缩地反映了阶级社会壮族人民反压迫、求生存的历史，寄托了他们推翻中央政权，建立理想社会的愿望。

从民间传说来看，壮族莫一大王信仰在壮民族神灵信仰中占据着重要位置，它既包含着人们对远古时代氏族英雄的膜拜，也蕴含着壮族民众对民族英雄的礼敬，几乎囊括了壮族人民对他们整个历史的记忆。

第四节　余论

最后，我们有必要就流行于广西阳朔、荔浦、平乐一带的莫王信仰作一些说明。在广西地区，既有莫一大王崇拜，又有莫王信仰，这本是两种不同的民间信仰，但一些学者却把两者看作一回事，这是非常错误的。在此，我们有必要将该问题澄清。

吕书宝在其《岭南民族民间文学主流文化因子论》一书中讲："民间传说《莫王舞》中的莫王（壮族叫着莫伊大王），也是由人变成的神。他原本是南蛮部落的酋长，阳朔人，勇猛刚强正直，为民除害，深得劳苦人民爱戴。"① 尽管吕教授的表述不是很确切，但是，我们还是明白他的意思。《莫王舞》不是民间传说，而是根据《莫王》传说演绎的师公舞，主要流行于阳朔及临近县区。在河池一带流传的《莫一舞》，也是根据民间传说演绎的师公舞，吕教授在这里显然是把《莫王舞》中的莫王混同为了《莫一舞》中的莫一大王（吕称"莫伊"），其实，这位"莫一"（吕称"莫伊"）与吕教授所说的"莫王"风马牛不相及。

　　莫王不同于莫一大王，对于这一问题顾乐真早有论述，她说："有人认为，据《阳朔县志》载，五代梁朝南方莫氏称王，后葬于阳朔县南三十公里的都乐山上，其后裔居住在山下龙城村，每年农历五月十六日莫王诞辰时举行迎神赛会的（平乐县也有莫王庙），即是莫一大王，这是不对的。笔者过去也曾经认为'莫王'就是'莫一大王'。后来发现河池、环江的莫一大王面具是红脸、武相，而阳朔的莫王面具是白脸、文相。原来一个是壮族，一个是汉族，时代也不同，两者风马牛不相及。"② 顾乐真较早发现人们把莫王混同于莫一大王这一问题，并从师公舞当中两者面具的不同对这两位民间信仰的神祇作了区别。

　　莫王信仰是传承于广西桂林市所辖荔浦、阳朔、平乐等地的有别于莫一大王崇拜的另外一种民间信仰。以平乐为例，广西平乐县有两个莫王庙，一个位于南洲，另一个位于江口村公所湖塘村。南洲村莫王庙虽年久失修，但至今香火旺盛；而湖塘村莫王庙，在民国时期由于世道败落，慢慢破落，在"文化大革命"时期再遭人为破坏，直至 2009 年由村民捐资才得以重建。据说正月十六是莫王"登基"的日子，五月十六是莫王诞辰，届时是南洲庙会，会上举行祭神仪式，同时，伴有舞狮之类的民俗活动。另外，荔浦、阳朔等地也有相关民俗活动。

　　莫王是哪路神灵呢？民间有一些相关传说。平乐县《莫氏族谱》称：莫豪公，字一千，原籍山东青州，是迁入广西的莫姓一世祖。唐玄宗开元二十三年癸亥，奉任岭南西道桂林郡桂州刺史。生三子，长朝散，次朝安，三朝礼。此三公，乃广西莫氏之第二世祖。第二世祖朝礼公在阳朔落业，今阳朔莫姓，皆此公之后代。朝安公之后裔分居何地不详。朝散公，

①　吕书宝：《岭南民族民间文学主流文化因子论》，大众文艺出版社 2008 年版，第 66 页。

②　顾乐真：《壮族师公土俗神"莫一大王"考》，《广西民族研究》1992 年第 3 期。

荫大学士，文武双全，原配尹氏夫人，生四子，长国麟，次国训，三国定，四国信。此四公乃广西莫氏之三世祖。唐懿宗咸通七年，岭南西道桂林郡昭州（今平乐）南木峒（今榕津、张家、阳安、青龙等地区）蛮酋不服唐王朝管治，举兵反抗，懿宗乃颁旨二世祖朝散公率兵平叛。朝散公率兵南征，随征战将有三世祖国麟公及陶、李、翟三姓太尉。至咸通十五年甲午岁，始平定叛乱。平定叛乱后，二世祖朝散公奉旨调任桂管防御观察使，并立居昭州南木峒，第三世祖国麟公及随征战将陶、李、翟三姓太尉，亦同时立居南木峒之区。迨至宋真宗赵恒咸平四年辛丑，因自昭州南木峒酋蛮反乱平定后，经过一百多年，昭州政治稳定，经济发展，乃追封二代世祖朝散公为江南刺史之职。同年二月初十追封三世祖国麟公都督府昭庆侯太尉衔。宋神宗赵顼熙宁元年甲午因国麟公亲率军旅，大展军威，战功显赫，加封为"三圣莫王"，旨令立庙于昭州城对面河南岸洲，曰："莫王庙"，四方以福神祀之。①

除平乐县外，在阳朔、荔浦等地也有有关莫王的传说流传。前边已经讲过，顾乐真在《壮族师公土俗神"莫一大王"考》一文中讲：据《阳朔县志》载，五代梁朝南方莫氏称王，后葬于阳朔县南三十公里的都乐山上，其后裔居住在山下龙城村，每年农历五月十六日莫王诞辰时举行迎神赛会；另外，在荔浦也流传着《莫王》传说并有相关的可信物，如在三宝坪村附近的山峰上有"莫王母墓"，即莫王母亲的墓，人们还把"莫王母墓"两边的泉称为"莫王奶"。②

上述所言都不过是附会之说。"莫王"是传说人物，而不是历史人物，更不可能是桂林一带莫姓群众的祖先。对于民间信仰追根溯源不太容易，但是，在古代文献中我们还是发现了些许有关莫王信仰的蛛丝马迹。《粤西丛载》载：

　　隋莫王，名不传，本姓杜，立山郡峰寨人。生开皇中，一岁父卒，从母适荔浦石门村莫氏，从其姓，自幼蔬食，遇异人受翀举之术。唐贞观八年正月十六日，尸解去。里人常见王素衣白马，披发仗剑，行村落中，因肖像祀焉。后唐时邑有周生者，谒选京师，奉所绘

① 莫志生：《探寻莫王庙》，《桂林日报》2012年7月15日第3版。
② 古仁：《三宝坪争喝莫王奶，丰鱼岩惊赏好山河》，桂林人论坛，2011年2月27日。

王像偕行。时兵乱，唐主在军中，见一人素衣白马，披发仗剑前，遂克捷。唐主异之。适获周生，以所绘像进，披阅，如所见，因封王爵。①

《粤西丛载》讲：莫王于隋开皇年间出生在立山郡峰寨，随改嫁的母亲到了荔浦石门村的莫家；自幼食素，有异人传授于升天之术，尸解后被邑人当作神灵敬奉；本乡有人带了他的画像去京师宦游，他竟然显圣帮唐主平定了兵乱，因而被封为王。这则传说中的"莫王"，很有可能就是今天桂林地区一带百姓所祀之"莫王"。一是，传说中涉及地点——"荔浦"，与今之"莫王"信仰传播区域相符；二是，该传说讲"正月十六日"系莫王尸解的日子，今桂林平乐的百姓则讲正月十六是莫王"登基"的日子，两种说法虽有不同，但都是强调"正月十六"这个日子对于莫王的重要性；三是，这则传说讲，莫王是因成神（仙）后帮助唐主平乱而被封为王，今平乐莫姓百姓则是讲莫氏祖先因唐代平定南方酋蛮，战功显赫而在宋代被追封为王，两者说法比较接近。

《广西通志》卷四十二载："莫王庙……神本立山群峰寨人。生开皇中，甫一岁，从母适荔浦莫氏，因姓莫。自幼蔬食，遇异人受翀举之术。唐贞观八年正月十六日，尸解去。灵显屡著，里人肖像祀焉。岁以正月十六日至祭。"②《广西通志》所载虽未有主人公成神（仙）后显灵应，帮朝廷平乱被封为王的情节，但就主人公"遇异人受翀举之术"，以及里人"岁以正月十六日至祭"两点来看，应是《粤西丛载》所记《莫王》传说之异文。

清代《平乐府志》卷二十三载有"莫公"传说，传说云："莫公不知其名，后周时人也，自七岁辞亲，隐于穿石岩，学导引术，卒莫窥其所为。年二十，自谓能空明寂灭。后竟莫知所之。"③这则传说讲，莫公是后周时昭州（今平乐）一带的道人，自幼离家修炼，二十岁时不知所去。《平乐府志》所载虽与前所举《粤西丛载》《广西通志》所载《莫王》传

---

① （清）汪森编辑，黄振中、吴中任、梁超然校注：《粤西丛载校注》（中），广西民族出版社2007年版，第458页。

② （清）金鉷：《广西通志》，清文渊阁四库全书本，第641页。

③ （清）胡醇仁、清柱、王人作：《平乐府志》，嘉庆十年重刻本，第11页。

说差异较大，但所讲主人公经修炼得道的内容与前一则传说还是非常相似的；加之，就传说所涉及地点来看，昭州（今平乐县）与前则传说所涉及地点荔浦在地理位置上相邻，两地都盛行莫王信仰，该处记载或许也是《莫王》传说之异文。

综上所述，"莫王"不同于"莫一大王"。当然他们有一些相同的地方，譬如，他们同是广西地区群众所信仰的神祇，作为神祇他们所具有的社会功能也可能比较接近，从本质上讲，他们也都是由传说人物而被附会为历史人物的，都被一些地区的莫姓群众作为祖先神来信仰。但是，他们又明显存在一些差别：莫王信仰的流行区域主要在桂林部分县市，而莫一大王崇拜的流行地区则主要在河池及其临近地区（如龙胜各族自治县的和平乡龙脊壮族聚居区等）；莫王信仰主要流行于汉族群众中，莫一大王崇拜则主要是盛行于壮族群众中；在师公舞或师公戏中莫王与莫一大王的面具也是不同的，如前边顾乐真所讲，莫一大王面具是红脸、武相，而莫王面具是白脸、文相；莫王与莫一大王两位神祇形象的文化内涵也有不同，莫王形象体现着边陲之民对中央王朝的内附或臣服心态，而莫一大王崇拜则恰恰相反，体现着壮族群众与中央王朝不合作的态度，不屈的意志及百折不挠的反抗精神，显然，后者有着更为丰富的文化蕴含。

就相关传说来看，他们所承载的民族心理与文化内涵也不同。个别学者未加细审，将二者混为一谈，自然有悖于实际，有必要加以澄清。

以上，我们介绍了关于莫一大王崇拜与莫一大王传说的研究状况，归纳了莫一大王传说的类型，梳理了莫一大王传说的基本情节单元，通过莫一大王传说透视了莫一大王崇拜的文化内涵，并对莫一大王崇拜与莫王信仰作了详细区别。通过对莫一大王传说的分析，我们认为，莫一大王信仰历史悠久，很可能形成于壮民族的童年时期。随着历史的变迁，莫一大王信仰的内涵也进一步丰富，莫一大王一开始是一个勇于与自然作斗争的英雄，然后逐渐被敷衍为阶级社会民族斗争的英雄，在莫一大王身上承载着千百年来壮族人民对生产斗争与阶级斗争的历史记忆，也体现着壮族人民不屈的意志和在生产斗争、社会斗争中百折不挠、坚强不屈的精神。

莫一大王从本质上讲是传说人物，但广西河池等地的民众将其事迹附会于当地的自然、人文景观，将其历史化，河池一带的莫姓群众更是在相当一段时间内把莫一大王作为祖先神供奉与崇拜。

第 五 章

壮族娅汪信仰与民间传说

第一节 相关研究学术小史

较为着力于娅汪信仰研究的是黄桂秋先生。他的著作《壮族麽文化研究》一书专设了"麽渌甲与娅汪"一节,介绍了多则有关娅汪的传说并壮族女巫"哭娅汪"的习俗,在此基础上他指出:"娅汪文化是壮族原生态文化中传承年代久远,带有一定普遍性的原始宗教巫文化现象。⋯⋯娅汪就是壮族女巫崇拜的女祖神,或者说是女巫们共同崇奉的女性的巫王。""这个被称为万物之母、有创世女神痕迹的巫神应该是妍渌甲,也就是壮族麽教里布洛陀的陪神麽渌甲。"① 黄桂秋将娅汪信仰定性为巫文化现象,认为娅汪是壮族女巫崇拜的女祖神、女性的巫王或万物之母、创世女神,也就是壮族麽教里布洛陀的陪神姆六甲。在研究过程中,黄桂秋做过认真的田野考察,也搜集了大量书面资料,其学术观点无疑应值得注意,但其娅汪"就是壮族麽教里布洛陀的陪神麽渌甲"的观点是缺乏充分根据的。黄桂秋的论文集《桂海越裔文化钩沉》中收入了巫辞《哭娅汪》。这是黄桂秋、覃建珍于 2001 年 8 月 5—7 日 (农历七月十八日至二十日) 参加百色市右江区百兰乡那伏村那丈屯的"哭娅汪"仪式时,通过全程录音、跟踪采访,最后,在原始录音资料的基础上翻译整理而成的。② 黄桂秋、覃建珍所做的工作,无疑具有重要价值,为我们研究娅汪信仰保存了珍贵资料。

---

① 黄桂秋:《壮族麽文化研究》,民族出版社 2006 年版,第 82 页。
② 黄桂秋:《桂海越裔文化钩沉》,中国书籍出版社 2011 年版,第 348—383 页。

梁庭望先生也曾就娅汪信仰发表过个人看法,在其为《大明山的记忆——骆越古国历史文化研究》一书所作的序中说:

> 大明山周围还有一个特殊的节日达汪节,纪念的是为保护鸟兽而殉身的女神,她的尊号也叫娅汪,壮语叫 Yahvuengz,yah 为祖母,vuengz 是王的意思,故 Yahvuengz 意为祖母王。在这里,娅汪已和龙母有所融合,都是保护动物的。鸟兽不过是图腾的符号,也就是各部落的代码。娅汪保护鸟兽,也就是保护辖下的各个部落,这正显示了她王者的身份。……娅汪故事集中流传在大明山四麓,也传到古骆越境的一些地方,如云南富宁县也有娅汪节,但情节只说她教人们穿牛鼻绳驯牛。也说她死于七月十八日,故富宁的娅汪节在七月十八日。驯牛犁田,这涉及到壮族对水稻移栽技术的发明,这历史可就十分悠久了。《富宁县壮族稻作文化资料选编》说:"娅汪在壮语里的意思是女王。"点明了她的身份。富宁属于古骆越境,所说女王当然是骆越女王。回到大明山麓,这位女王既然生活在大明山下,她的王国也必定在这里。考证历史,这里只有过骆越国,故娅汪理所当然是骆越方国之女王。惟有她这样的身份,而且是对推动壮族祖先耕作技术的进步作出了贡献,才能在民间享有如此崇高的声誉,以致为她形成了一个节日,并且代代相传,直至今日。①

梁先生认为广西大明山周围与云南富宁一带民间传说或信仰中都有一个娅汪(或称达汪、娅王等),大明山周围有达汪节,流传着关于达汪(娅汪)为保护鸟兽而殉身的传说;云南富宁县有"娅汪节",流传着娅汪教人们穿牛鼻绳驯牛的传说。梁氏认为,"达汪"或"娅汪"在壮语中都是"女王"的意思,因而,娅汪是历史上骆越方国的女王。笔者根据各类相关资料认为,无论是云南富宁,还是广西大明山一带民间都有女神娅汪或达汪信仰,但是,没有证据可以证明这位女神与骆越方国女王有什么联系。相比较之下,黄桂秋对娅汪信仰本质的认识比较接近真相。

在壮族民间信仰中还有另一位女神,人们称其为娅拜,有时也称其为

---

① 梁庭望:《大明山的记忆——骆越古国历史文化研究》序,参见罗世敏主编《大明山的记忆——骆越古国历史文化研究》,广西民族出版社 2006 年版,第 11 页。

娅汪，在壮族群众中也有一个纪念她的节日，这位娅汪与黄桂秋、梁庭望所讲的那位娅汪是有区别的。由于有关这位女神的信仰流传区域不广，仅局限于云南富宁县的几个村落，所以，几乎没有引起学者们的注意，也一直没有看到相关的研究著作或文章。

第二节　壮族娅汪信仰与娅汪传说

黄桂秋在其《壮族麽文化研究》一书中比较具体地介绍了娅汪信仰。娅汪，亦称雅芒、奸亡、娅王、雅王、达汪、达皇、姝皇等。关于娅汪的身份在民间有三种说法：一是世上万物之母，二是布洛陀的妻子，三是天上玉皇之妻王母娘娘。据说凡天上飞的、地上爬的、水中游的所有生灵都是娅汪造的。传说每年农历七月十七娅汪开始生病，七月十八病重，七月十九去世，七月二十出殡安葬，七月二十一又生还。至今广西百色市右江区、西林县、田林县、田阳县等壮族村寨还传承有"哭娅汪"并为其送葬的仪式。每年的农历七月十七至十八，当地巫婆的信徒们（全是女性）就集中到巫婆家，剪裁纸衣、纸裤、纸鞋、纸袜、纸帽、纸被子、纸蚊帐、纸枕头等冥品，然后把这些纸物冥品挂在巫婆家的神坛周围，接着在神坛前摆设香烛、糖果、饼干、水果、烟、酒等供品，并在坛前铺好两张席子。到七月十九娅汪去世那天，巫婆及信徒们就盘坐在席子上哭娅汪，为娅汪守灵。诉唱用的是当地的山歌调，唱词包括巫婆叹身世、祖师哭诉、各种动植物哭诉等内容。哭诉的具体时间是从七月十九凌晨鸡啼开始，一直到七月二十早上娅汪出殡后结束。自始至终由巫婆一个人哭诉，中间偶有信徒劝慰。[1] 以上是黄桂秋有关娅汪信仰的介绍。黄桂秋对娅汪信仰的介绍建立在田野考察的基础上，比较接近实际。

另外，据相关资料称，七月二十这天，属于部分壮族地区的节日，被称为"达汪节"或"娅汪节"，这天除了黄桂秋所述女巫哭"娅汪"的习俗外，一般壮族人家过节的时候，焚香点烛，摆上鸡、鸭、猪肉等祭品祭奠娅汪，请来已经出嫁的女儿和其他亲朋好友一起欢度。有人还拿着鸡腿对着月亮摇晃，然后让孩子们在月光下吃鸡鸭。在壮族地区，人们除了

---

① 黄桂秋：《壮族麽文化研究》，民族出版社2006年版，第77、81页。

过"娅汪节"或"达汪节"之外，有些地方还有其他一些民俗活动。据说，直到现在隆安县每个壮族村寨都还建有庙堂，称大王庙，供奉的大王虽然没有塑像，但世代相传都说是娅汪，有的庙宇还立有娅汪神像（如乔建镇鹭鸶村上罗兴屯）。每逢年节或婚丧事，壮民们都要向娅汪祭拜，祈求水稻丰收，六畜兴旺，出入平安。①

娅汪信仰究竟是一种什么性质的信仰呢？笔者认为在"哭娅汪"活动中女巫的唱词中蕴含着这个问题的答案。哭娅汪的巫词内容包括：歌颂娅汪创造万物生灵的功德，感谢娅汪辛勤养育儿女、传授巫事仪式，感叹女巫自己命运之不济与人生之坎坷，感谢巫徒、邻里前来参加祭奠娅汪的丧仪。主唱女巫还以各类动物生灵的身份口吻，叙唱娅汪赐万物生灵于人世间，与人类共同享受生命的快乐，一些动物如马、牛、猪还哭诉被人类鞭打、奴役、杀戮之痛苦，一些唱词则是对一些害虫给予诅咒和威胁，如土狗、蟋蟀、黄蚂蚁、白蚁、蛀虫、蟑螂，等等。

从哭娅汪的巫词看，娅汪信仰应是发端于万物有灵的神话时代，属于原始宗教信仰的范畴。娅汪是女巫祭坛上供奉的地位最高的神灵，譬如巫词中这样讲："今天是七月十九日，大家都来到仙坛前，我母是母王，我们的兵马一大帮，我们的王兵一大群，天下人都来守灵。"② 这里是讲娅汪在灵界的地位，她是王，拥有大批兵马，有让天下人来守灵的资格，可见她是女巫供奉的神灵中的至高者，也是法力最大者。巫词中又讲："天下身份最大的是母王，最可尊的是神庙。"这里更明确交代了娅汪作为巫教至高神的身份。娅汪是巫教至高神，因而，有她的照应，女巫供奉的仙坛（香案）才会更灵光，正如女巫所唱："只有母王再回坛来，孤儿才算是有个家"，"同理母王的后事，让女儿坛常亮"。

娅汪作为巫教至高神同时还是造物主，巫词中讲："以前母王造天下，今天女儿应该上香敬茶"，"母王回来时女儿才能抬头，再来管理阳间的事，阳间的一切是母王造出来的，女儿用心来敬奉"，"让我们去找

① 梁肇佐、雷英章：《稻作文化与隆安壮族娅王崇拜》，《广西南宁市委党校学报》2001 年第 3 期。

② 本研究中所引用巫辞皆系黄桂秋、覃建珍于 2001 年 8 月 5—7 日（农历七月十八日至二十日）参加百色市右江区百兰乡那伏村那丈屯的"哭娅汪"仪式时，通过全程录音、跟踪采访，最后，在原始录音资料的基础上翻译整理而成。参见黄桂秋《桂海越裔文化钩沉》，中国书籍出版社 2011 年版，第 348—383 页。

天下的动物，找来一起哭母王，老虎我也不怕，豹子我也不慌，一定要叫来哭母王，大家一起来守丧"。从以上巫词来看，是娅汪创造了天下，人间的一切都是她创造的，她是包括人和动物在内的万物之母。

从对"哭娅汪"活动中巫词的分析来看，娅汪信仰与巫教信仰即原始宗教有着密切的关系，其中包含着一些古老的文化观念，如"万物有灵观"等。壮族民间信仰中的娅汪是壮族巫教至高神，也是壮族巫教信仰中的万物之母即造物主。

据黄桂秋讲，他们所采访的女巫之所以哭娅汪，是因为在此之前"经常像发痴一样四处去唱呀！哭呀！谁劝阻都不得"，"哭了以后，这种现象才停止"①。不过，就女巫在哭娅汪过程中所唱巫词的某些内容来看，女巫组织哭娅汪活动的功利目的也是很明显的。譬如巫词中其他巫教徒的劝唱是这样讲："别哭了女儿，别哭了姑娘，要保持我们的仙坛香火旺，要让我们的仙坛红火，样样都比别的坛好。""天下到处有仙坛祖师，我们只想你的仙坛，我们只爱你的祖师，你的坛真红火，你的坛真兴旺。"女巫通过组织哭娅汪活动可以让人们认为她的仙坛会得到娅汪更多的照看，这样会使她的香坛更红火、兴旺。

围绕着娅汪信仰，在一些壮族地区流传着"娅汪"传说。通过对各种资料中记录的"娅汪"传说加以梳理，我们认为基本可以将其分为四个类型。异文比较多的一种，我们将其归纳为类型 A，现根据农冠品、曹廷伟编《壮族民间故事选》②、蓝鸿恩编《壮族民间故事选》③、《红波诗文集》④、《中华民族故事大系·彝族·壮族·布依族卷》⑤、黄泊沧编《节日的传说》⑥ 等民间故事书所收录的《娅汪》（或《达汪》）传说，介绍《娅汪》传说类型 A 的基本情节梗概如下：

（1）有个美丽的姑娘叫娅汪（或达汪），她绣的花和鸟像真的一样。

①　黄桂秋：《桂海越裔文化钩沉》，中国书籍出版社 2011 年版，第 365 页。

②　杨士衡、覃建才搜集整理：《达媓》，载农冠品、曹廷伟编《壮族民间故事选》第一集，广西人民出版社 1982 年版，第 323—325 页。

③　《达汪》，载蓝鸿恩编《壮族民间故事选》，上海文艺出版社 1984 年版，第 289—292 页。

④　《达汪》，载红波编著《红波诗文集》第六卷，香港天马图书有限公司 2003 年版，第 215 页。

⑤　《达汪》，载中华民族故事大系编委会编《中华民族故事大系·彝族·壮族·布依族卷》，上海文艺出版社 1999 年版，第 577—580 页。

⑥　《达汪节》，载黄泊沧编《节日的传说》，湖南人民出版社 1982 年版，第 178—183 页。

（2）她绣麻雀时，手指被刺破，血滴在麻雀眼睛上，麻雀飞走了。

（3）麻雀被土司用箭射伤飞回，落在娅汪的手帕上，变回绣成的麻雀，躲过了家丁和土司搜查。

（4）土司见娅汪长得标致，要娶她做小老婆，娅汪不肯。

（5）土司借天旱祭雷公之际，勾结师公、巫婆，指定娅汪当童女陪祭。

（6）陪祭的童男童女要保护祭品，娅汪看到飞来的鸟儿饿得咕咕叫，就让它们把祭品吃光。

（7）土司诬赖娅汪吃光了供品，提出要剖腹验证，并传话给娅汪，给他做小老婆可以免死。

（8）娅汪宁愿死也不答应给土司做小老婆；娅汪死后，鸟儿把她葬到月宫。

（9）娅汪死的那天是七月二十，家家户户杀鸡宰鸭祭奠她。

该类型的《娅汪》传说流传最广，主要在广西百色的田阳、西林、平果等县，河池市的东兰、都安等县，南宁的马山、武鸣等县的壮族群众中流传，异文虽多，但情节大同小异，其基本情节梗概大致如此。该类型传说中的娅汪（或称达汪）爱鸟、护鸟，身上体现着女性的善良，同时，她又是一位反抗压迫、不畏强暴、坚强不屈的下层社会女性。她因不屈于土司的淫威而被残身亡，在她的身上体现着壮族人民不屈的意志和大无畏的反抗精神。韦苏文在《壮族悲文化》一书中说："（达汪或娅汪）虽身单力薄，意志却不薄，她站起来了，以自己的满腔悲愤揭露了统治者的罪恶，她虽然被统治者夺去了美好的青春，夺去了对生的追求，但她不屈的魂魄是永恒的。"① 正如韦苏文所言，娅汪（或称达汪）具有冰清玉洁的品格和坚贞不屈的精神。

在广西都安还同时流传着另一个类型的《娅汪》传说，我们将其称为《娅汪》传说类型 B，该传说的情节单元大致如下：

（1）很久很久以前，鸟类的大王是母的，鸟类都称她为"娅汪"，娅汪通情达理，乐于助人。

（2）雷王管辖天下雨水，有一年，他故意刁难天下的百姓，全年没下一场雨。

---

① 韦苏文：《壮族悲文化》，广西人民出版社 1994 年版，第 7 页。

（3）旱情严重，人们无法种植水稻和其他庄稼，挣扎在死亡线上。

（4）娅汪心中很是不忍，请求雷王降旨下雨。

（5）雷王劝鸟王少管闲事，鸟王不听，称愿替天下人去死。

（6）雷王连降七天大雨，从此，天下的人们又能耕田种地了。

（7）鸟王却因连日大雨无法飞去觅食病弱而死。

（8）娅汪于农历七月十八日死去，葬礼定于七月二十日举行。

（9）人们为了纪念娅汪的功德，把安葬她的日子定为"鸟王节"（或"娅汪节"）。

（10）那一天，家家户户祭奠娅汪，鸟雀们都去参加她的葬礼，所以这一天很少见到鸟儿踪影。①

该传说中的娅汪是百鸟之王，她为了人类的利益献出了自己的生命，赢得了人类的尊敬，人们将她去世的日子定为"鸟王节"或"娅汪节"来纪念她。

在云南省文山苗族壮族自治州的富宁、广南等县壮族群众中流传的《娅汪》传说与前述类型又有不同，我们将其归纳为类型 C，现根据黄昌礼、王明富编《八宝风情与传说》②，雪犁编《中华民俗源流集成·节日岁时卷》③ 收录的《娅汪》传说列举其基本情节单元如下：

（1）天上有个神婆叫娅汪，凡间的人或动物遇到难处都去找她诉苦。

（2）古时候，老虎繁殖力很强，每天要吃掉很多小动物，小动物们就去向娅汪告状。

（3）娅汪就招来老虎对它说：今后你一年生三窝，一窝生三个，不许多生。

（4）青蛙告诉娅汪：老虎还是太多。

（5）娅汪让青蛙去追老虎，让它一年生三窝，生出一个吃掉一个。

（6）青蛙追到往回走的老虎前边，"哇"的一声突然跳出，吓得老虎把娅汪的话给忘了。

①　梁肇佐、雷英章：《稻作文化与隆安壮族娅王崇拜》，《广西南宁市委党校学报》2001 年第 3 期。

②　《娅汪》，载黄昌礼、王明富主编《八宝风情与传说》，云南民族出版社 2000 年版，第106—107 页。

③　《壮族娅拜节的来历》，载雪犁编《中华民俗源流集成·节日岁时卷》，甘肃人民出版社1994 年版，第 294—296 页。

（7）青蛙顺势把娅汪的新决定告诉了老虎，老虎从此越来越少，凡间兴旺起来。

（8）每年的农历七月十八日是娅汪的祭日，七月二十日复活。七月十八日这天，凡间万物都要去天上哭娅汪。

这则传说是讲娅汪给自然界定规矩，讲她因为老虎凶猛，伤害生灵，就立下规矩，限定老虎生育的数量，从这则传说来看，娅汪在自然界具有至高无上的权威，包括鸟兽在内的世间万物都服从她的管理安排。

在富宁还同时流传着另一类型的《娅汪》传说，我们将其称为《娅汪》传说类型 D，其情节单元大致如下：

（1）很久以前，有一个人用牛耕地，但不懂得牵牛的要领，牛只顾往前跑。

（2）这时来了一个白发苍苍的老婆婆，告诉耕田人要给牛穿上牛鼻绳，并教给他牛语。

（3）牛以后就听话了，老老实实为人耕地。

（4）这位老人在七月十八仙逝了，人们在这天过节纪念她。

（5）人们称这位老人"娅汪"（女王的意思），这个节日就叫"娅汪节"。①

在这则传说中，娅汪是人类的导师，她教会人类使用耕牛，是牛耕文化的发明人，人们感谢她为生产力进步作出的贡献，所以设立节日纪念她。

围绕着娅汪女神或围绕着"娅汪节"有如此多的不同类型的传说在流传，说明了娅汪信仰内涵的丰富。娅汪传说类型 A 中的娅汪是一位因保护鸟类而被土司残害致死的善良姑娘；传说类型 B 中的娅汪则是甘愿为人类利益而殉身的百鸟之王；传说类型 C 中的娅汪是一位管理天下众生的女神；传说类型 D 中的娅汪则是一位发明牛耕的婆婆。总之，就传说来看，娅汪集多种身份于一身，人们设置节日纪念她的原因也是多种多样的。

人们在传说中常常把安排大自然秩序或发明文化的贡献放在创世大神的身上，譬如关于姆六甲，就有传说讲她如何给自然界安排秩序，让花草不再说话，不准走动，固定在泥里；让动物们各司其职：牛给人耕田；马

---

① 张淑敏：《壮族节日》，富宁政务网·柔情富宁·民族节日，2010 年 5 月 23 日。

供人骑；猪供人吃肉；狗给人看门。① 又有传说讲，水牛是姆六甲造的，一开始野性十足，她就叫人用绳子穿上牛鼻子，牛以后就听话了。姆六甲定了四月初八为牛魂节，这天给牛放假，让公牛与母牛交配，等等。② 娅汪传说类型 C 与类型 D 中的娅汪其身份就是万物之母的创世神，与女巫"哭娅汪"时所唱巫词中娅汪的身份、地位是一致的。结合女巫"哭娅汪"时的巫词，笔者认为《娅汪》传说类型 C 与类型 D 中的内容可能比较接近于历史真相，揭示了娅汪信仰的真正原因。

民间信仰中的创世女神往往都有一个降格化的过程，如女娲在一些汉族地区由创世女神演化为送子娘娘，姆六甲最早是创世女神，也在壮族群众中逐渐降格，最后以"送花""护花"为专职。在娅汪传说类型 B 中，娅汪由万物之母的创世大神降格为了分管鸟类的神灵——鸟王，应该也属于上述这种情况。这一类型的传说既反映了万物有灵的观念，也反映了动物崇拜的思想。从其蕴含的古老思想观念看，这一类型的传说产生的历史也大概很久远了。娅汪传说类型 A 则可能是在类型 B 的基础上进一步演绎而成的。不过，我们已仅能从娅汪传说类型 A 中娅汪爱鸟、护鸟的举动看出它与娅汪传说类型 B 的联系，至于类型 A 中娅汪的形象和主题都已有很大改变。在娅汪传说类型 A 中娅汪已经进一步降格为一个死后成神的凡俗女子，而主题也有了更浓重的世俗气息，表现人间社会的阶级压迫与反抗斗争。

通过以上对与娅汪信仰相关的包括传说在内的各种文化现象的梳理，娅汪信仰可能有一个从巫信到俗信的演变过程。也就是说娅汪信仰最早可能只是女巫们的信仰，她是女巫们供奉的众生之母，创世之神、至高神；后来影响到民间，民间大众在接受娅汪信仰的过程中，则又根据自己对世界、社会、人生的理解赋予了其新的思想内涵。

第三节　壮族民间信仰中的另一位娅汪女神及其传说

在壮族民间信仰或口头文学中有两个娅汪，云南省文山壮族、苗族自

① 《断案》，载农冠品编《女神·歌仙·英雄》，广西民族出版社 1992 年版，第 13—16 页。
② 《米洛甲审水牛》，载过伟主编《中国民间故事集成·广西卷》，中国 ISBN 中心 2001 年版。

治州的富宁县剥隘镇者宁、索乌等壮族聚居村落的群众，在信仰我们前边所说的这位娅汪的同时，还信仰另一位女神娅汪，在当地也有一个纪念这位女神的节日叫"娅拜节"。每年农历四月初四，男女老少都到场，礼仪特别隆重。杀两头牛、一头猪、两只鸡和四十八尾鱼，到娅拜山去，奠祭壮族女英雄娅汪（也称娅拜）。

在云南文山壮族、苗族自治州的富宁县剥隘镇者宁、索乌等壮族聚居村落，流传着有关娅汪的口头文学。这些口头文学的内容与前述壮族群众信仰的那位娅汪或达汪的传说内容大相径庭。在富宁县剥隘镇的者宁、索乌等村落流传着民间叙事长诗《娅汪》。该长诗讲宋代富宁县者邦村有一对相依为命的父女，父亲叫杨方，女儿叫杨氏；杨方武艺高强，手下门徒众多，杨氏嫁给了父亲的大徒弟黄达。北宋官府诬陷杨方收徒传艺，心存不良，有谋反的意图，将他逮捕收监，拷打至死；杨氏和黄达率众起义，屡败官军；官军施诡计派人来讲和，将黄达骗入官府，押去京城；黄达临行，叮嘱杨氏如果自己百日不回就打开寨头山洞的木门；杨氏由于心急，在丈夫走后的第九十九天提前打开了洞门，黄达剪的纸兵涌出山洞，杀向京城去解救他；但因杨氏打开洞门的时间不足百日，法术最终失败。杨氏率众起义，采用"官家有万兵，我有万座岭。兵来我离去，兵去我追踪"的战术，屡败官军，并消灭了周围地区多个作威作福的土司老爷。最后，官军施奸计，派人在杨氏于河中沐浴时射死了她。人们为了纪念她，尊她为娅汪或娅拜（大王的意思），为她建庙，并把农历四月初四定为娅拜节，在这天祭祀她。①

这是一篇英雄叙事歌，它歌颂了传说中"率领壮家人，反宋举刀枪，英名垂千古，史迹似水长"的壮族女英雄杨氏（死后被尊称为娅汪或娅拜）。在富宁、广南两县除流传着娅汪率众反宋的叙事诗之外，还流传着讲述她起义造反事迹的传说，其基本情节大致与叙事诗相同，如《壮族娅拜节的来历》就是如此，该传说的基本情节单元如下：

（1）那时，这地方的人大部分居住在丫翁山上的毛根寨，官家经常派兵到壮族寨子扰乱。

（2）娅汪同她男人一起领着壮族百姓同官兵打仗。

（3）有一次，官兵把娅汪的男人包围了，她的丈夫英勇战死。

---

① 张鸿鑫、刘德荣、李贵思搜集整理：《娅汪》，《山茶》1990年第2期。

（4）几天后，娅汪坐在晒台上纺线，看见她男人站在云彩里喊她，让他为自己报仇，并丢下十二箱纸给她，让她满一百二十天后打开。

（5）娅汪不分昼夜地守着纸箱，守到一百二十天，她打开箱子，里面装着的纸人和纸马变得同真人真马一样高大，手拿各种武器，雄赳赳地排成十二队。

（6）有十二队兵马护着，毛根寨安静了几年，壮家的生活一年比一年好。

（7）后来，官家查访出十二队兵马是纸的，就造了大批的水枪，调集大批人马，又来打毛根寨。

（8）一交战，十二队兵马都被水枪打落了，官兵一群一群地向毛根寨扑来。

（9）娅汪并不慌乱，继续领着全寨的男女老少同官兵血战，直到官兵狼狈逃窜。

（10）她见官兵被杀得七零八落地逃走，就停止追赶，叫大家去休息，自己留下来监视敌人。

（11）她见天气又闷又热，身上沾满了血和汗水，就跳进索乌河里洗澡。

（12）被打散躲在草丛里的官兵见她一人在河里洗澡，就悄悄钻出草丛，涌进河里将娅汪杀死。

（13）为纪念她，人们将埋她的山叫做娅拜山，在她遇难的那天杀牛宰猪祭奠，形成了娅拜节。①

在传说中娅汪是古代一位少数民族起义英雄的夫人，在丈夫战死后，她继续高举义旗，率领群众与官府作斗争，最终遭官兵谋害。

关于云南富宁县剥隘镇的者宁、索乌等村落"娅拜节"纪念的娅汪究系何人，人们有不同的说法。有人说她是宋代壮族起义领袖侬智高的母亲，有人说她是某代壮族山寨寨主或土司的夫人。笔者同意后一种说法，从信仰流传的区域来看，壮族群众"娅拜节"纪念的娅汪应该是某代某地的壮族头人的夫人，她与丈夫领导了一场小规模的反抗斗争。

综上所述，在云南文山富宁县的部分村落流传着关于另一位娅汪女神的信仰与传说，这位娅汪女神有别于壮族群众在"娅汪节"（达汪节）纪

---

① 《娅拜节》，载蓝鸿恩《壮族民间故事选》，上海文艺出版社1984年版，第120—122页。

念的那位女神，她是一位率领壮族人民反抗中央王朝，死后被人们尊奉为神的巾帼英雄。

第四节　余论

在壮族地区民间信仰中有两位娅汪女神，后一位娅汪信仰流传区域仅限于云南富宁县的几个村落，就民间口头资料看，大家关于该信仰形成原因的认识也基本一致，该娅汪基本可以确定为历史上一位领导壮人反抗官府而牺牲的女英雄。无论是叙事长诗，还是民间传说，都是文学，不可把它作为信史去推究、考察，称其是侬智高母亲的说法并无确凿依据。而前一位娅汪信仰流传区域广，相关传说类型多，关于该信仰的本质则不容易确定，即使在学术界，也是众说纷纭。当然，在多种说法中，有一些是值得借鉴与学习的，也有一些需要作进一步商榷。

黄桂秋认为：

> 娅汪文化是壮族原生态文化中传承年代久远，带有一定普遍性的原始宗教巫文化现象。而从各地对娅汪称呼的统一性、祭祀时间的一致性等方面来推断，娅汪就是壮族女巫崇拜的女祖神，或者说是女巫们共同崇奉的女性的巫王。如果我们再进一步顺藤摸瓜，这个被称为万物之母、有创世女神痕迹的巫神应该就是奵渌甲，也就是壮族麽教里布洛陀的陪神麽渌甲。反过来说，奵渌甲也只有是女巫祖神的身份地位，才能与作为男麽教主的布洛陀相匹配。①

前边我们已经作过介绍，黄桂秋掌握的有关娅汪信仰的资料、信息比较充分，他的观点是值得重视的。他认为"娅汪文化是壮族原生态文化中传承年代久远，带有一定普遍性的原始宗教巫文化现象"，他认为娅汪是有"万物之母""创世女神"痕迹的巫神，这些观点都是接近实际的。至于黄桂秋所说娅汪"是女巫们共同崇奉的女性的巫王"或"是壮族麽教里布洛陀的陪神麽渌甲"的说法，笔者则有所质疑。黄桂秋所谓"巫

---

① 黄桂秋：《壮族麽文化研究》，民族出版社 2006 年版，第 82 页。

王"，即娅汪本身也是巫，享有教主的位置。前边我们说到，就对女巫在"哭娅汪"活动中唱的巫词及有关传说的分析来看，娅汪作为万物之母、创世女神的特点是非常鲜明的，但认为她是巫教主则证据不足，无论是女巫在"哭娅汪"活动中唱的巫词，还是有关传说，都并没有指示娅汪是女巫的内容。但从女巫在哭"娅汪"活动中唱的巫词来看，无疑，娅汪是女巫仙坛上最具权威的神，她拥有"兵马一大帮""王兵一大群""天下身份最大"①，她无疑是女巫仙坛上最大牌的神。女巫供奉的神未必一定是巫，就如关羽，他虽然是道教神系中的重要一员，却没有谁会认为他是道教祖师。

关于黄桂秋所云："娅汪应该就是妖渌甲，也就是壮族麽教里布洛陀的陪神麽渌甲"的说法也是值得商榷的。仅仅因为二者都有创世神的特点，便认为二者同为一人，理由显然不够充分。在一个民族的信仰或神话、传说中可能会有不止一个创世神，尤其是在壮族这样一个人口多，分部区域广的民族中。

梁庭望先生就流传于壮族民间的"娅汪"或"达汪"传说展开推论：广西大明山等地流传的"达汪"或"娅汪"传说中，女主人公有护鸟的行为，鸟是古代骆越部落的图腾，因而，娅汪护鸟就是保护辖下的各个部落，这就说明了她王者的身份；而在历史上这一带只存在过骆越方国，所以娅汪就是骆越方国的女王。②

梁先生的观点是根据前面归纳的"娅汪"传说类型 A 得出的，梁先生这一观点理由并不充分。传说虽然与历史有联系，但它"绝不是严格意义的历史"，传说作为民间文学同作家文学有一致之处，它在反映社会生活时，也要经过取舍、剪裁、虚构、夸张、渲染、幻想等，从本质上讲它也同样属于"虚构的故事"。③ 它虽然可能与某一历史人物或历史事件有联系（这些历史人物与历史事件也常常是虚构的），但它只是表现人民群众对历史的理解或认识，而不是严格地再现历史本身。而梁庭望先生正是步入了把传说当历史的误区，执意要通过对传说的考察来还原所谓历

---

① 黄桂秋：《桂海越裔文化钩沉》，中国书籍出版社 2011 年版，第 352、354 页。

② 梁庭望：《大明山的记忆——骆越古国历史文化研究序》，参见罗世敏主编《大明山的记忆——骆越古国历史文化研究》，广西民族出版社 2006 年版。

③ 钟敬文：《民间文学概论》，上海文艺出版社 1980 年版，第 183 页。

史真相。梁庭望先生对娅汪文化的考察，"是一种诗情的领悟，而非一种名理的推导"，① 这种缺乏实证材料的"诗情领悟"是不能得出科学的结论的。

在我们所归纳的"娅汪"传说类型 A 中，确实讲到娅汪与鸟之间的友好关系，譬如，当她绣的麻雀飞出去被土司射伤飞回后，娅汪把它包在手帕里，让它变回绣成的麻雀，躲过了家丁和土司的搜查；当她被强迫当童女祭雷公时，看到飞来的鸟儿饿得咕咕叫，就让它们把祭品吃光，土司也正是以这件事为借口杀害了她；娅汪被杀害后，鸟儿们出于感恩的原因把她葬到了月宫。传说中娅汪虽与鸟儿关系密切，但这并不能说明鸟儿与骆越民族的图腾有什么联系，这只不过是民间创作所采用的一种艺术手法，通过达汪或娅汪对鸟儿的爱惜表现她性格的善良，与其遭遇形成对比，突出地反映她身世的悲惨，反衬统治者的残暴和凶狠，表达人民群众对娅汪不幸遭遇的同情，以及对黑暗现实的愤懑与憎恶。

总之，"娅汪"传说类型 A，其内容是明朗的，主题是明确的，其内容就是反映旧时代壮族地区的黑暗现实，其主题是揭露压迫者的罪恶。那种用猜谜式的手法，企图从中发现真正的历史的做法是不科学的，因而，梁庭望先生把广西大明山等地民间信仰或民间传说中的娅汪确定为骆越方国女王的观点笔者不敢苟同。

笔者认为，传说与它所解释的民俗事项的关系很微妙，有的时候，我们可以通过它理解一些民俗现象的内涵，譬如，我们对布洛陀、姆六甲神格的理解，就离不开对有关他们的神话、传说的解读。而更多的情况是，传说对民俗事项的溯源纯属虚构，譬如民间关于端午节、寒食节的解释便是如此。就"娅汪"传说类型 A 来讲，其未必反映娅汪信仰的本质，而是民众借用解释"娅汪节"来历这种方式来表达自己对壮族社会历史的认识，表达或寄托自己的情感。

在旧时代，人民群众无不深受上层社会统治者的剥削与压迫，再加上来自自然界的侵害，人民的生存环境更为恶劣，可以毫不夸张地说他们是生活在水深火热之中。至于壮族群众所受的剥削、压迫则更甚。他们要遭受汉、壮两族统治者的双重压榨与勒索，而本地土官或土司则更是视彼为奴，把他们当作可以随意欺凌的对象。宋代周去非云，当时壮族民众

---

① 何兆武：《西方哲学精神》，清华大学出版社 2002 年版，第 142 页。

"生杀予夺，尽出其酋"，他们为土官"供水陆之产，为之力作，终岁而不得一饱"；① 另据黄增庆、张一民撰《壮族没有经过奴隶社会的探讨》一文讲，直到 20 世纪 30 年代，广西雷平县的李姓土官还以家奴为其病死的女儿陪葬。② 由此可见壮族人民在古代社会命运的悲惨。至于壮族女性的命运则更为凄惨，一些土官见有漂亮女子就抢入家中，不让其嫁人。清人赵翼《檐曝杂记》载："生女有姿色，本官辄唤入，不听女嫁，不敢字人也。……虽有流官辖土司，不敢上诉也。"③ 此外，还有一些壮族地区的土官对辖区内的新婚女子享有初夜权，据黄现璠等《壮族通史》中讲上林古蓬的土巡检，就对其属地的新婚女子享有初夜权。④

"娅汪"传说类型 A 中娅汪或达汪的不幸遭遇，正是对现实生活中许许多多壮族青年女性悲惨命运的反映，该传说表达了古代壮族群众对阶级压迫的认识，抒发了他们对黑暗现实的憎恶和愤懑，也借以倾诉人生的艰辛和烦恼。

总之，在广西、云南等地的壮族群众的民间信仰中有两位娅汪女神，一位是巫教徒信仰的创世大神、万物之母，在其演化为民间俗信的过程中逐渐降格为鸟王或为恶势力迫害而死的世俗女子，该信仰主要流传于广西百色的田阳、西林、平果等县，河池市的东兰、都安等县，南宁的马山、武鸣等县及云南文山壮族苗族自治州的富宁、广南等县的壮族群众中，民间有一个纪念这位女神的节日叫"娅汪节"或"达汪节"。而另一位则是古代率领群众反抗官府的民族女英雄，在其牺牲之后，被群众奉为神灵，该信仰主要流传于云南富宁县剥隘镇的者宁、索乌等几个村落，在这一带也有纪念这位女神的节日叫"娅拜节"。

①　（宋）周去非：《岭外代答》，上海远东出版社 1996 年版，第 73 页。

②　黄增庆、张一民：《壮族没有经过奴隶社会的探讨》，参见《岭外壮族汇考》，广西民族出版社 1989 年版，第 68 页。

③　（清）赵翼、姚元之：《〈檐曝杂记〉〈竹叶亭杂记〉》，中华书局 1982 年版，第 68 页。

④　黄现璠、黄增庆、张一民：《壮族通史》，广西民族出版社 1988 年版，第 367 页。

第 六 章

岭南地区龙母信仰与民间传说

第一节　岭南地区龙母信仰与传说研究概况

龙母文化历史悠久，源远流长；在古代文献中早有记载，如南朝刘宋时期沈怀远的《南越志》、唐代刘恂的《岭表录异》都记载了"龙母"传说，但对龙母文化的研究则是较为晚近的事。

对于"龙母"文化的研究概肇始于 20 世纪 20—30 年代，这一时期容肇祖、黄石、黄芝岗等都曾发表过该方面的研究论著。1928 年，容肇祖在《民俗周刊》上发表了《德庆龙母传说的演变》一文，较早开始了"龙母"传说的研究。① 该文依据唐、宋、明、清历代文献，将"龙母"传说的传承过程分为三个阶段：唐代为"龙母"传说的成立期；宋初为"龙母"传说的演变期；宋熙宁年间之后至明清为"龙母"传说的完备期，详述了"龙母"传说的演变过程。

黄石在《关于龙的传说》一文中，介绍了多种民间口头传承或古代文献记载的"秃尾巴龙"传说，最后讲到《悦城龙母》传说，通过比较得出三个共同点：第一，龙未成形之前，都是被弃于野外的一颗或几颗卵子，后孵化为蛇，长而成龙。第二，收卵育蛇的恩人都是寡妇，如象之母。第三，象之蛇，窦奉妻所生的蛇及悦城媪所放生的五蛇，俱于育母死后前来送丧或扫墓。黄石因此认为："这五种传说同出于一个源头，而因时因地转变而成外形相异的故事，但'母题'却始终如一。"② 黄石在这

---

① 容肇祖：《德庆龙母传说的演变》，《民俗周刊》1928 年第 9、10 期。
② 黄石：《关于龙的传说》，《青年界》1931 年第 1 卷第 2 号。

篇论文中除了对"龙母"传说作了形态学分析之外，还对"龙母"传说中某些情节的成因作了探讨，他说："南方的天气，每年清明前适当雨季，倘不是连绵的淫雨，便是突如其来的风涛，民众见惯这种现象，亟欲求一解释，由是便想象出一段'掘尾龙拜山'（粤语谓扫墓为拜山）的故事。"

1934 年黄芝岗在上海生活书店出版了《中国的水神》一书，书中将"龙母"传说作为水神传说研究探讨。黄芝岗就"龙母"传说中，龙尾被斩作了解释。他说，南方造一种叫"龙掘尾"的船，以为人们是根据这种船的造型幻想出了秃尾巴龙的形象。他对该传说的缘起也有与黄石类似的认识，认为《掘尾龙拜山》之类的传说是对南方某一时期风雨天气的解释，人们是把定期的风雨当作了"神的定期行动"。①

"龙母"传说及其信仰为学界密切关注，成为研究热点是在近年。自20 世纪 80 年代以来，岭南籍学人曾昭璇、陈摩人、叶春生、蒋明智、梁庭望、黄桂秋等接连发表或出版关于龙母文化研究的论著。曾昭璇在《天后的奇迹》一书中，对龙母传说和信仰作了介绍与研究。他指出：龙母传说源起于秦代西江下游；传说不同于历史，把龙母说成是楚怀王时代人，并认为她真与秦始皇有什么关系是不符合事实的；他认为龙母信仰属于河神信仰。②

陈摩人的《悦城龙母传说的民族学考察》一文，从悦城龙母传说的原型、龙母与百越龙图腾、悦城龙母与同类型传说的比较、悦城龙母与水上居民的关系等几个方面展开论述。他指出：悦城龙母传说的原型，它实渊源于古代百越族群的龙图腾崇拜；龙母是百越族群中生活在西江中游的一支氏族的头领，大约正处于母系氏族向父系氏族过渡的前夕，她是捕鱼和饲养动物的能手，同时，也是氏族智慧集中的象征；龙母氏族是疍民的祖先，等等。③

叶春生多年以来一直重视对龙母文化的研究，先后撰写了《从龙母传说看中华民族的两大发源地》④、《从龙母故事看民间文学传统与现代的

---

① 黄芝岗：《中国的水神》（影印本），上海文艺出版社 1988 年版，第 125 页。
② 曾昭璇：《天后的奇迹》，香港中华书局 1991 年版，第 144—148 页。
③ 陈摩人：《悦城龙母传说的民族学考察》，《华南师范大学学报》1987 年第 1 期。
④ 叶春生：《从龙母传说看中华民族的两大发源地》，《思想战线》1988 年第 4 期。

关系》①、《龙母传说与民间传统的关系》②，与人合作撰写了《从龙母说看西江文化》③ 等论文。叶春生指出：龙母传说和长江流域关于龙的传说，说明了龙的发祥地同时在南、北两方，因而中华民族并不都起源于黄河流域，而是有南、北两大发源地。龙母传说大致是按三条线索展开的：一是文人笔记，二是对至圣显灵的迷信，三是纯粹的民间传说，它们有着不同的文化内涵。叶春生还论析了万民朝圣、慈龙孝子、济物放生、圣迹迷信等民俗信仰及其对西江经济文化的影响。

农学冠尝试用精神分析方法分析"龙母"传说的主要情节单元：妇人拾一蛋，蛋生蛇——借喻无父；妇人砍断蛇尾——象征阉割男孩生殖器；蛇离家出走——象征恋母受抑制的痛苦；妇人死，蛇来守灵、出殡，且每年来扫墓——以"孝"为表，以"恋母"情结为里。同时，农学冠也指出：弗氏精神分析法对神话和民间故事的研究是有帮助的，但以"恋母"情结来解释民间故事不太容易让人接受。④

梁庭望的《大明山龙母文化揭秘》一文，就广西大明山龙母文化作了介绍，认为大明山龙母文化是原生态文化，环大明山是岭南龙母文化的发祥地，流行于大明山周围的"秃尾蛇"传说并相关文化说明这一地区的壮人祖先是以蛇为图腾的。论文还对大明山龙母文化发生的文化生态并大明山龙母文化的开发发表了意见。⑤

黄桂秋在《大明山龙母文化与华南族群的水神信仰》一文中指出：

　　中国华南族群的水神信仰按发生时间先后大致分为：泛水神图腾信仰、龙母信仰、妈祖信仰等三种形态，其共同渊源应为壮族先民古越人信奉的水界之神图额。广西大明山龙母文化具有鲜明的原生态水神信仰特征，并以其山神、水神融合，生态美和动态美统一，而成为中国华南龙母文化的重要源头和核心区域。从发生学的角度来看，大明山龙母文化是大明山自然生态环境、壮族先民的信仰思维、农耕稻

---

①　叶春生：《从龙母故事看民间文学传统与现代的关系》，《广西民族学院学报》2004 年第 1 期。

②　叶春生：《龙母传说与民间传统的关系》，《学术研究》2005 年第 8 期。

③　叶春生、柳超球、方英：《从龙母传说看西江文化》，《西江大学学报》1998 年第 4 期。

④　农学冠：《岭南神话解读》，广西民族出版社 1999 年版。

⑤　梁庭望：《大明山龙母文化揭秘》，《当代广西》2006 年 11 月上半月号。

作文化、生态审美意识诸因素形成的民间信仰文化现象。①

黄桂秋通过对大明山龙母文化的考察，认为龙母文化的实质是水神信仰，并揭示了大明山龙母信仰形成的文化生态。

蒋明智先后发表了《论古籍碑刻记载中的悦城龙母传说》②、《悦城龙母传说中的"移墓"情节试解》③、《悦城"龙母诞"的历史与现状》④ 等系列研究论文。其国家社科基金项目结题成果《龙母的传说和信仰研究》（2011）是关于岭南龙母文化研究的集大成之作。该文分为十二章，对龙母传说及其母题的文化内涵，龙母的族属及其神格，龙母信仰的历史、现状和特征，悦城龙母信仰圈与藤县的龙母信仰等多方面问题作了探讨。

龙母文化影响很大，因而除为岭南籍学人所关注外，也常有其他地区的学者所论及。如刘守华就曾发表《关于"龙母"故事的演变及其文化内涵》一文，并在其《中国民间故事史》一书中涉及"龙母"传说研究。刘守华在其研究论文中将"龙母"传说、"孽龙"传说、"秃尾巴老李"传说视为同一类型的故事作研究。指出："孽龙为家庭、社会所不容，不得不远出闯荡江湖以求生存，却又眷恋故土家园，不忘生母养育之恩，满怀乡情与亲情，成为一个古老怪异又有着深邃历史文化内涵的形象。"⑤刘守华在《中国民间故事史》一书中认为，断尾龙形象的创造是"龙母"传说引人注目的新发展，联系明清社会的大背景，把孽龙形象的核心作为封建社会走向衰落时所出现的叛逆者的象征似乎更为合理。⑥

除上述所讲人们对龙母文化所做的历史学、文化学、人类学或传说学方面的研究外，也有一些学者专门撰文讨论龙母的"族属"，其中讲龙母为壮族的观点占上风。陈金源在《再论龙母》一文中指出，以往关于龙母的"族属"有瑶族说、侗族说、壮族说三种说法，他表示支持壮族

① 黄桂秋：《大明山龙母文化与华南族群的水神信仰》，《广西师范学院学报》2006年第3期。
② 蒋明智：《论古籍碑刻记载中的悦城龙母传说》，《民族文学研究》2004年第1期。
③ 蒋明智：《悦城龙母传说中的"移墓"情节试解》，《民族艺术》2003年第4期。
④ 蒋明智：《悦城"龙母诞"的历史与现状》，《民间文化论坛》2005年第3期。
⑤ 刘守华：《关于"龙母"故事的演变及其文化内涵》，《荆州师专学报》1998年第3期。
⑥ 刘守华：《中国民间故事史》，湖北教育出版社1999年版，第162—170页。

说。[1] 欧清煜在《广西"布衣"探龙母》一文中，根据赖普仪和龙母斗法的传说，认为传说中的龙母之父是广西藤县人，龙母无疑属于壮族。[2] 龙母是传说人物，费心思去确定她的"族属"，应该说多少有些荒唐，但是如果从学理上去探讨龙母信仰最早发端于哪个民族还是有学术意义的。龙母传说主要流传于两广地区，考虑到古代社会壮族先人在两广地区分部较广，所占人口比例较大，再结合近年对大明山龙母文化的发现，龙母传说与信仰最早发端于壮族先民的可能性比较大。当然，今天龙母的信众已包括汉、壮等各族人民了。

总之，自 20 世纪 20 年代以来，出现了大量龙母文化研究的成果，这些成果或从文献记载出发，或从民间口承入手，或作心理学探讨，或作主题学研究，或作文化生态考察，提出了不少具有启发性的观点，为我们的研究提供了借鉴。笔者将在借鉴前人研究的基础上，发表一点个人的看法，同时也对前人的一些观点作学术商榷。

第二节　中华龙文化概述

翻开中国古代文献，关于龙的记载可谓由来已久。譬如，《周易·乾卦》中就有"潜龙""飞龙""亢龙""群龙"等的字样；[3]《左传》载："大暤（皞）氏以龙纪，故为龙师而龙名"[4]，《史记·三皇本纪》云："女登有娲氏之女为少典妃，感神龙而生炎帝"[5] 等。这些文献记载足以说明我国对龙的崇拜历史之悠久。

而说到中国人崇拜龙的缘起，则是聚讼纷纭。闻一多认为：

就最早的意义说，龙与凤代表着我们古代民族中最基本的两个单元——夏民族与殷民族，因为在"鲧死……化为黄龙，是用出禹"

---

① 陈金源：《再论龙母》，《广西地方志》2005 年第 1 期。
② 欧清煜：《悦城龙母祖母》（资料本），德庆县文联等印 1992 年版。
③ 胡道静、戚文：《周易十讲》，上海人民出版社 2003 年版，第 222 页。
④ （周）左丘明撰，（晋）杜预注，（唐）孔颖达疏：《春秋左传正义》，清阮刻十三经注疏本，第 1052 页。
⑤ （清）佚名：《史记疏正》，清钞本，第 4 页。

和"天命玄鸟（即凤），降而生商"两个神话中，我们依稀看出，龙是原始夏人的图腾，凤是原始殷人的图腾……因之把龙凤当作我们民族发祥和文化肇端的象征，可说是再恰当没有了。①

闻一多认为中国人对龙的信仰源起于夏人的图腾崇拜。然后，他又指出：

图腾式的民族社会早已变成了国家，而封建王国又早已变成了大一统的帝国，这时一个图腾生物已经不是全体族员的共同祖先，而只是最高统治者一姓的祖先，所以我们记忆中的龙凤，只是帝王与后妃的符瑞，和他们与她们宫室与服的装饰"母题"，一言以蔽之，它们只是"帝德"与"天威"的标志。②

闻一多认为，在进入了封建时代后，龙作为全民族图腾的意义就消失了，而成为了最高统治者一姓的祖先。闻一多所说自然不错，但是，他忽略了一点：在进入封建时代后，龙成为了帝王家族的徽号，所谓"真龙天子""龙子龙孙"成为了帝王及其后代的专称，这是众所周知的；但是，在民间观念中，它还有另外一种形象——居住在深海龙宫，为鳞虫之长，拥有无限的财富，担负着行云布雨的神职，关系着天下百姓的福祉。总之，华夏民族对于龙的信仰历史悠久，源远流长，其内涵也十分丰富，不可一言以蔽之。

基于对龙的信仰，在我国各地民间流传着许多有关龙的传说或故事，其中有不少龙的传说与岭南地区流传的"龙母"传说相似。譬如，在山东、河南、江苏及我国的东北地区广泛流传的"秃尾巴老李"传说；在洞庭湖及沅、澧、湘三水流域流传的"桩巴龙"传说；等等。

"秃尾巴老李"的传说一般认为起源于山东文登县，清雍正《文登县志》《怪异》篇最早记录了该传说：

相传山下郭姓妻汲水河厓，感而有娠，三年不产。忽一夜雷雨大

---

① 闻一多：《神话与诗》，古籍出版社1956年版，第69页。
② 同上书，第70页。

作，电光绕室，孕虽免，无儿胞之形。后每夜有物就乳，状如巨蛇，攀梁上，有鳞角，怪之，以告郭。郭候其复来，飞刀击之，腾跃而去，似中其尾。后其妻死，葬山下。一日，云雾四塞，乡人遥望，一龙旋绕山顶。及晴，见冢移山上，墓土高数尺，人以为神龙迁葬云。后秃尾龙见，即年丰，每见云雾毕集，土人习而知之，因构祠祀之。后柘阳寺僧取龙母墓石，风雨大作，雹随之，其大如斗，寺中尽黑气，咫尺不见，周围里许，二麦尽伤，独龙母庙花木皆无恙焉。①

乾隆年间，袁枚的《子不语》也记载了该传说：

　　山东文登县毕氏妇，三月间沤衣池上，见树上有李，大如鸡卵。心异之，以为暮春时不应有李。采而食焉，甘美异常。自此腹中拳然，遂有孕。十四月产一小龙，长二尺许。坠地即飞去，到清晨必来饮其母之乳。父恶而持刀逐之，断其尾。小龙从此不来。后数年，其母死，殡于村中。一夕雷电，风雨晦冥中，若有物蟠旋者。次日视之，棺已葬矣。嗣后村人呼为秃尾龙母坟。祈晴祷雨无不应。②

后，吴趼人《札记小说》对该传说又有记载：

　　胶州猫儿岭下，有虹溪。溪尽处，有泉曰"龙泉"。相传李氏妇浣矶上，有鳅绕矶，游泳数匝而去，妇若有所歆感，归遂妊。数月，忽产蛇，骤离母腹，即暴长七、八尺。其妇骇甚，执斩之，仅断其尾。蛇夺门去入溪而没。是秋大雷雨，溪暴涨，有黑龙游戏波间，秃尾宛然；俄风云拥之去。……每将大雨，龙或隐约掉尾云中，人感呼为秃尾老李云。③

　　三处关于山东文登县"秃尾巴老李"传说的记载在细节上有所不同，

　　①　（清）王一夔：《文登县志》，雍正乙巳本，转引于山东文登市政协编《文登李龙王的神话传说》，齐鲁书社2008年版，第1页。
　　②　（清）袁枚：《子不语》，重庆出版社1985年版，第101页。
　　③　（清）吴趼人：《我佛山人短篇小说》，卢叔度辑校，花城出版社1985年版，第212页。

如雍正《文登县志》讲龙母为"郭姓妻"，《子不语》称龙母为"毕氏妇"，《札记小说》则云是"李氏妇"；又如，说到龙母有孕的原因，三处记载也有不同，或讲龙母"汲水河厓（崖），感而有娠"，或讲龙母"见树上有李""采而食焉""遂有孕"，或讲龙母见"有鳅绕矶""若有所歆感""归遂妊"。尽管三处记载有不同，但这都属于细节上的不同，三种记载的基本情节还是相似的。我们将其情节单元排列如下：

（1）龙母水滨感孕。

（2）龙母产蛇（龙），父断其尾，龙子远遁。

（3）龙母死，龙子葬母或移墓。

（4）龙子每一出现云雾毕集或民间祈晴祷雨无不应。

"秃尾巴老李"的传说随着山东移民传播到了关东，从而衍生出了秃尾巴老李在黑龙江战白龙之类的传说，在这些传说中，秃尾巴老李成为闯关东的山东人的保护神，被赋予了新的精神内涵。

在洞庭湖及沅、澧、湘三水流域流传着"桩巴龙"传说。传说讲：很久以前，一个村妇一胎生下九条龙，她的丈夫跑到孩子舅家去报信，舅舅赶来，抢起刀子一刀砍一条，当他砍第九条时，那条龙转过头看了他一眼，舅舅一迟疑，只砍掉它一截尾巴。那龙痛得在地上打了一个滚，便随着暴风雨飞上了天。以后，桩巴龙每年的清明节都回家来给母亲扫墓。来的时候，乌云紧裹，随后是狂风、暴雨、冰雹。①

巫瑞书把"桩巴龙"传说归纳为以下三个情节单元：

（1）异生（某村妇一胎生下多条龙）。

（2）"断尾"及得名（舅舅或父亲大怒之下"一刀一条，杀了几条"龙，剩下最后一条龙，"只砍下一截尾巴，变成了一条桩巴龙"）。

（3）祭母（每年清明节，桩巴龙回来挂青）。②

"桩巴龙"的传说在长期的流传过程中也不断发生变化，譬如，在一些地方该传说与另一著名传说"望娘滩"结合在了一起，有些地方流传的该类型传说也同"秃尾巴老李"的传说一样有了"双龙斗"的情节。

巫瑞书认为流传于洞庭湖流域的"桩巴龙"传说与"山东'秃尾巴

老李'大体相近"。① 我们如果将这两个类型传说的基本情节相较，可知巫瑞书所言不谬。其实"桩巴龙"传说、"秃尾巴老李"传说与我们将要着力探讨的"龙母"传说也是非常相近的。蒋明智曾说："（《秃尾巴老李》传说）与悦城龙母传说大同小异；尤其是'云雾毕集，并兆丰年'的情节单元与晋顾微的《广州记》所记的十分相似。《太平寰宇记》引《广州记》曰：'浦溪口有龙母养龙，裂断其尾，因呼其溪为龙窟，人时见之，则土境大丰而川利涉。'两相对照，如出一辙。"② 蒋明智是说，山东《秃尾巴老李》与悦城"龙母"传说两相比较非常相似，尤其是秃尾龙祭母的情节，考之以古典文献对它们的记载，如出一辙。

　　围绕着"秃尾巴老李"的传说衍生出了不少民俗文化，尤以山东为多。文登县每年三月初二为龙母诞，民间表演龙上寿杂剧，各地都来拜龙母。莱阳市三月初六为龙母庙会，会上人山人海，熙熙攘攘。栖霞县每年二月初十有李老爷的庙会，届时周围几十个村子的人从四面八方赶来。即墨县每年六月十三逢龙王庙会，人们要去龙王庙拜"秃尾巴老李"。在山东许多地区都有六月六"晒龙袍"的习俗。据说秃尾巴老李每年六月六回老家祭母，到时人们能看到它戴着红兜肚在云雾中翻腾，人们图吉利，在这天晾晒衣服。在山东一些地区还流行在下冰雹时往门外扔刀铲的习俗，据说也与秃尾巴老李有关，人们认为下冰雹是秃尾巴老李干的，它因为尾巴被砍过所以害怕刀铲，一见刀铲，冰雹就会停。

　　除了山东以外，在其他地区也有一些与"秃尾巴老李"传说有关的习俗，如黑龙江上至今保留着一种乡规：每当开船的时候，艄公开口先问："船上有山东人吗？"坐船的不论哪个，只要应一声"有！"艄公便开船。据说这样，就可得到秃尾巴老李的保佑，即使遇到风浪，也会平安无事。

　　总之，中华龙文化丰富多彩，不一而足；相关传说也非常丰富，其中流传于山东等地的"秃尾巴老李"的传说，流传于洞庭湖流域的"桩巴龙"传说与流传于岭南地区的"龙母"传说有许多相似之处。

---

　　① 巫瑞书：《荆湘民间文学与楚文化》，岳麓书社 1996 年版，第 84 页。
　　② 蒋明智：《龙母的传说和信仰研究》（打印稿），国家社会科学基金项目结题成果，2011年，第 42 页。

第三节　岭南地区龙母信仰与传说

龙母信仰起源于有关"秃尾巴龙"的传说。如前文所说,在我国许多地区都流传着关于"秃尾巴龙"的传说,像山东、东北等地广为流传着"秃尾巴老李"的传说,湖南等地有"桩巴龙"的传说,但是在这些地区并未因此而形成龙母信仰。之所以这样说原因有三:一者,这些地区流传的有关"秃尾巴龙"的传说中大多数时候龙母不是主角;二者,在上述地区的群众将龙母当作庙堂神灵顶礼膜拜的现象不够普遍;三者,在这些地区没有形成以龙母崇拜为核心的多种民俗文化现象。

至于在岭南以外地区为何没有形成龙母信仰,原因虽可能有多种,但统治阶级的意志可能起着主要作用。譬如,清道光年间,山东文登知县欧文顺应民意,具文为"龙母龙神"并请封号。文上呈后,州府异常重视,根据"道、府"及"藩、臬"两司的核实材料及清廷有关祭法条文,山东巡抚兼理盐政徐泽醇随即具折上奏道光皇帝,为李龙神请封。从呈文中看出,文登知县欧文是为李龙母、李龙神共请封号,而为了增加请封的理由和力度,徐泽醇去掉了李龙母的请封,只为李龙神请封。徐泽醇的奏折上呈后,清廷部院即抄录备案并奏呈道光皇帝,道光即旨令礼部议处。礼部核实后确认合乎典制后,内阁典籍厅即根据祭法撰拟了有关封号呈奏道光皇帝,道光从中朱笔圈出了"溥惠佑民"四字封号。道光朱笔圈封后,清廷部院即札饬山东巡抚转达登封府及文登县衙"查照办理",并饬令将皇帝的朱笔圈封制成镏金大匾,高悬于文登回龙山李龙王庙的庙门上。①

"秃尾巴龙"传说能否演绎出龙母信仰,民意当然是一个方面,但统治阶级的意志则往往起着决定性作用。就上述来看,山东的"秃尾巴老李"的传说是有演绎出龙母信仰的趋势的,但统治阶级的舆论引导改变了这一趋势,因而在山东等地与"秃尾巴老李"传说相关的信仰主要表现为对"李龙神"的信仰。

而在岭南地区则不同,在这一地区龙母一方面在民间流传的口头叙事中被神化,一方面一次又一次受到历代皇帝的敕封。汉高祖十二年,封程

---

①　山东省文登政协:《文登李龙王的神话传说》,齐鲁书社 2008 年版,第 8、9 页。

溪夫人；唐天佑元年，封永安夫人，次年改封永宁夫人；南汉大宝九年，封博泉神曰龙母夫人；宋熙宁十年，加封灵济崇福圣妃，赐额永济，后又改额孝通；宋元丰元年，赠永济夫人；明洪武八年，封程溪龙母崇福圣妃，九年又封护国通天惠济显德龙母娘娘；清数代皇帝都先后为龙母加赐封号，封号有"昭显""溥佑""广荫"等。① 一是基于龙母信仰在民间有基础，二是由于统治者的推波助澜，在广东、广西等岭南地区形成了以龙母信仰为核心的内涵丰富的龙母文化。

围绕着龙母崇拜形成了丰富多彩的民俗文化，黄石曾经描述悦城地区人们在龙母诞辰去龙母庙进香的状况："在广东西陲，近广西境，有地名悦城，本一小镇，但每年夏历五月初旬便骤成一个热闹的都市，盖俗传五月初八为龙母诞辰，男女争先恐后，亲进悦城龙母庙进香，总计十余万人，其盛况正不亚于北方的妙峰山。"② 黄石所说是 20 世纪 20 年代的情况，今天龙母信仰仍有广泛的群众基础。叶春生等在其论文中对广东西江流域的龙母信仰状况也有描述，他说：

> 在整个西江流域，不管水上人家还是陆上居民，绝大部分都相信龙母，其广泛和深入程度远远超过了天妃、玄武等水神。她不仅掌管着水患，而且主宰着整个人间祸福。民间的许多风俗习惯，如摸龙床、饮圣水、爱青蛇、吃金猪（烧猪）、放生鲤鱼等都与她的圣迹有关。龙母正诞为五月初八，润诞为八月十五。诞期前后十天半月之内，四乡善男信女纷沓而至，酬神祭祖，卖艺竞技，交换物质，歌舞升平等。每届诞期，都有几十万人参加。过去，为了筹备这一盛会，主事部门两三个月前就往佛山一带采购物质，并派人到龙母家乡（广西藤县）礼请这位先贤的族人来为之沐浴更衣、叩拜祝诞。其波及面除西江上下游各州县之外，香港、澳门乃至湖南、江西、福建、贵州等省都有不少人前来贺诞。其热闹程度，在岭南民间盛会中首屈一指。③

---

① 蒋明智：《龙母的传说和信仰研究》（打印稿），国家社科基金项目结题成果，2011 年，第 98—103 页。

② 黄石：《关于龙的传说》，参见《黄石民俗学论集》，上海文艺出版社 1999 年版。

③ 叶春生、柳超球、方英：《从龙母传说看西江文化》，《西江大学学报》1998 年第 4 期。

黄石、叶春生所云，都是讲的广东一些地区龙母信仰的状况。在广西，传说中的龙母故乡藤县及藤县所在梧州市也保留着许多龙母信仰遗迹，并传承着许多相关的民俗活动。广西藤县的龙母庙历史悠久，1108年宋徽宗赐额"孝通庙"，是与广东德庆悦城龙母庙、梧州龙母庙并名的庙宇，现庙为原址新建，存有龙母庙印章、蛇身狮首兽、莲花柱墩，以及刻有"龙母娘娘"字体的香炉等文物。每年农历五月初一至初八龙母诞、八月初一至初八龙母得道诞都有庙会活动。梧州龙母太庙位于广西梧州市城北桂江东岸，桂林路北端，始建于北宋初年，明万历，清康熙、雍正年间曾重修，是一座广西少有的保存至今的具有宋代建筑风格的文物古迹。梧州每年都在龙母庙举行一系列龙母文化旅游活动，正月廿一为龙母开金库，五月初八为龙母诞辰，八月初一为龙母得道诞，十一月初一为朝龙母节，吸引了成千上万的粤港澳等地游客到龙母庙旅游，每次龙母节庆活动期间，广州番禺胜胜堂都组织四千多香客来梧州参加活动。在广西的大明山下有龙母庙，有关于龙母显灵之类的传说，周围的乡民在农历三月三、八月十五、十月初六、十二月十七祭祀龙母，届时游神、唱歌或唱戏。2012年农历三月初二，笔者与本专业的老师与研究生一起考察了在大明山下的罗波镇举行的龙母祭祀活动，其间龙母庙前香客如云，烟腾雾绕的场面给我留下了深刻的印象。

龙母文化源远流长，最早发端于"龙母"传说，南朝刘宋时期《南越志》（原书已亡佚该书部分内容为其他著作辑录保存）中已有关于"龙母"传说的记载。清张英的《渊鉴类函》云：

> 昔有温氏媪者，端溪人也。居常涧中捕鱼以资日给。忽于水侧遇一卵大如斗，乃将归置器中。经十日许，有一物如守宫，长尺余，穿卵而出，因任其去留。稍长二尺，便能入水捕鱼，日得十余头。稍长五尺许，得鱼渐多，常游波水萦洄媪侧。后媪治鱼误断其尾，遂逡巡而去，数年乃还，媪见其辉色炳耀，谓曰："龙子今复来也。"因盘旋游戏，亲驯如初。秦始皇闻之，曰："此龙子也，朕德之所至。"乃使元珪之礼聘媪，媪恋土，不以为乐。至始兴江，去端溪千余里，龙辄引船还，不逾夕至本所。如此数四，使者惧而卒止，不能召媪。媪殒，塞于江阴，龙子常为大波至墓侧，萦浪转沙以成坟。人谓之

"掘尾龙"，即此也。①

唐代刘恂在《岭表录异》中有记载云：

> 温媪者，即康州悦城县媚妇也，绩布为业。尝于野岸拾菜，见沙草中有五卵，遂收归置绩筐中。不数日，忽见五小蛇壳，一斑四青，遂送于江次，固无意望报也。媪常濯浣于江边，忽一日，鱼出水，跳跃戏于媪前，自尔为常。渐有知者，乡里咸谓之"龙母"，敬而事之。或询以灾福，亦言多征应。自是，媪亦渐丰足。朝廷知之，遣使征入京师。至全义岭，有疾，却返悦城而卒。乡里共葬之江东岸。忽一夕，天地冥晦，风雨随作，及明，已移其冢，并四面草木悉移于西岸矣。②

《岭表录异》所载"龙母"传说与《南越志》有所不同，老妇人变成了"媚妇"，即寡妇；龙母由"捕鱼以资日给"变为"织布为业"；最后，由"有一物""如守宫"变为"五小蛇壳""一斑四青"。民间文学在传承、传播的过程中往往会发生变异，《岭表录异》与《南越志》所载"龙母"传说文本有一些差异不足为奇。《岭表录异》与《南越志》给我们呈现了"龙母"传说较为原始的风貌与基本形态。

蒋明智根据《岭表录异》与《南越志》的记载将悦城"龙母"传说归纳为以下情节单元：

（1）温氏在岸边拾卵得龙。

（2）温氏误断龙尾，掘尾龙离家出走。

（3）秦始皇遣使致聘龙母，龙引舟还。

（4）龙母卒，龙子移墓葬母。③

蒋明智的归纳虽然还存在不够准确的地方，但基本上勾勒出了早期"龙母"传说的基本形态。

① （清）张英：《渊鉴类函》卷四三七引《南越志》，清文渊阁四库全书本，第9547页。
② （唐）刘恂：《岭表录异》卷上，清武英殿聚珍版丛书本，第5页。
③ 蒋明智：《龙母的传说和信仰研究》（打印稿），国家社科基金项目结题成果，2011年，第3页。

千百年来，"龙母"传说伴随龙母信仰传承，《南越志》《岭表录异》所记载的"龙母"传说至今仍传承于民间口头。在传说中龙母的故乡藤县流传的"龙母"传说保存了前述"龙母"传说中温氏在岸边拾卵得龙；温氏误断龙尾，掘尾龙离家出走；秦始皇遣使致聘龙母，龙引舟还；龙母卒，龙子移墓葬母等情节单元，但较之古代也有了明显的变异，其中多出了"飘来的孩子""斗法争地"等母题。艾伯华曾归纳出《漂来的孩子》的故事类型，该类型包括这样一些情节单元：

（1）一段竹筏或一块木板从河面漂到岸边。

（2）在这块木板上有一个孩子。

（3）这个孩子变成了人类的祖先，干了许多大事。[①]

目前在藤县民间口头流传的"龙母"传说较古代文献记载的"龙母"传说多出了讲述龙母身世的内容，这一内容可看作《漂来的孩子》的母题。故事讲：因为家境贫寒，温媪（龙母）的母亲在她出生不久，"把她放在一个木盆里让其顺着西江漂流下来"，"流到程溪（今悦城）的一个大湾"，被一位老渔翁"连同木盆一起捞到竹排上"。[②]

在民间传说中常有"争地"母题的传说，譬如，在泰山有碧霞元君与黄飞虎争夺泰山的故事，[③] 在曲阜流传着孔子、老子、释迦牟尼三家争地的传说。[④] 在长期的流传过程中，"龙母"传说中也有了龙母与人斗法争地的情节，故事讲：龙母在珠山放牧遇到赖普仪法师，赖普仪法师讲他要在这里住下，龙母不许，两人斗法，赖普仪三战皆输，最后垂头丧气离开了珠山。[⑤]

在广西大明山地区民间口头也保存着"龙母"的传说，传说讲：一位老妈妈救了一条蛇，养大后成了一条小龙；寨主要抢走小龙，小龙被老妈妈放走；老妈妈死后，小龙圈石成山，把老妈妈埋在山顶；每年清明小

① ［德］艾伯华：《中国民间故事类型》，商务印书馆1999年版，第109页。

② 《龙母传》，载曾南城主编《广西民间文学作品精选·藤县卷》，广西民族出版社1993年版，第1—10页。

③ 徐纪民搜集整理：《碧霞元君的来历》，载杨惠林编《泰山传说故事》，中国民间文艺出版社1981年版，第1—4页。

④ 王振华搜集整理：《孔子巧占曲阜》，参见孟昭正编《孔子外传》，陕西旅游出版社1993年版，第196—197页。

⑤ 尹德贤搜集整理：《龙母传》，载曾南城主编《广西民间文学作品精选·藤县卷》，广西民族出版社1993年版，第1—10页。

龙都来为老妈妈扫墓。① 这则"龙母"传说比起《南越志》《岭表录异》所载"龙母"传说有了更多差异，龙母捡卵育龙变成了救蛇，没有了龙断尾的情节，多了反映阶级压迫的内容，只有葬母、祭母的情节没有变。

"龙母"传说自被《南越志》《岭表录异》记载以来，至今已流传了一千多年了，在这一千多年的时间里在岭南地区产生了多种异文，蒋明智指出，在一些地方人们"将龙母的传说与'人心不足蛇吞象'的故事粘连在一起"；② 也有一些地方流传的"龙母"传说像流传于山东、东北的"秃尾巴老李"的传说一样，有了"双龙斗"的母题，讲秃尾龙与龙母一起斗妖龙，阻洪水。③

由"龙母"传说形成龙母信仰之后，围绕着龙母信仰在民间口头又创作出不少新的传说，这些传说都是神化龙母的。《孝通庙旧志》记："（龙母）常于稠人中望空，似有与之应答，间有以出入询者，辄中祸福，时人目为神女。然多病，旬日不食不改色。"又云："一日渡江观鹿，舟覆母溺，次日与所随人俱归。乡人询之，曰：'吾从儿曹来耳。'"④ 这两则传说是讲，龙母在生前就已表现出不同寻常的灵异，一讲她能预测人之祸福；一讲她能化险为夷（得到龙子的佑护）。

传说中龙母的陵寝所在地也被神化，《孝通庙旧志》载：

> 时有白鹿黄猿守墓，朝夕叫号者竟年。又有二大蛇，常在庙中，三蛇常在墓侧，与之酒则饮，闻乐益饮，乡人号为五龙。庙所最大者为掘尾，犹变化不测，即母所伤。庙之左曰黄旗山，有夜游石，夜半放光，形如宝鸭并游。右曰青旗山，巨木郁茂。旧有盗伐木，群蛇迭次，盗暴亡。有三足鹿，即母所豢者，善鸣，鸣辄验。如在山上隅鸣者，贵官诣庙自上来；山下隅鸣者，则自下至，迄今一毫不爽。有猿、有白鹇、有麋，有野牛迭出，并无一人惊之。故鼎革之后，大江

---

① 辛古、黄革搜集整理：《大明山的由来》，载过伟主编《中国民间故事集成·广西卷》，中国 ISBN 中心 2001 年版，第 235—239 页。

② 蒋明智：《龙母的传说和信仰研究》（打印稿），国家社科基金项目结题成果，2011 年，第 20—24 页。

③ 同上书，第 24—27 页。

④ 《孝通庙旧志》，载蒋明智《龙母的传说和信仰研究》（打印稿），国家社科基金项目结题成果，2011 年，第 93 页。

山木濯濯，独此山葱郁不改；则神灵显赫可知也。①

在传说中，龙母的陵寝所在地也成为充满神奇的地方，白鹿、黄猿守候，五龙子出没，三足鹿能够预报贵客来的方向。

在民间口头更是保存着大量这一主题的传说，蒋明智把它们分为"神佑型""神罚型"两个类型。②"神佑型"传说即是讲，某氏向龙母庙捐资或祭拜龙母之后，实现了某种愿望或时来运转、否极泰来，譬如讲某某婚后长期不育，拜龙母后喜得贵子；或云某某做生意一直不顺，拜龙母后生意兴隆；等等。"神罚型"传说即是讲，某氏在祭拜龙母时处事不周或有不恭之处，龙母显圣给予警示或惩罚，譬如讲某某在去龙母庙游览时出言不慎，突然变得嘴歪眼斜；或祭拜龙母时不够虔诚，出庙门即崴了脚；等等。这两种类型的传说在各种神灵或宗教信徒或信众中都有流传，具有一般性或普遍性。

总之，在广东、广西等地龙母信仰拥有广泛的群众基础，属于有重大影响的民间信仰，在文献和民间口头也保存、传承着"龙母"传说。本人以为，"龙母"传说是龙母信仰产生的重要原因之一，同时也对龙母信仰起着强化作用；而龙母信仰在形成之后又推进了与龙母或龙母信仰相关传说的进一步产生或传承。

第四节　岭南地区龙母信仰的传说学管窥

如前所述，不少学者就龙母传说或信仰发表过高论，本节将通过"龙母"传说透视龙母信仰，考辨诸家之说，并发表个人的意见。

大多数龙母文化研究者都认为龙母文化反映图腾崇拜观念，如叶春生、梁庭望、蒋明智等都持此说。梁庭望在其《大明山龙母文化揭秘》一文中指出，"龙母传说中的那条龙在大明山麓壮人的意识中是一条断尾

① 《孝通庙旧志》，载蒋明智《龙母的传说和信仰研究》（打印稿），国家社科基金项目结题成果，2011年，第94页。

② 蒋明智：《龙母的传说和信仰研究》（打印稿），国家社科基金项目结题成果，2011年，第95—97页。

的五花蛇，是大明山下蛇部落的图腾"。为了论证这一观点，梁氏列举了数种理由。择其要者而言，有以下几点：第一，凡图腾都有相应的纪念节日，在大明山壮族群众中有纪念龙母传说中秃尾巴蛇特掘与其养母生日的节日；第二，凡图腾都被加以保护，禁止捕杀，大明山地区的壮族群众中有不吃蛇的禁忌习俗；第三，凡图腾都被夸大神力，奉为保护神，大明山地区的群众也相信特掘会保佑人们平安，不受暴风雨和冰雹的袭击；第四，凡图腾的产生地，必有相应的地名，环大明山就有许多与龙母相关的地名。① 梁氏所云虽有一些道理，但其论证并不充分。就上述第二点来说，图腾确实是受保护，禁止捕食的，但受保护，被禁止捕食的却并不一定都是图腾，譬如，在我国华北广大地区，人们不捕杀黄鼠狼，不食黄鼠狼，甚至在日常忌讳直呼黄鼠狼的名字，难道我们就可以因此推断说华北地区群众是以黄鼠狼为图腾的吗？以此类推，梁氏列举的其他几条理由也都不够充分。

关于图腾的定义，虽然学界意见不一，但有一点大家的观点是基本一致的，即人们认为自己是这些动植物或无生物的后代。杨堃说：图腾"是一种动物，或植物或无生物"，部落内各群体把"图腾作为自己的祖先"。② 就此，我们认为龙母文化是不是反映了图腾观念要看龙母文化中的龙或蛇是不是人类的祖先。我们认为龙母文化中的龙或蛇并非人类的祖先。从流传于广东德庆一带的"龙母"传说来看似乎得不出这类结论。《端溪温媪》篇云："昔有温氏媪者，端溪人也。居常涧中捕鱼以资日给。忽于水侧遇一卵大如斗，乃将归置器中。经十许日，有一物如守宫，长尺余，穿卵而出，因任其去留。"③ 另外，《岭表录异》云："（温媪）织布为业。尝于野岸拾菜，见沙草中有五卵，遂收拾织筐中。不数日，忽见五小蛇壳，一斑四青，遂送于江次。"④ 就上述文献记载来看，流传于广东德庆一带的"龙母"传说中的龙子是龙母捡来的卵孵化出来的，而并非龙母所生，自然与人没有血缘关系，也不能由此看出龙是人类祖先。广西大明山一带流传的"大明山的由来"传说中的"秃尾巴五花蛇"，则是老

---

① 梁庭望：《大明山龙母文化揭秘》，《当代广西》2006 年 11 月上半月号。
② 杨堃：《原始社会发展史》，北京师范大学出版社 1986 年版，第 140 页。
③ （清）张英：《渊鉴类函》卷四三七引《南越志》，清文渊阁四库全书本，第 9547 页。
④ （唐）刘恂：《岭表录异》，广东人民出版社 1983 年版，第 111 页。

妈妈救下的一条即将冻死的小蛇，后来被养育成龙。[①] 显然，从这一传说中也得不出龙或蛇是人的图腾祖先的结论。

当然，认为龙母文化反映图腾观念的学者也作了一些关于龙母文化中龙或蛇与人有血缘关系的论证。叶春生在其《从龙母文化看中华民族的两大发源地》一文中指出："悦城之龙母，其所豢之龙，亦非一般豢养之意。她拾卵孵化成龙，与吞卵生龙原是一个含义，不过是比民只知有其母而不知有其父的母系社会稍进一步，跨进了父系社会的思维形态而已，怎能说他们之间没有血缘关系呢？整个西江水系，都亲切地呼龙母为'阿嬷'（即奶奶），这就是亲缘关系的最好的证据。"[②] 我们认为叶春生的观点是让人怀疑的。即使如叶春生所言我们把拾卵孵化成龙与吞卵生龙看作一回事，也不能就此推出传说是讲龙母吞龙卵生育了西江地区人民的祖先，龙曾是西江地区人民信仰的图腾，因为从"龙母"传说看，除龙子外，龙母并没留下后人，也正因如此，在其死后为其恪尽孝道的才只有龙子，可见即使我们认可了叶春生拾卵孵化同于吞卵生龙的推理，传说中的龙母也只是龙之母而非人之祖；至于人们称龙母为阿嬷（即奶奶），也不能充分说明它就是西江地区人们心目中的女始祖，因为这很可能仅仅是当地人对老年妇女的尊称，就像我们在日常见了年长者就尊称其"大爷""大妈"，或"老爷爷""老奶奶"一样。

总之，虽然有不少学者认为龙母文化反映了图腾崇拜观念，但就"龙母"传说来看他们的理由并不充分，因此，我们认为所谓龙母文化反映图腾崇拜的观点很可能并不成立。

再就"龙母"传说谈一谈龙母文化与历史之间的关系。有不少人认为龙母文化反映了真正的历史，陈摩人即持此种观点。《南越志》中的《端溪温媪》篇云："秦始皇闻之，曰：'此龙子也，朕德之所致。'乃使以元圭之礼聘媪。媪恋土，不以为乐，至始兴江，去端溪千余里，龙辄引船还，不逾夕，至本所，如此数四，使者惧而卒，止不能召媪。"[③] 在这段记载中传说人物龙母与历史人物秦始皇发生了联系，就笔者看来，这不

---

①　辛古、黄革搜集整理：《大明山的由来》，载过伟主编《中国民间故事集成·广西卷》，中国 ISBN 中心 2001 年版，第 235—239 页。

②　叶春生：《从龙母文化看中华民族的两大发源地》，《思想战线》1988 年第 4 期。

③　（清）张英：《渊鉴类函》卷四三七引《南越志》，清文渊阁四库全书本，第 9547 页。

过是故事家的附会之说，而陈摩人却从中发现了古百越族群的历史。他在《悦城龙母传说的民族学考察》一文中指出："悦城龙母的传说""反映了百越族群的这一支氏族曾经发生过的历史侧影，其中讲到秦始皇的征召龙母和五龙子的阻航，隐约地看到百越族群曾抵制征召（变相掳掠）妇女入秦。龙母是百越族群中生活在西江中游的一支氏族的头领，大约正处于母系氏族向父系氏族过渡的前夕。她是捕鱼和饲养动物的能手，同时也是氏族智慧集中的象征。"① 陈摩人认为悦城龙母传说反映了真正的历史，认为传说中的龙母是百越族群中一支氏族的头领，传说所说的秦始皇征召龙母是反映秦王朝掳掠妇女入秦，五龙子的阻航则反映了百越族群的抵制或反抗。对于陈摩人的观点本人不敢苟同。

龙母故事属于传说，就民间文学体裁学理论来看，传说与神话不同。神话产生于原始时代，结构主义者认为：原始人类以"诗性智慧""对周围环境作出反映，并把这些反映变为隐喻、象征和神话等'形而上学'的形式"。因此，"具有文明本性的我们（现代人）根本不可能想象出来，只有付出巨大的辛劳才能理解这批最早的人的诗歌的本质"。② 正如结构主义者所云，神话产生于原始时代，是原始人类凭借另一种与现代人有本质区别的思维方式创造出来的，其中充满了象征和隐喻，我们只有费尽心机地洞穿其表象，才能略微对它所传达的历史信息有所领悟。传说则不然，就整体而言，传说的产生要晚于神话，其所采取的思维方式也比较接近于我们，所表现的内容是相对容易理解的，一般来说，不应该从象征和隐喻的视角去解读其意义。就此，我们认为陈摩人是用解读神话的方式解读"龙母"传说的，虽费力不小，"付出巨大的辛劳"，但却无益于对"龙母"传说的正确理解。

传说具有历史性，但它"绝不是严格意义的历史"，传说作为民间文学同作家文学有一致之处，它在反映社会生活时，也要经过取舍、剪裁、虚构、夸张、渲染、幻想等，从本质上讲它也同样属于"虚构的故事"。③ 它虽然可能与某一历史人物或历史事件有联系（这些历史人物与历史事

---

① 陈摩人：《悦城龙母传说的民族学考察》，《华南师范大学学报》（人文社科版）1987 年第 1 期。

② ［英］特伦斯·霍克斯：《结构主义和符号学》，瞿铁鹏译，上海译文出版社 1997 年版，第 2 页。

③ 钟敬文：《民间文学概论》，上海文艺出版社 1980 年版，第 183 页。

件也常常是虚构的），但它只是表现人民群众对历史的理解、看法或感情，而不是严格地再现历史本身。就此，笔者认为"龙母"传说中所谓始皇帝征聘龙母云云，不过是故事讲述者的附会而已，是不可视为真有其事的。陈摩人从龙母传说中发掘百越民族的历史，执意要通过对传说的考察来还原所谓历史真相的做法显然犯了把传说看作历史的错误。把传说当历史几乎是我国学界的通病，就民俗学界来看，既有认为刘三姐是实有其人者，也有把"梁祝"传说看作真实的事件的。如果以这种眼光看传说，孟姜女岂不是真的哭倒了长城，秦始皇岂不是真的曾经向孟姜女逼婚吗？钟敬文在其《刘三姐乃歌圩风俗之女儿》一文曾对此类现象发表过批评意见，他说："过去学者信任民间相传之说法，固属非是，对此种民间创作，企图探本求源，究明刘三姐之确为真人真事，此种想法，毋论不可能实现，即使真正成功，意义亦非甚大也。"[1]钟敬文是论可谓中肯，但却一直没有引起学界应有的注意。龙母是传说人物，历史上并无其人，所谓秦始皇征召云云，既非实有其事，又从中解读出民族压迫的内涵更属牵强附会！

　　笔者认为，"龙母"传说的意义是明朗的，就其核心情节看，传说大致是讲：龙母拾卵孵化出龙，后来龙知恩图报，给她提供帮助，如《南越志》中说，龙子"入水捕鱼，日得十余头"，[2]是说龙子捕鱼送给龙母接济生活。此外，在许多文献中记载的"龙母"传说都还有龙子在龙母死后到其坟上拜祭及为其移墓改葬等情节。如清《孝通庙旧志》云："（龙母）明年得病，殒。前守宫化为五秀才，乘苇东来，如执亲丧，丧具靡不毕给，卜葬南岸青旗山之后。一夕，大风雷雨，怒浪奔涛，有鼓乐号泣之声，黎明视之，江北湾地拥成陵阜，而母墓移此。"[3]从以上所述看，"龙母"传说应该属于以动物报恩为主题的传说。所谓动物报恩传说就是讲人救助动物，而后被救动物知恩图报，报答恩人。"龙母"传说也正是讲了这样一个故事，人帮助了龙，而后龙报答人，这类传说在我国流传甚广。东汉高诱注《淮南子》一书中就有记载："隋侯见大蛇伤断，以

---

　　① 钟敬文：《民间文化梗概与兴起》，中华书局1996年版，第219页。

　　② （清）张英：《渊鉴类函》卷四三七引《南越志》，清文渊阁四库全书本，第9547页。

　　③ 《孝通庙旧志》，载欧阳煜《悦城龙母祖母》（资料本），德庆县文联等印1992年版，第87页。

药傅（敷）之，后蛇于大江中衔大珠以报之。因曰隋侯之珠，盖明月珠也。"① 这里讲述了一则蛇报恩的传说。另《后汉书·杨震列传》李贤所作注云："宝年九岁时，至华阴山北，见一黄雀为鸱枭所博，坠于树下，为蝼蚁所困。宝取之以归，置巾箱中，唯食黄花，百余日毛羽成，乃飞去。其夜有黄衣童子向宝再拜曰：'我西王母使者，君仁爱救拯，实感成济'，以白环四枚与宝："令君子孙洁白，位等三事，当如此环矣。'"② 这里讲述了一则黄雀报恩的传说。以动物报恩为主题的传说或故事不仅在古代文献中有记载，也一直流传于民间口头，如《中国民间故事集成·浙江卷》中记录的《蜈蚣与书生》的故事，③《中国民间故事集成·上海黄浦区故事分卷》中记录的《青蛇报恩》的故事，④《中国民间文学三套集成·广西玉林市民间故事集》中记录的《蜈蚣山的传说》⑤ 等都属于该主题的故事或传说。

　　以动物报恩为主题的传说肯定了人类救助动物的行为，表现了对动物生存权的尊重，也表达了人们希望与周围的动物和谐共处的美好理想。在一定程度上反映了我国民间社会对人与自然互惠关系的朴素认识，在传统社会中，对于劝导民众珍视动物生命，保护生态，具有一定的价值或意义，是一笔值得保护的民间口头文化资产。就"龙母"传说的核心情节来看，也属于以动物报恩为主题的传说，如果撇开其他方面不讲，仅就传说本身而言，其内涵和意义也不过如此。或许会有人认为龙不可以动物视之，其实，在民众观念中龙与蛇一向是混淆不分的，在许多传说和故事中，龙的世俗化身就是蛇，在西江地区由龙母文化衍生出的爱护青蛇的习俗，以及广西大明山地区流传的"龙母"传说中龙母所救不是龙而是蛇，都说明了这一点。另外，即使我们把它区别于蛇，它固然在我国古代人民的心目中具有神圣的一面，但同时它又常常被看作"可畜又可食""可狎

---

① （东汉）高诱：《淮南子注》，上海书店出版社1986年版，第91页。

② （南朝宋）范晔：《后汉书》，（唐）李贤等注，中华书局1982年版，第186页。

③ 《中国民间故事集成·浙江卷》编委会：《中国民间故事集成·浙江卷》，中国ISBN中心1997年版，第636—637页。

④ 《中国民间故事集成·上海卷》编辑委员会：《中国民间故事集成·上海分卷》，第681—684页。

⑤ 罗秀兴主编，何每果搜集整理：《中国民间故事集成·广西玉林市民间故事集》（资料本），1987年，第104—107页。

而骑"的"蛇、马之类。"① 从传说学的角度来看，"龙母"传说不过是我国流传的多种以动物报恩为主题的传说之一，就传说本身而言，其意义也仅局限于所具有的生态文化价值。"龙母"传说与真正的历史无关，它并不反映秦始皇时代百越民族的真实历史。

在岭南地区，"龙母"传说在千百年的流传过程中衍生为多姿多彩的龙母文化。龙母文化的核心是龙母信仰，龙母信仰属于何种信仰，这是我们理解龙母文化的关键，下面我们将就该问题展开讨论。叶春生曾就该问题作过研究，他认为龙母信仰是"自然崇拜结合图腾崇拜转而成为宗族神明崇拜"。② 前边我们已经谈到，就"龙母"传说的核心情节来看，龙母文化不反映图腾崇拜，龙母也不是哪个部族的祖先，但是笔者赞成叶春生龙母文化发端于自然崇拜的观点。从"龙母"传说衍生出丰富多彩的龙母文化，其中自然崇拜观念起了关键性的作用。如前所述，在我国古代人民的心目中龙有其世俗的一面，但也有其神圣的一面，人们把它当作可以兴云作雨、主管一方水域的神灵加以膜拜，这是原始自然崇拜的产物。"龙母"传说衍生为龙母文化，正源于这种自然崇拜观念。传说中龙母有恩于龙子，自然接受龙母的管辖，以龙母特殊的身份完全可以充当人与龙之间的中介，向龙传达人的意愿，让龙顺从人意。正是按照这样一种思维逻辑，人们一步步把龙母神化，龙母才成为了被万民膜拜的一方大神，而"龙母"传说则由一般性的传说而衍化成一种丰富多彩的文化现象。龙是主管水的神灵，龙母自然也是水神。叶春生在讲到龙母圣迹的时候列举了三条，其中第一条是"整治水患，抗击洪涝灾害"；第二条是"执杖护航，保护人民的生命财产"，③ 笔者认为这两条都可以看作支持龙母是水神这一观点的有力论据。

总之，岭南地区龙母文化的核心是自然崇拜，具体地说就是水神崇拜。如前所述，我们曾讲到在全国多处地区都有关于秃尾巴龙传说流传，为何单单在岭南地区形成了以水神崇拜为核心的龙母文化呢？这是与岭南地区的自然环境、地理条件和生产方式分不开的。首先，岭南地区潮湿多雨，时有水患发生，当是"龙母"传说渐渐衍生出龙母崇拜的重要原因。

---

① （东汉）王充：《论衡》，上海人民出版社1974年版，第94、95页。

② 叶春生：《龙母传说与民间传统的关系》，《学术研究》2005年第8期。

③ 同上。

不少龙母文化研究者都注意到了这一点，如蒋明智就指出，"人们将龙母作为水神崇拜""与当地自然灾害有关"，他特别提到民国三年七月广东德庆曾一月之间连发三次特大洪水。① 叶春生也认为龙母文化之所以兴盛于广东西江地区与该地的自然环境有关，他说："西江地区水患频繁，常常有灭顶之灾。"② 笔者认为他们说出了龙母文化形成的根本原因。正是因为频发的水患，使人们产生了强烈的支配自然的愿望，基于这种愿望而把龙母这一传说人物升格为水神，以满足自己的精神需求。就地理环境方面看，俗语云："北人骑马，南人坐船"，岭南地区多河流、湖泊，交通、运输多靠水运完成，而这一地区又多山地，地势崎岖不平，故而滩多、水急、浪险；同时古代航运设备也非常落后，因此人们把离家外出视为畏途，然而人们又不能因此而停止出门交易或旅行，无奈之下也就只有虚拟出一个保护神来为自己提供安慰。

此外，龙母文化的形成可能还与岭南地区的生产方式有关，黄桂秋在论及广西大明山地区的龙母文化时曾云："大明山是广西中部高海拔、大跨度的重要山脉，对山的四周方圆地域的气候形成影响很大，一年四季当中，有时风调雨顺，有时久旱不雨，风调雨顺的时候，当年水稻就获得丰收，久旱不雨的时候，只有求助于龙母神灵赐雨，减少干旱缺水造成的稻谷损失。总之，稻作农业离不开水，水由水神支配掌管，水神龙母居住在大明山顶峰，要想风调雨顺、水稻丰收，必须祭祀大明山水神龙母。就是说大明山龙母信仰的产生与大明山地区壮族民众的物质经济生产因素有关。"③ 黄桂秋认为大明山龙母文化的形成与大明山地区的生产方式有关，大明山地区是稻作农业区，离不开水，这是大明山龙母信仰形成的重要原因。笔者认为这一观点在解释岭南其他地区龙母文化的形成时很可能同样适用。总之，在岭南地区"龙母"传说衍生出龙母崇拜，进而又演化为丰富多彩的龙母文化是与岭南地区的自然、地理环境和生产方式分不开的。

综上所述，龙母文化并不反映图腾崇拜观念，也与真正的历史无关。

---

① 蒋明智：《龙母信仰的历史发展》，《广西民族研究》2003 年第 4 期。
② 叶春生：《从龙母传说看西江文化》，《西江大学学报》1998 年第 4 期。
③ 黄桂秋：《大明山龙母文化与华南族群的水神信仰》，《广西师范学院学报》2006 年第 3 期。

如果仅就"龙母"传说本身来看，它不过是一则以动物报恩为主题的传说，由于岭南地区特殊的自然环境、地理条件和生产方式，"龙母"传说才逐渐衍生为以水神崇拜为核心的内涵丰富的龙母文化。

第七章

马援信仰的传说学管窥

第一节　研究意义与相关学术小史

一　马援信仰研究的目的、意义

历史上，东汉伏波将军马援曾带兵平息交趾（今越南境内）二征之乱，后又至湘西武陵征讨五溪蛮。由于他的赫赫战功，鼎鼎威名，在其生平活动过的这些区域，流传着许多与他相关的传说，其中一些至今仍保存、流传于这些地区民众的口头。

自汉以来，唐、宋、元、明、清历代封建王朝出于护卫边境、安定远疆之需要，着力宣传马援的历史功绩。统治阶级的鼓吹，再加上民间本就有业已形成的马援信仰的基础，于是，马援逐渐在他曾经活动过的地区成为民间信仰或崇拜的神灵，作为马援信仰载体的伏波庙则广泛分布于广西、广东、海南、云南、湘西等地，各地"伏波诞"祭祀等民间崇拜活动也延续至今。

宗教信仰总是与传说水乳交融，传说往往对信仰的形成起到推动作用，而信仰一旦形成又必然催生新的传说。马援传说与信仰之间也存在着这样一种相互影响的关系。本研究拟从传说学角度，主要通过考察流传于广西、广东、海南及湘西等地的马援传说，透视马援信仰的本质并管窥其文化意蕴。

我们认为研究马援传说与信仰具有重要意义。现在，有关马援信仰的研究已经有了不少成果，但是还未见有人把马援传说与信仰结合起来研究，本章通过马援传说透视马援崇拜，这对马援崇拜的研究提供了一个新视角。

近年来，一些人对"民族英雄"的提法提出质疑。1996 年，教育部在《中学历史教学大纲》颁布后，为帮助教师了解历史学界的一些观点和看法，有关方面组织部分专家、学者编写了《学习指导》作为参考，《学习指导》中收集了部分专家、学者对涉及历史教学一些问题的看法，其中，在中国古代史的"民族团结教育"部分有这样一段文字：

> 用历史唯物主义观点科学地分析对待我国历史上的民族战争。这种民族战争不同于中华民族反对外来侵略的民族战争。是国内民族之间的战争，是"兄弟阋墙，家里打架"，没有正义与非正义的区别，不宜有侵略和反侵略的提法。在是非问题上应当实事求是，具体问题具体分析。既不能把汉族与少数民族之间的战争一概说成汉族统治者的民族压迫，也不可把少数民族对汉族地区的进攻统称为掠夺和破坏。评价少数民族之间的战争也一样。基于这一观点，我们只把那些代表整个中华民族利益，反对外来侵略的杰出人物如戚继光、郑成功称为民族英雄，对于岳飞、文天祥这样的杰出人物，我们虽然也肯定他们在反对民族掠夺和民族压迫当中的作用与地位，但并不称之为民族英雄。①

此论一出，舆论哗然，在网络上引发了一场关于如何定义"民族英雄"的热议。

所谓某人系"民族英雄"的说法，仅是针对某一民族来讲的，岳飞对汉族人民来讲是民族英雄，对于金人或其后裔来讲则不是；再如，忽必烈对蒙古族人民来讲是民族英雄，对于汉族及我国南方少数民族群众来说则不是；侬智高对于壮族人民来说是民族英雄，对于汉族群众来讲则不是。针对这种情况，我们是否应该放弃"民族英雄"的说法呢？这是不可行的，这种做法有悖于唯物史观，未能把历史人物放到特定的历史时期去考察。就今天来看，宋与西夏、金、辽、蒙古之间的战争好像是民族大家庭内部的战争，似乎可以说是"兄弟阋墙"，没有正义与非正义的区别，无所谓侵略和反侵略，甚至简单地称之为"内战"也未尝不可，但

---

① 《教育部澄清岳飞、文天祥民族英雄称号被摘说》，中华网新闻中心专题报道，2002 年 12 月 10 日。

是，在当时，宋与西夏、金、辽、蒙古之间的战争则确实是不同国家之间的战争，岳飞抗击金兵就是反抗外敌入侵，保家卫国。基于此，正确的认识应该是把各民族的英雄都看作中华民族的英雄，这样做既能照顾到各民族群众的感情，也是对历史的尊重。事实上这些年来，人们也一直是这样做的，譬如成吉思汗是蒙古族人民的英雄，对于汉等一些民族来讲绝对不是，然而近年来，无论是从历史教科书来说，还是就公众舆论来看，都是把他当作英雄来肯定的，当然，首先他是中华民族的蒙古民族的英雄。

就以上所言，马援自然是当之无愧的民族英雄。马援南征交趾，在险恶的自然环境中克服诸多困难，克敌制胜，捍卫了祖国边疆，维护了祖国统一，他的壮举无疑具有爱国主义教育意义，因而对他的传说与信仰的研究也就具有了一定的现实意义与思想价值。当然，我国的一些少数民族群众因为历史的原因对我们称马援为民族英雄有质疑也是可以理解的。

二 相关研究学术小史

关于马援的史料主要见于《后汉书》《东观汉记》《资治通鉴》等正史。《后汉书·卷二十四》列有《马援列传》，对其生平作了详尽的记载。

在史书、地方志、笔记、杂纂之中往往有马援传说的相关记载，如《后汉书》《赤雅》《桂海虞衡志》《岭外代答》《广西通志》，等等，都有关于马援传说的记述。关于古代文献对马援传说的记载在后边还要作详细介绍，故此处不作详述。

清人屈大均《广东新语》一书比较详细地记述了古代社会我国西南地区及越南马援信仰的情况：

> 伏波神，为汉新息侯马援。侯有大功德于越，越人祀之于海康、徐闻，以侯治琼海也。又祀之于横州，以侯治乌蛮大滩也。滩在横州东百余里，为西南湍险之最，舟从至广必经焉。滩有四，曰雷霹，曰龙门，曰虎跳，曰挂舵。每滩四折，折必五六里，出入乱石丛中，势如箭激，数有破溺之患。夹岸皆山，侯庙在其北麓，凡上下滩者必问侯，侯许乃敢放舟，每岁侯必封滩十余日，绝舟往来。新舟必碟一白犬以祭。有大风雨，侯辄驾铜船出滩，橹声喧阗，人不敢开篷窃视。晴霁时有铜篙铁桨浮出，则横水渡船必破覆，须祭禳之乃已，此皆侯之神灵所为云。……祠中床、帐、盘、盂诸物，祝人拂拭惟谨。居民

每食必以祭，事若严君。予亦尝以交趾珠为荐，珠者薏苡也。伏波祠广东、西处处有之，而新息侯尤威灵，其庙在交趾者，制狭小，周遭茅茨失火，庙恒不及，交趾绝神之。交趾人每惧汉人诉其过恶于侯而得疫病，于是设官二人守庙，不使汉人得入。而其君臣入而祭者，必膝行蒲伏，惴惴然以侯之诛殛为忧。侯之神长在交趾，凡以为两广封疆也。①

这里屈大均详细地介绍了清代我国海南、广东、广西等地及越南的马援信仰或崇拜情况，从屈大均的介绍看，当时马援信仰遍及海南与广西各地，主要是将其作为水神祀之。在越南马援崇拜尤其为盛，当时的交趾君臣、百姓均畏马援之威。屈氏的记载为我们了解清代社会马援信仰或崇拜的情况，提供了重要参考。除《广东新语》外，还有一些古代文献也记载了各地马伏波信仰的情况，在下文将作具体论述。

现代人文社会科学意义上的马援的研究主要集中于 20 世纪 80 年代之后，研究角度主要分为历史和民间信仰两方面。

1. 关于马援的历史研究

在马援的历史研究方面尚无论著，但有相当数量的论文发表。这类文章有的试图探清马援悲剧产生的根源，如祝总斌在《马援的悲剧与汉光武》中，援引大量史料及史家的评价，提出马援的人生悲剧是光武帝多疑所致，明确指出马援悲剧人生的源头是光武帝的猜忌；② 陈勇在《论光武帝"退功臣而进文吏"》中，认为马援命运的沉浮与光武帝采取的新旧臣僚权力相互制衡的政治策略有关。③ 更多的则是广西学者对于马援南征史实的考证，其中有些内容涉及马援传说，如覃圣敏的《关于马援得越骆铜鼓地点的商榷》一文，通过大量史料分析否定了马援得铜鼓于广西龙州的观点；④ 李延在《马援安宁立铜柱辩》一文中，从历史学的角度指出马援立铜柱并非史实而是传说，直接对马援立铜柱这一反复出现于多处文献资料中的记载进行了文本属性的分析。⑤ 以上两位学者的文章，为辨

---

① （清）屈大均：《广东新语》，中华书局 1985 年版，第 210 页。
② 祝总斌：《马援的悲剧与汉光武》，《北京大学学报》1993 年第 2 期。
③ 陈勇：《论光武帝"退功臣而进文吏"》，《历史研究》1995 年第 4 期。
④ 覃圣敏：《关于马援得越骆铜鼓地点的商榷》，《东南亚纵横》1988 年第 3 期。
⑤ 李延：《马援安宁立铜柱辩》，《思想战线》1990 年第 3 期。

识与马援相关的文献资料属于历史还是传说提供了一定的借鉴。

傅纯英在《评马援南征》中，肯定了马援南征的历史意义，指出马援在征战之余，"进行政权建设和经济建设。治城郭，穿渠灌溉，废除苛重的奴隶制法律"。兴利除弊，改善了越南人民的生活，肯定了马援在南征过程中对于当地建设与发展作出的贡献；① 施铁靖在《环江东兴"马援碑"考》中，对岳和声《思恩中州记》里关于马援屯兵于环江地区的记载的历史真实性予以怀疑，证实了位于环江东兴地区"马援碑"竖立的朝代为明代并非汉代，并指出明朝政府加强环江地区管理与马援崇拜之间的关系，等等。② 另外，陈致远的《东汉武陵"五溪蛮"大起义考探》中有"马援征五溪史事考略"一节，较为全面地分析了马援南征武陵的经过，并指出马援军中病亡的原因是军事失利和年迈染疾。③

2. 关于马援崇拜或信仰的研究

关于马援崇拜的研究是马援研究的另一主要内容。早期的研究主要来自国外学者。著作有法国学者康德谟（Max Kaltenmark）于 1946 年在北京出版的研究马援崇拜的两卷本著作《制服波涛的人》，后陆续发表在北平中法汉学研究所于 1948 年出版的学术刊物《汉学》杂志上。④ 之后，美国汉学家谢佛（Edward H. Schafer）、苏堂栋（Donald S. Sutton）等也都曾著文论及马援崇拜。

国内对马援崇拜的研究始于 20 世纪 80 年代，主要见诸研究论文。研究论文的发表数量在近三十年里呈倍增趋势，以广西地区伏波庙为依托的马援崇拜受到学界的普遍关注。滕兰花的《清代广西伏波庙地理分布与伏波祭祀圈探析》⑤ 和《清代桂西南地区伏波庙文化探析》⑥，就清代广西伏波庙的地理分布，考察清代伏波信仰文化圈的大致状况，并指出了马援崇拜对清代政府加强边疆统治的重要作用；杜树海的《神的结盟——广西漓江上游流域马援崇拜的地方化考察》通过对漓江上游兴安灵渠和桂林伏波山的考察及对伏波庙的分布与相关传说的分析，探求了马援作为

---

① 傅纯英：《评马援南征》，《史学月刊》1993 年第 2 期。
② 施铁靖：《环江东兴"马援碑"考》，《河池师专学报》1991 年第 1 期。
③ 陈致远：《东汉武陵"五溪蛮"大起义考探》，《中南民族学院学报》2000 年第 1 期。
④ ［法］康德谟（Max Kaltenmark）：《制服波涛的人》，《汉学》1948 年第 3 卷第 1—2 期。
⑤ 滕兰花：《清代广西伏波庙地理分布与伏波祭祀圈探析》，《历史学》2006 年第 4 期。
⑥ 滕兰花：《清代桂西南地区伏波庙文化探析》，《广西地方志》2007 年第 4 期。

上层历史人物成为下层人民崇拜对象的原因和过程。①

也有若干硕士、博士学位论文涉及马援崇拜的研究。史亚辉的硕士学位论文《伏波神崇拜及其仪式与功能解析——以横县伏波庙为例》，从人类学视角分析了包含马援崇拜在内的伏波崇拜的地域特征，为马援信仰文化圈的确定提供了一定的依据，也为马援崇拜内涵的解读提供了一定的启示。② 钟柳群的硕士学位论文《伏波祭祀圈中的村际关系——以钦州市乌雷村与三娘湾两村为例》，以伏波祭祀圈中伏波崇拜对村际关系的影响印证了民间信仰在村际交往中的作用。③ 麦思杰在其博士学位论文《大藤峡瑶乱与明代广西》第四章第四节中介绍了唐、宋、元时期的伏波信仰及明代王守仁对马援形象的重塑，论述了伏波崇拜与中央王朝边疆政策之间的关系。④

上述研究从不同的角度为本研究提供了一定的启示和借鉴。史实方面的研究和考证，让我们可以更为准确地了解马援的生平事迹，从而为理解马援如何由历史人物转化成为传说人物或神性人物提供了基础。对于马援崇拜方面的研究，则有助于我们准确把握马援崇拜的历史状况与现状。

另外，广西防城港市在 1996 年和 2010 年，先后举办了两届"马援文化研讨会"，第二次会议之后结集出版了论文集《伏波文化论文集》，论题涉及马援文化的各个方面，包括马援南征的历史考证、民间马援文化传承现状的考察、对马援文化在北部湾开发中意义的论证等。⑤ 该论集对于探求马援文化的现实意义有重要的借鉴价值。

马援崇拜与民间传说共生共存，马援传说虽作为研究的佐证而常见于马援崇拜的研究之中，对其却并无系统的梳理，马援崇拜与民间传说间的关系也尚未有专门的研究成果。本研究把对马援崇拜的研究与对马援传说的研究结合起来，从民间文艺学角度切入，通过民间传说透视马援崇拜的

① 杜树海：《神的结盟——广西漓江上游流域马援崇拜的地方化考察》，《民俗研究》2007年第 4 期。

② 史亚辉：《伏波神崇拜及其仪式与功能解析——以横县伏波庙为例》，硕士学位论文，广西民族大学，2008 年。

③ 钟柳群：《伏波祭祀圈中的村际关系——以钦州市乌雷村与三娘湾两村为例》，硕士学位论文，广西民族大学，2009 年。

④ 麦思杰：《大藤峡瑶乱与明代广西》，博士学位论文，中山大学，2005 年。

⑤ 卢岩：《伏波文化论文集》，广西人民出版社 2010 年版。

本质内涵，与以往对马援以及马援崇拜的研究有一定的区别。

第二节　马援信仰的历史与现状

王元林在《明清伏波神信仰地理新探》一文中，对马援信仰的成因与区间作了一个精练的概括，他说：

> 伏波信仰是国家祭祀与地方秩序构建互动中的代表。一方面，两伏波将军通过国家册封、地方官员倡建庙宇、士人歌颂其建功立业的英雄主题等形式，形成了神灵在中央的正统性和弘扬的主题；另一方面，原来建功于地方的伏波神灵不断显灵异，屡屡有为于地方，被地方官民接受，国家神灵在地方上真正落地，形成了明清以北部湾乃至琼州海峡为中心的祭祀带，伏波神职多为庇佑江海航海安全职能；五岭山地、粤西一带的祭祀带，神职也多为水上交通与地方安定；湘沅流域祀伏波神，也多彰昭其有功于地方。在不同历史时期，三大伏波信仰的变化，渗透着国家祭祀的逐渐地方化，渗透着国家在地方秩序构建中，利用英雄等神灵信仰在地方的空间逐步展开和深化。①

王元林这段话交代了三个方面的问题，一是讲了马援信仰形成的原因；二是讲了马援信仰文化的分布；三是指出了马援信仰中蕴含的意识形态因素。王元林的观点基本上是符合历史事实的。

广西地方社会的马援崇拜始于唐朝，由李翱、李商隐等一批被贬官至广西的士大夫建立，他们开始修建伏波庙，并为之树碑立传或著文以祭。这些官场失意的士大夫之所以如此推广马援信仰，是他们要"借他人之杯酒，浇胸中之块垒"，借表达对马援"被讪于当时"②的同情而抒发个人在政治上的失意之情。这一时期马援信仰之所以能够顺利重建，除了与这些官场失意的士大夫们的大力推动有关之外，还与唐代处理少数民族关系的政策有关。唐朝对周边少数民族政权实行羁縻政策，需要一个与汉族

---

① 王元林：《明清伏波神信仰地理新探》，《广西民族研究》2010 年第 2 期。
② （唐）李翱：《淮制祭伏波神文》，载《李文公集》，四部丛刊景明成化本，第 66 页。

政权有关的神明来证明中央王朝在岭外（包括今越南部分地区）实行羁縻政策的合法性。在这种情况下，唐中央王朝也乐于承认马援作为正统神明的地位，唐乾符二年（875），马援被敕封为"灵旺王"①。就当时的祭文来看，唐代对马援的颂诵主题主要是歌颂其"破斩征侧，实平交趾"的战功，并"历万代而不灭者"忠良之士的情操。②

宋、元时期，马援也多次被朝廷敕封。"逮宋元丰初，提刑彭次云以祷雨有应，状于朝，赐'忠显王庙'额。宣和既加以'佑顺'，绍兴又加以'灵济'，至元尤敕'崇奉'"③。从宋开始，中央王朝主要是将伏波将军作为水神来敕封。在宋代，广西是朝廷重要的财政来源，广西的马纲、盐政对国家财政起着非常重要的作用，而这一切又是通过水运完成的，因此，朝廷根据自身在地方的利益重新塑造了马援的形象。④

马援形象的这一转化一方面与"伏波"的称号名实相符，"伏波者，船涉江海欲使波浪之伏息"，⑤"伏波"的名号正与水神相关；另一方面，作为管理水旱、佑人平安的水神也无疑更符合人们的现实需要，因而，这一转变很容易为广大吏民所接受和认同。一些文献记载透露了这一方面的信息。《文献通考》载："真宗咸平元年，辰州言，汉伏波将军新息侯马援庙，水旱祈祷有应，诏封新息王。"⑥ 又，苏东坡曾有诗云："夜半乘潮云海中，伏波肯借一帆风。满天星月光芒碎，匝海波涛气象雄。"⑦ 由此看来，宋代以来马援作为水神已为岭南官民所普遍接受。

明代，王守仁伐思田之乱，过横州拜谒伏波庙，赋诗赞马伏波，其中一首云："卷甲归来马伏波，早年兵法鬓毛皤。云埋铜柱雷轰折，六字题诗尚不磨。"⑧ 王守仁的题诗突出褒扬马援"立铜柱"，确定帝国疆界的功绩，其目的是要唤起西南边疆各民族群众的国家认同感。王守仁的这种做法引起许多士大夫的效仿，譬如广西提学黄佐也曾赋诗云："高滩危石锁

---

① （清）谢启昆修，胡虔撰：《广西通志》卷一四一，广西人民出版社1988年版。
② （唐）李翱：《准制祭伏波神文》，载《李文公集》，上海古籍出版社1993年版，第65—66页。
③ （清）汪森：《粤西诗文载》，文渊阁四库全书本，第980页。
④ 麦思杰：《大藤峡瑶乱与明代广西》，博士学位论文，中山大学，2005年。
⑤ （元）马端临：《文献通考》卷五十九职官考十三，清浙江书局本，第1032页。
⑥ （元）马端临：《文献通考》卷一百三宗庙考十三，清浙江书局本，第1916页。
⑦ 转引自（宋）李纲《梁溪集》卷二十四，清文渊阁四库全书本，第168页。
⑧ 转引自（明）郭子章《豫章诗话》卷六，清刻本，第69页。

崔嵬，长夏风烟午未开。南海楼船从此去，中原冠冕至今来。武陵一曲风尘静，铜柱双标日月回。千载伏波祠宇在，汉朝何事有云台。"① 黄佐对马援的讴歌与王守仁基本持一个调子。王守仁及其他士大夫通过吟诗撰文对伏波信仰重新作了诠释，旨在通过意识形态上的渗透，促进边疆民众国家观念的树立，对粤西地区无疑具有深远的影响。

清代，朝廷出于推广官方意识形态的需要，在广西继续倡建伏波庙，强化伏波信仰。大概是考虑到更易于让伏波信仰深入民心，从舆论上看，在当时主要是强调马援作为神的灵异，如光绪十六年（1890）广西巡抚马丕瑶上奏云："祠庙、书院，则惟汉臣伏波将军马援，明臣两广总督王守仁为最著。臣校阅所经南宁府城及所属多有马援、王守仁祠庙。而横州之乌蛮滩马伏波庙尤著灵异，水旱患难，祈祷辄应。"② 生前致力于推广伏波信仰的王守仁，死后与马伏波一样被捧上庙台，接受香火供奉，并成为中央王朝强化西南边疆民众家国观念的舆论工具，这对于王氏来讲，大概是始料未及的。

总之，自唐代以来伏波信仰一直被朝廷列为正祀，士宦于岭南地区的文人士大夫在岭南地区伏波信仰建立的过程中又推波助澜，因而，马援信仰在我国西南地区广有影响，尤其是在马援生前活动过的广西及湖南部分地区，香火尤盛。诚如梁章钜所说："广西伏波庙甚多，皆祀马文渊"，"粤民意中皆有马无路"，"是其泽之被岭西独深，岭西专祀固宜"。③ 在很长的历史时期内，马援信仰对于中央王朝在边疆少数民族地区推行教化，凝聚民心，发挥了重要作用。

现代以来，在破除迷信的旗号下，民间信仰遭到了前所未有的冲击，马援信仰也不例外。在新中国成立后，由于各种原因，在很长时间内，学界都未对马援这位为国家统一，为少数民族地区的社会发展作出过贡献的人"作出公开的评论"。④ 在"破四旧"运动与"文化大革命"中，祭祀马援的仪式遭禁，伏波庙被毁，马援信仰更是遭到了毁灭性的打击。

改革开放之后，随着政治环境的日益宽松，民间信仰逐渐得到恢

---

① （明）黄佐：《泰泉集》卷七，清文渊阁四库全书本，第62页。
② （清）朱寿朋：《东华续录》卷一百二，宣统元年上海集成本，第2685页。
③ （清）梁章钜：《楹联丛话》卷四《庙祀下》，清道光二十年桂林署斋刻本，第26页。
④ 施铁靖：《论马援》，《河池师专学报》1982年第2期。

复，伏波信仰也是如此。各地的伏波庙相继得到修缮，神像得以重塑，牌坊、碑刻得以恢复。尤其是在进入21世纪之后，国际社会提倡非物质文化遗产的抢救与保护，在我国得到积极响应，同时，各级地方政府也希望通过开发传统文化发展地方经济。一时间，各地的民间信仰活动风起云涌。广西、湖南、广东、海南等多地隆重举办伏波庙会、马援文化节，有的地方还举办伏波文化研讨会，其中表现最突出的当然是历史上伏波信仰最普遍的广西。广西横县、龙州的伏波庙会尤其热闹，而防城港市对伏波文化的开发也非常重视。以下，我们仅以横县为例，谈谈伏波信仰的恢复情况。

广西横县伏波庙是宇内名气最响的伏波庙之一，建于横县云表镇站圩东南3公里郁江乌蛮滩北岸，始建于东汉章帝建初三年（78），后历经燹火，又经多次修缮。现在的伏波庙系清代嘉庆年间重建的，在道光、同治年间又经修缮。"文化大革命"期间，庙中神像大多被毁坏。现在的伏波庙神像是1990年民间集资修建的。几年来，为保护伏波庙这一文物古迹，国家文物局、区文化厅文物处以及横县县委、县人民政府先后拨款维修。到目前为止，已经修复了正殿、钟鼓楼，重建了牌坊，新建了河堤。① 横县地方政府积极打造伏波文化，恢复了每年农历四月十四伏波诞日的庙会活动。在这天举行祭拜，舞龙、舞狮、对歌、唱师（演师公戏），道巫法事活动。目前，庙会已经具有了一定规模，届时，人潮如涌，香烟缭绕，爆竹阵阵，锣鼓喧天，龙狮翻腾，歌声此起彼伏。2005年横县地方政府向广西壮族自治区文化厅提出申请，申请伏波庙会为"自治区级非物质文化遗产代表作"。

以上所述就是伏波信仰的状况，目前，各地马援信仰文化的开发正方兴未艾。

第三节　古代文献中的马援传说

鉴于马援人生的传奇性，马援身后，产生了许多与他相关的传说，这些传说常见于各类文献典籍。《后汉书》云，马援"好骑，善别名马，于

---

① 李劲草、农仕荣：《横县伏波庙》（印刷本），横县文物管理所编印，1983年。

交趾得骆越铜鼓，乃铸为马式，还上之"。① 此处讲马援在征伐交趾的过程中，得到铜鼓，熔铸成马的形象，呈给皇上。该事件，经学者考证历史上实无其事。《后汉书》又载："初，援在交趾，常饵薏苡实，用能轻身省欲，以胜瘴气。南方薏苡实大，援欲以为种，军还，载之一车。时人以为南土珍怪，权贵皆望之。援时方有宠，故莫以闻。及卒后，有上书谮之者，以为前所载还，皆明珠文犀。"② 这是一则有关马援蒙冤的传说，因而后人常称蒙冤被谤为"薏苡之谤"或"薏苡明珠"。马援一生功勋卓著，克己奉公，谨言慎行，但身后结局却令人同情，这让人非常不解，于是便有了"薏苡之谤"之类的传说，解释其蒙冤的原因，表达对他的同情。如果我们仔细品读这段文字，便不难体会出这段叙事的传奇色彩。

与广西相关的古代文献中有关马援立铜柱划分疆界的记载不少，据专家多年来的考证，认为此事可能属于杜撰，未必是史实。但古往今来有不少文人吟咏此事，唐代诗人胡曾咏史诗《铜柱》云："一柱高标险塞垣，南蛮不敢犯中原。功成自合分茅土，何事翻衔薏苡冤。"③ 胡曾赞颂了马援捍卫边疆的丰功伟绩，同时也表达了对马援人生结局的同情。

以马援立铜柱为主题的传说在古代文献中也多有记述。《岭表录异》载："旧有韦公干为爱州刺史，闻有汉伏波铜柱，以表封疆在其境。公干利其财，欲摧镕之于贾胡。土人不知援之所铸，且谓神物，哭曰：'使者果坏，是吾属为海人所杀矣。'干不听。百姓奔走，诉于都护韩约。韩约移书辱之。公干乃止。"④ 该传说讲，马援立铜柱"以表封疆在其境"，而该地的行政长官竟卖铜以获利，当地群众以铜柱为"神物"，认为它关系到自身的安危，因而坚决反对韦公干的恶行，使其卖铜获利的打算未能得逞。传说从侧面反映了唐时爱州（今广西宁明一带）群众对马援的信仰与膜拜。宋周去非《岭外代答》载："汉马伏波平交趾，立铜柱，为汉极西界……闻钦境古森峒与安南抵界有马援铜柱，安南人每过其下，人以一石培之，遂成丘陵。其说曰，伏波有誓云：'铜柱出，交趾灭。'培之

---

①　（南朝宋）范晔：《后汉书》卷二十四《马援列传》，百衲本景宋绍熙刻本，第316页。

②　同上书，第319页。

③　（唐）胡曾：《新雕注胡曾咏史诗》卷三，四部丛刊三编景宋抄本，第33页。

④　（唐）刘恂：《岭表录异》卷上，清武英殿聚珍版丛书本，第2页。

惧其出也。"① 该传说讲中越边境有马援铜柱，因伏波有誓，安南人惧其出土，以石"培之"。关于马援铜柱的传说，在明人邝露所撰笔记《赤雅》中也有记载："伏波铜柱，一在凭祥州思明府南界，一在钦州分茆岭交趾东界。马文渊又于林邑北岸，立三铜柱为海界，林邑南立五铜柱为山界。"② 这则传说讲，马援立铜柱处不止一地，既以铜柱与交趾划分陆界，也以其划分山界、海界。清人屈大均于《广东新语》中载："钦州之西三百里，有分茅岭。岭半有铜柱，大二尺许。《水经注》称：马文渊建金标，为南极之界。金标者，铜柱也。林邑记云：建武十九年，马援植两铜柱于象林南界，与西屠国分疆。铭之曰：'铜柱折，交趾灭。'交趾人至今怖畏。有守铜柱户数家，岁时以土培之，仅露五六尺许。"③ 此处也讲马援立铜柱为疆界，慑服交趾。近些年，一些学者经过考证后，指出："汉唐以降，马援铜柱位置的记载不详，亦无确凿可信的史料佐证。"④ 也就是说，所谓"铜柱"事实上可能是不存在的。既然事实上可能不存在，那么，铜柱自然可能是人们想象的产物。我们认为人们之所以有此想象，是表达了人们希望边疆稳定与和平，外敌不再来犯的愿望。

古代文献中还记载了许多流传于广西的马援发明铜鼓的传说。《桂海虞衡志》云："铜鼓，古蛮人所用，南边土中时有掘得者。相传为马伏波所遗。"⑤《大明一统志》载："武宣县西一十里亦有铜鼓山，下有铜鼓滩，或谓马援铸铜鼓于此，或谓滩声如鼓。"⑥ 张穆《异闻录》云："昔马伏波征蛮，以山溪易雨，因制铜鼓。粤人亦谓雷、廉至交趾濒海饶湿，革鼓多痹缓不鸣，无以振威，故伏波始制铜为之，状亦类鼓，名曰：'骆越铜鼓'。"⑦ 在古代铜鼓被我国西南地区各民族群众视为重器，看作权力、地位、财富、身份的象征，婚丧嫁娶、节日庆典、日常交际娱乐，往

①　（宋）周去非：《岭外代答》，上海远东出版社 1996 年版，第 254 页。

②　（明）邝露：《赤雅》，商务印书馆 1936 年版，第 55 页。

③　（清）屈大均：《广东新语》，中华书局 1985 年版，第 39 页。

④　王元林、吴力勇：《马援铜柱与国家象征意义探索》，《中南民族大学学报》2011 年第 2 期。

⑤　严沛：《桂海虞衡志校注》，广西人民出版社 1986 年版，第 42 页。

⑥　（明）李贤、彭时、吕原等：《大明一统志》卷八十三"山川"条，北京内府刻本，天顺五年（1461），第 2646 页。

⑦　（明）张穆：《异闻录》，转引于（清）阮元修，陈昌齐纂《广通志》，道光二年刻本，第 2803 页。

往都离不开铜鼓。西南各民族群众常常把这一重要文化发明归功于他们的祖先与心目中的英雄，如他们常把铜鼓的发明归功于布洛陀、密洛陀、孟获、诸葛亮等，在一些传说中广西民众还把这一文化发明归功于马援，可见马援在该地区各族人民群众心目中的地位。

这些传说渲染了马援生前的神威。清梁绍壬《两般秋雨庵随笔》卷六载："廉州海中常有浪三口连珠而起，声若雷轰，名三口浪。相传旧有九口，马伏波射减其六。屈大均有《射潮歌》云：'后羿射日落其九，伏波射潮减六口；海水至今不敢骄，三口连珠若雷吼。'人知钱王射潮，而伏波射潮罕有知者。"① 这里讲，马援曾在廉州（今合浦县一带）以弓箭射退浪潮，使经常涌起的九个浪峰，还剩下三个。在民间传说中连大自然也畏服马援之威。

有关死后成神的马援传说更多。明代《新刻出像增补搜神记大全》中记载了一则关于他投生转世的奇闻："将军即汉马援也，南服所在祀之庙，在南府故思州者灵应尤著。相传宋时土人田氏妇梦援来居其宅。及娩而生男名祐恭，生有明识为番部长。徽宗朝内附建炎初受命破剔贼王阐芽，保安蜀境。玺书嘉劳田氏得世为思州守维。时祠不复灵。及祐恭卒，人有见其归于马援祠者，之后，祠之灵应如初。而田之后代有异才，以是知祐恭之生而殁，盖援之出而归也。"② 该传说讲，南方思州番部长祐恭是马援转世，故而"生有明识""后代有异才"。祐恭活着的时候伏波庙里的神不再灵验，他死后魂灵复回庙祠，庙里的神又"灵应如初。"

明人著《君子堂日询手镜》云："其地有乌蛮滩，甚险，过此未有不心骇魂夺者。其滩有六，延亘三十余里……泻声如雷，声彻数十里。滩之上有马伏波庙，门右以铁锁锁木虎，势甚狞恶，云不锁则夜出伤人。过滩者必牲醴告庙，又以生鸡血滴虎头。"③ 此处讲伏波庙的木雕老虎会夜出伤人，无疑是在宣扬作为神的马援的威严。清人《粤中见闻》一书云："两岸皆山，侯庙在其北麓，凡上下滩必问侯，侯许乃敢放舟……每年侯必封滩十余日，绝舟往来。新舟必磔一白犬以祭。有大风雨，侯则驾铜船

① （清）梁绍壬：《两般秋雨庵随笔》卷六，清道光振绮堂刻本，第168页。

② （明）《新刻出像增补搜神记大全》，转引于王秋桂、李丰楙《中国民间信仰资料汇编》，台湾学生书局1989年版，第263页。

③ （明）王济、潘魏：《〈君子堂日询手镜〉·〈峤南琐记〉》，丛书集成初编，中华书局1985年版，第16页。

出滩，橹声喧逐。晴霁时候，有铜篙、铜桨浮出，则横水渡船必坏。"①
这则传说所讲更是神秘离奇，马援在这里哪里像是一位神祇，他更像管理
水上交通的把头。

　　古代文献中所载的马援传说主要流传于广西或邻近地区。马援晚年曾
率兵征伐五溪蛮，因而，在湖南也流传着一些有关他的传说，这些传说多
被记载在湖南的一些地方志书中。如《岳阳风土记》载："马援征溪蛮，
病死壶头山。民思之所到处，祠庙俱存。至今妇人皆用方素蒙首屈两角系
脑后。云为伏波将军持服。鼎澧之民率皆如此。"② 又，《桃源志略》云：
"武陵蛮寇临沅，马援进军壶头，贼乘高守险，会暑甚，援亦中病，乃穿
石为室，以避炎气。"③ 上述传说与湖南一些地区的风俗与山川景物相联
系，表现出很强的可信性。

　　有关马援的传说在越南古代汉文文献中也有记载，如《马麟逸史
录》载："汉光武命马援、刘隆等将兵来侵，王（即徵侧）与相持与浪
泊踰年。时汉兵多被岚瘴，援忧惧，祷于鬼神。一日见老人嬉游，前来
参谒，援喜拜迎，问治瘴之术，老人教以服薏苡能轻身治瘴气，言迄即
不见。援采而服之，瘴气尽除，兵威总复振。忽狂风雷雨大作，三舟师
沉溺，步兵错乱，汉兵乘之，王阵陷而亡。其妹贰复收残卒，分据要
险，以图恢复。又不利，没于阵。"④ 这则传说讲，马援率兵南平交趾，
所以获胜是因有神助。其实，所谓神应该就是当地的人民群众。这则传
说隐约透露了这样的信息：马援南征是得民心的，得到了各地群众的支
持与帮助。

　　古代文献中记载了不少马援传说。从以上的列举来看，这些记录了马
援传说的文献主要包括史学著作，记录广西风土人情、地理风物、典章制
度的笔记、杂纂以及广西、湖南两地的地方志著作。这些文献和著作主要
记载了马援蒙冤、马援的神异、马援制铜鼓、马援立铜柱及马援的遗迹等
主题的传说，这些传说主要是赞美马援平定交趾、划分边界的功德，鼓吹
其生前的神威与身后的灵异。文人著作对马援传说的记载自然会有一定选

　　①　（清）范正昂：《粤中见闻》卷五，广东教育出版社 1988 年版，第 48 页。
　　②　（宋）范致明：《岳阳风土记》，明刻白川学海本，第 8 页。
　　③　（清）唐开绍：《桃源志略》，岳麓书社 2008 年版，第 42 页。
　　④　孙逊、郑克孟、陈益源：《越南汉文小说集成》（一），上海古籍出版社 2010 年版，第
266 页。

择，特别是民族意识会影响他们的这种选择。从前述传说中，我们不难看
到古代文人对交趾（今越南）民众的贬损与敌视。

第四节　现代文字资料与民间口头传承中的马援传说

　　笔者通过查阅广西、湖南各地的民间文学集成资料，搜索网上信息及
田野考察，计搜集到马援传说四十余则。现将其作系统的归纳分类，以便
作进一步的分析与研究。这四十余则马援传说大致可分为马援平叛、马援
与民众、马援显神威、马援显灵与马援遗迹及其他等主题。以下，我们对
马援传说这几个主题的基本内容作具体介绍。

一　马援平叛
　　马援既是一位杰出的军事家，也是政治家和文学家，但他首先是一个
军事家，他一生的主要功绩就是平定边疆或少数民族地区的叛乱，维护了
祖国统一和边疆稳定。传说作为族群记忆与人民群众的口述历史，必然对
马援作为军事家平定交趾的历史有所反映。这一主题的传说大致包括
《马伏波将军作画》《马伏波的兵马》《伏波与神马》《金溪之战》《屎计
退叛军》等数则。以下我们列出上述传说的情节梗概。
　　1.《马伏波将军作画》
　　（1）马援平交趾受挫。
　　（2）他让士兵修筑城墙，抵挡敌兵。
　　（3）马援在花山崖洞想办法。
　　（4）他用赭石做颜料在崖壁上描绘作战计划，形成了花山壁画。①
　　2.《马伏波的兵马》
　　（1）马援击退交趾兵后退至响水棉江一带。
　　（2）决定在这一带修筑城墙以拒敌。
　　（3）一船家言：城墙怕未修好，敌人就打过来了。
　　（4）马援与船家打赌：如果第二天鸡叫前修好城墙，船家输一千

---

　　① 卢源搜集整理：《马伏波将军作画》，载谭燕玲、罗尚武主编《广西民间文学作品精选
·龙州县卷》，广西民族出版社2002年版，第52页。

条船。

（5）船家学鸡啼破了马援的神法，城墙只砌了一半。

（6）马援惭愧，躲在洞中修炼。

（7）他的士兵守卫在周围，天长日久，成了花山上的崖壁画。①

3.《伏波与神马》

（1）马援追逐交趾军队，进入瘴气浓重的深山。

（2）马援的坐骑病死，兵士也有不少患病。

（3）花山壁画上的一匹马跑来给他做坐骑。

（4）又得老阿公指点，战士们吃了"如意米"也不怕毒气了。

（5）马援获胜，与交趾在分茅岭划定了疆界。②

4.《金溪之战》

（1）征侧、征二逃到江平，躲到一座叫金溪穴的山谷中，死守山谷。

（2）汉军筑坝截住水源，放火烧掉野果林、野木薯。

（3）交趾兵水断粮绝，要冲出谷口，被汉军打败。

（4）征二、征侧被杀。

（5）马援在分茅岭立下铜柱收兵回朝。③

5.《屎计退叛军》

（1）马援军队与叛军在江山半岛对峙。

（2）马援命士兵用芭蕉、番薯、黄泥等伪造大便。

（3）"大便"顺水漂流到叛军驻地，叛军看到大得出奇的粪便吓呆了。

（4）叛军逃走，马援烧了叛军营垒。

（5）以后人们把这里叫作火烧墩。④

以上五则传说艺术地反映了马援征伐二征的过程，或讲马援的苦心孤诣、殚精竭虑；或讲战斗过程中的艰险曲折；或讲马援的足智多谋。上述

① 邓志勇、黄光搜集整理：《马伏波的兵马》，载谭燕玲、罗尚武主编《广西民间文学作品精选·龙州县卷》，广西民族出版社2002年版，第51页。

② 红波搜集整理：《伏波与神马》，载红波编著《红波诗文集·3·故事传说卷》，香港天马图书有限公司2000年版，第230—234页。

③ 邓弦搜集整理：《金溪之战》，载褚祖和、周民生主编《中国民间文学三套集成广西卷·防城县民间故事集》（印刷本），1985年，第448—449页。

④ 《屎计退叛军》，载邓弦撰《伏波将军与防城港》，防城港新闻网，2010年8月30日。

传说中有一些属于类型化故事，如《马伏波的兵马》就属于"鸡鸣型"传说。钟敬文曾经论及该类型传说，他在《中国的地方传说》一文中说："这个类型的故事，大约是以前有人或动物或超自然者，要于一夜内中，完成某项工作（例如建塔、运石、移山等）。刚欲成功的时候，而鸡已报晓。他的业作便功亏一篑了。"① 钟氏还指出这类传说很多，在中国和日本都有流传，"马伏波的兵马"的传说正于此一类型。"屎计退叛军"的传说也有类型化倾向，"侬智高兵困凤楼山"的传说中就有"屎计退敌"的母题。②

二　马援与民众

在我国古代，优秀的军事家和政治家在平定少数民族地区的叛乱时，为长治久安计，总是在展开军事行动的同时，辅之以惠民政策或攻心策略，如诸葛孔明就是如此，其对孟获七擒七纵的传说被传诵至今。具有政治家素质的马援自然也深谙此道。据《后汉书》载，马援在平定交趾之乱的过程中，一边作战，一边建城池，修水利，改善灌溉，推广先进的生产技术，"治城廓，穿渠灌溉，以利其民"③。正是因为马援有这样一系列的惠民之举，他的军队才有可能得到当地人民群众的支持，能够克服地理和气候等方面的不利，最终得以打败二征，平定交趾，获得南征的彻底胜利。马援与人民群众的良好关系在传说中有极为生动的反映，这些传说大致有《班夫人的传说》《马援与放牛娃》《马嘶桥》《马伏波井》《喝擂茶》等数则。以下我们列出上述传说的情节梗概。

1.《班夫人的传说》

（1）马援南征交趾，粮草不济。

（2）壮族姑娘班都满主动往军营献粮献银。

（3）汉军因水土不服大部分病倒，班都满送来有逐除瘴气功能的大蒜、烟叶。

---

① 钟敬文：《中国的地方传说》，参见《钟敬文民间文学论集》（下），上海文艺出版社1985年版，第87页。

② 《春笋》（印刷本）1980年第4期，田阳县文联印。

③ （南朝宋）范晔：《后汉书》卷二十四《马援列传》，百衲本景宋绍熙刻本，第316页。

（4）汉帝大受感动，封班氏女为太尉夫人。①

2.《马援与放牛娃》

（1）伏波将军过河时遇险，被一放牛娃救起。

（2）将军为报答救命之恩，把放牛娃带走了。

（3）村里人为将军建庙塑像，将军塑像旁的小童就是那个放牛娃。②

3.《马嘶桥》

（1）马援领兵征伐交趾，驻扎在兴安县城城边。

（2）一日马援骑马过桥，马踟蹰不前。

（3）马援莫名究竟，经一老道士指点，才知这座桥年久失修，是座危桥。

（4）马援让掌粮官拨款建桥不成，准备卖掉自己的坐骑。

（5）老道士为马援所感动，帮助马援募捐建桥。③

4.《马伏波井》

（1）马援征伐交趾时，曾到海南，为当地群众造井一口。

（2）马援造的井，夏日水凉，冬日水暖，水质清甜，从不枯竭。

（3）海南十数村百姓得井水之利，称其为"感恩第一甘泉"。④

5.《喝擂茶》

（1）马援南征五溪蛮，途经乌头村时，将士们大面积地染上了瘟疫。

（2）当地居民献茶治病，马援喝后，身体很快康复。

（3）这种能治疗瘟疫的茶就是擂茶。⑤

"班夫人"的传说在广西一带流传甚广，在不同地区说法各有不同，其中主要是讲班氏女支援朝廷平叛，向马援大军捐献钱粮，在凭祥、龙州、横县等地都有相关异文流传。其中还有一种比较浪漫的说法，故事讲，马援将军把班夫人当成红颜知己，决定迎娶她，却阴差阳错没能成就

---

① 李裕东搜集整理：《班夫人的传说》，载李甜芬主编《中国民间文学三套集成·凭祥市故事集》，广西民族出版社 2004 年版，第 3—8 页。

② 《马援与放牛娃》，转引于李业辉《伏波神崇拜及其仪式与功能解析》，硕士学位论文，广西民族大学，2008 年，第 21 页。

③ 罗庭坤搜集整理：《马嘶桥》，载余国琨、刘英编《桂林的传说》，上海文艺出版社 1982 年版，第 40—45 页。

④ 《马伏波井》，互动百科网，2010 年 4 月 21 日。

⑤ 王冶祥搜集整理：《喝擂茶》，载湖南省文学艺术家联合会编《湖南民间故事集成》（2），湖南文艺出版社 2009 年版，第 533—534 页。

姻缘，就此演绎出了一幕爱情悲剧。①

　　班夫人在广西不仅是一个传说人物，还是民间信仰的一个重要神祇，在龙州、凭祥等地都有供奉班夫人的庙宇。广西群众如此理解与评价班夫人：

　　　　东汉十七年（公元41年），交趾（今越南北方，原属中国版图）女子征侧、征贰作乱，反叛朝廷。光武帝拜马援为伏波将军，领兵征讨，师久粮缺，三军交困。夫人有保疆卫国雄心，输粟饷军，厥功至伟。迨马援凯旋，将夫人爱国义举奏明朝廷，光武帝……降旨诰封太尉夫人。班夫人为今凭祥柳班村人氏，一千九百多年前，她助马援平定交趾，维护汉土统一，使边疆人民幸隶王化，免受交夷赋役之苦，世受其德。夫人生为名媛，殁后，人们视她为神明，称"左江血食之神"，建庙奉祀，每年春秋二祭。②

　　由此可见，当地群众是把班夫人当作了实有的历史人物，言之凿凿，称其在马援平叛时曾"输粟饷军"，事后皇帝封其为"太尉夫人"。

　　关于班夫人的记载可见于凭祥和龙州等地的地方志，如《凭祥土州乡土志·班太尉夫人考》载：

　　　　夫人姓班氏，邑之班村女也，今名下柳村，在州东南一十里，系东汉时人。其父母设茶棚，贫而好义，凡遇客常施济之，不计值。夫人幼沉静，别具天倪，飘飘然有林下风，其天性然也。沈观变，常储数年粟，人询以故，则云备异日需。适马伏波将军平南凯旋路过此，军粮告匮。夫人慨捐囷㕙以彼。厚酬之，不受。询其姓，则曰班。侦其行藏，则一守贞不字女也。大奇之，归遂书其事于牍奏之，帝大嘉许，褒以太尉一品夫人。乃纶□，未到而夫人已驾云巾屏逝矣。使至始揭棺，加以诰轴，葬于岜堡之阳，其精灵幻成白马形于山后，遂名其山白马，为邑八景之一。①

这段记载，似言之凿凿，但未见于正史。就其故事的传奇性特点来看，班夫人很可能仅是一位虚拟的传说人物。尽管如此，她的传说仍从侧面反映了马援军队正义之师的形象，说明马援南征是得到边疆群众的拥护和支持的，表现了广西人民维护祖国统一和边疆稳定的愿望。

"马援与放牛娃"传说讲马援曾经落水，为一牧童所救，马援为报恩，把他留在身边；"马嘶桥"传说讲马援要卖掉自己的坐骑修年久失修的石桥；"马伏波井"的传说讲马援与下属打井，方便驻地百姓；"喝擂茶"的传说讲马援攻打五溪蛮时，军中因天气炎热或水土不服而发生了瘟疫，当地居民献茶以治病。在马援与民众这一主题的传说中，马援与群众的友爱关系是双向的，马援视民如子，急群众之所急，百姓则对马援及其军队给予全力支持和帮助。"传说往往有一定的历史背景，其故事依附于历史的或实有的事物。由于传说中的人物和故事基本上都符合生活本身的形态，因此传说具有社会因素和现实因素"②。诚如《民间文学概论》一书的著者所说，传说虽然与其他文学样式一样都是虚构的艺术，但是其中肯定也有现实的影子。得道多助，失道寡助。正是因为马援所率领的军队与当地群众建立了良好的关系，得到了人民的支持，才能够克服各种艰难险阻，完成平定交趾，维护祖国统一的大业。

三　马援显神威

民众常常赋予英雄人物以神性，在民间传说中文臣往往有神机妙算之能，鬼神莫测之谋，如诸葛亮、刘伯温等；武将则常常有万夫不当之勇，排山倒海之能，如关羽、张飞、杨家将或岳飞等。民间传说中的马援也是这样的神性人物，许多传说讲述了"发生"在他身上的奇迹，这些传说大致包括：《伏波鸣琴》《海上神佑》《试剑石》《伏波山》《赠剑服酋长》《伏波将军喝退海潮》等。为方便作进一步研究，以下我们列举出上述传说的情节梗概。

1. 《伏波鸣琴》

---

① （清）佚名：《班太尉夫人考》，《凭祥土州乡土志》，光绪抄本。
② 钟敬文：《民间文学概论》，高等教育出版社2010年版，第146页。

（1）左江上游的龙州丽江河有个深潭，潭中有一条鲤鱼精。

（2）鲤鱼精常年兴风作浪，要人们每年五月初五投送童男童女。

（3）马援来左江平乱，凯旋之际至深潭，恰遇鲤鱼精兴风作浪。

（4）其白马飞身变为金钟，将鲤鱼精罩入江底。

（5）从此，潭中风平浪静，潭底常年有鲤鱼精在金钟里挣扎，尾巴拍打金钟发出声响，人们称之为"伏波鸣琴"。

（6）边民把深潭称为伏波潭，潭上立塔，名叫伏波塔。①

2.《海上神佑》

（1）马援从水路南下，忽巨浪翻涌，浪涛声像炸雷一样发出巨响，战船不能行进。

（2）马援拿起弓箭连射六箭，每射一箭，海边的三婆庙便白光一闪，将要涌起的巨浪便平息下来。

（3）忽然听见有个巨大的声音："要留三口与我日后血食"。

（4）马援停手不射了，海面也平静下来。②

3.《试剑石》

（1）伏波将军南征时曾驻师桂林，与敌使谈判于山下。

（2）将军试剑劈石，吓退敌军。③

4.《伏波山》

（1）马援站在伏波山上，拉弓射箭。

（2）马援力大，一箭射穿三山。④

5.《赠剑服酋长》

（1）马援与一位酋长在一起饮酒。

（2）酒后，马援挥剑将一棵大树齐截斩断。

（3）酋长连连叹服马援的臂力。⑤

① 吴经文搜集整理：《伏波鸣琴》，载黎浩邦、欧薇薇主编《左江明珠——广西民间文学作品精选·龙州卷》，广西民族出版社 2002 年版，第 42—44 页。

② 邓弦搜集整理：《海上神佑》，载防城各族自治县三套集成领导小组编《中国民间文学三套集成·防城县民间故事集》（资料本），1988 年，第 445—446 页。

③ 苏佳：《疑有神来挥玉斧——伏波试剑石的传说》，《社会科学家》（封面解说词）1998年第 4 期。

④ 《伏波山》，参见马士钢《东汉名将伏波将军马援》，广西新闻网·红豆社区，2011 年 2月 2 日。

⑤ 《赠剑服酋长》，参见邓弦《伏波将军与防城港》，《防城日报》2010 年 8 月 30 日。

6.《伏波将军喝退海潮》

（1）伏波将军指挥大军在雷州半岛的海滩上围剿叛军。

（2）碰上了潮汛，海潮不断上涨，叛军有可能乘船逃走。

（3）伏波将军大吼："海潮快快退下！"

（4）海潮退下，叛军船只搁浅海滩，被汉军围歼。①

这些传说有的是讲马援有过人之神力，如《试剑石》《伏波山》《赠剑服酋长》的传说，都是讲马援有凡人没有的神力。《伏波鸣琴》《海上神佑》等传说则是赋予马援超自然力。在这些传说中，马援已经成为神性人物，其坐骑也被神化，具有了让自然畏服或征服超自然力的神威。

《试剑石》的传说是一个流传非常广泛的传说类型，钟敬文在《中国的地方传说》一文中将这类传说归纳为"试剑型"传说："这是关于自然物的'石'之传说的一类型。大凡某地方，有一块大石头，上面有一条裂痕，或截然中断，那样就常要被说是因从前某人在此试过剑之故。所谓某人者，或是英雄，或是神仙，或是帝王，但多少总要与其地或剑与杀人等，有相当关系的。"②据钟敬文讲，该类型传说不仅在我国各地都有流传，在日本也有流传。

上述传说无论是颂扬马援的过人神力，还是渲染马援神秘的超自然力，都是采取了"超人间"的情节，③体现了民间传说的传奇性特点，是对马援生平事迹的艺术反映。

四　马援显灵

这一主题的传说与前述三个主题都不同，前三个主题是讲述马援生前事迹，而这一主题则是讲述马援死后的"灵应"。这一主题的马援传说在古代肯定也普遍流传，只是没人去搜集整理，所以文献中少有记载。在本书中采用的这些传说主要是笔者与本专业研究生在田野考察中从民众口头上采录而来，其来源不同于前三类主题的传说。为方便作进一步的研究，以下就这些传说的一部分列出其情节单元。

---

① 《伏波将军喝退海潮》，参见马士钢《东汉名将伏波将军马援》，广西新闻网·红豆社区，2011年2月2日。

② 钟敬文：《中国的地方传说》，参见《钟敬文民间文学论集》（下），上海文艺出版社1985年版，第89页。

③ 钟敬文：《民间文学概论》，高等教育出版社2010年版，第146页。

1. 《伏波庙》

（1）浦北县南流江来了一条孽龙，兴风作浪，祸害百姓。

（2）一天，艄公张老汉摆一个为母亲采药的中年汉子过江，孽龙又掀风浪。

（3）那中年汉子忽变作披金甲的天神——真武大帝的爱将马援，孽龙被掌心雷击中身亡。

（4）人们为纪念此事，在南流江畔修建了伏波庙。①

2. 《佑护渔民》

（1）乌雷村一村民购买了一艘新船出海打鱼。

（2）途中船一度出现故障，无法开动。

（3）大家求马伏波保佑，后来船不知怎么就好了。

（4）大家都说是多亏伏波保佑。②

3. 《伏波神管降雨》

（1）解放前，每逢干旱时节，人们就抬伏波神像出游。

（2）第二天一准能降雨。③

4. 《伏波神灵验》

（1）三年前甘作珠来伏波庙求神保佑孙子考上大学。

（2）她的孙子真的考上了大学。

（3）甘作珠拿鸡、鱼、猪三牲祭祀马援。④

5. 《越南的马伏波庙》

（1）越南不许群众信仰马援，让老百姓拆掉伏波庙。

（2）后来当地发生了瘟疫，死了不少人。

（3）大家又偷偷把庙建起来了。⑤

---

① 吴昌河、陈邦祯、李伟搜集整理：《伏波庙》，参见黄家玲主编《广西民间文学作品精选·浦北卷》，广西人民出版社1993年版，第63—64页。

② 钟柳群：《伏波祭祀圈中的村际关系——以钦州市乌雷村与三娘湾两村为例》，硕士学位论文，广西民族大学，2009年，第15页。

③ 同上。

④ 讲述人：甘作珠，女，壮族，72岁，龙州人，龙州县伏波庙重建主要发起人；讲述时间：2010年5月23日；采录地点：广西崇左龙州县伏波庙。采录人：白帆，女，23岁，广西民族大学文学院少数民族语言文学专业2008级硕士研究生。

⑤ 讲述人：夏雨，女，46岁，汉族，东兴市人，越南归侨；讲述时间：2010年2月19日；采录地点：广西东兴市伏波庙。采录人：陈金文，男，47岁，广西民族大学文学院教授。

这一主题的马援传说中有一些是讲死后成神的马援，如何在紧急关头显圣，为民除害，如有的传说讲，马援死后成了真武大帝的手下，用"掌心雷神功"打死了南流江中兴风作浪的孽龙。有的讲其如何有求必应，福佑一方百姓，这一类传说数量尤多，如某地传说，如果发生了旱灾，村民举办游神活动，第二天就会下雨；又云，如果祭拜了伏波将军，去海上打鱼就会收获丰富，不然，就会一无所获；更有不少地方传言，某家因向伏波将军许愿，孩子考上了大学，云云。这类主题的传说都是宣扬马援作为神的灵验，其实也就是在间接说明奉祀马援的必要性。这类主题的传说在每处有伏波庙的地方都有流传，民众口头的传播，起着强化民众信仰的作用。

五　马援遗迹及其他

这一主题的传说主要是讲某处人文或自然景观与马援有关，为当时平叛时所留。征交趾、平五溪蛮，马援足迹所至，留下了许多这一主题的传说。此外，我们也把一些不能归入以上四大主题的马援传说归在了这一主题之下，以方便将马援传说更为全面地介绍给大家。

1.《乌雷神石》

（1）钦州乌雷村伏波庙前面有许多大石头，形如驻守的士兵。

（2）那些来攻打的越南兵看见后，疑是马援带领神兵从天而降，就慌忙撤军。①

2.《伏波洞》

（1）湖南桃源县马石乡三印村有石室两处。

（2）马援征五溪蛮时，天气太热，开凿石室避暑。②

3.《马石悬棺》

（1）沅江北岸绝壁上凿有许多方形石洞。

（2）石洞里放置着悬棺。

（3）悬棺所葬为马援征蛮得瘟病而死的将士。③

---

① 钟柳群：《伏波祭祀圈中的村际关系——以钦州市乌雷村与三娘湾两村为例》，硕士学位论文，广西民族大学，2009 年，第 15 页。

② 《伏波洞》，常德石门老乡网·乡里乡亲·旅游资源保护，2004 年 7 月 24 日。

③ 《沅江八景》，中国雅虎知识堂网站，2008 年 5 月 30 日。

4.《伏波洞与马王溪》

（1）壶头山上有石洞，据说马援曾在此居住，人们称其为伏波洞。

（2）洞旁有溪，马援曾从中汲水，人们称其为马王溪。①

5.《马鞍坳》

（1）防城区南部一个大山坳叫马鞍坳。

（2）是因马援在此扔掉一个马鞍而得名。②

6.《还珠洞》

（1）马援载薏苡回中原作药用，被人诬陷从合浦搜刮珍珠。

（2）马援为求正名，将薏苡倒入一山洞中，该洞被称为伏波洞。③

7.《乌雷伏波庙》

（1）伏波将军出征交趾，在乌雷一带海面遇难。

（2）他的一只靴子漂到乌雷村海边，被村民捡起来。

（3）村民在当地筑庙祭祀伏波将军，祈望伏波将军保佑大家出海平安。④

8.《壮母》

（1）横县伏波庙前的两女子塑像被称为壮母。

（2）将军诞辰时，她们在庙前唱山歌，直到最后死去。

（3）被群众尊为壮母。⑤

笔者所搜集到的"马援遗迹及其他"主题类型的传说大约有以上八篇。这八篇传说有相当一部分属于钟敬文所说的"遗物型"传说，如《伏波洞》《伏波洞与马王溪》《马石悬棺》，等等。钟敬文说：

　　这怕是地方传说中再普遍没有的一个类型。因其内涵较广大之故，所以形态也颇繁杂。若从广泛的意味讲，那么地方传说中十之八

① 朱海燕：《湖南擂茶文化资源探究》，《中国茶叶》2006 年第 3 期。

② 邓弦：《伏波将军与防城港》，防城港新闻网，2010 年 8 月 30 日。

③ 苏佳：《疑有神来挥玉斧——伏波试剑石的传说》，《社会科学家》（封面解说词）1998 年第 4 期。

④ 钟柳群：《伏波祭祀圈中的村际关系——以钦州市乌雷村与三娘湾两村为例》，硕士学位论文，广西民族大学，2009 年。

⑤ 史亚辉：《伏波神崇拜及其仪式与功能解析——以横县伏波庙为例》，硕士学位论文，广西民族大学，2008 年。

九，是可以归入此类的。但我们现在只取较狭义的看法，就是指那些对于或仅存留于某地的特殊人工物（或形象肖似某种人工物的自然物），认为是从前某英雄、某神仙或某帝王，因从事某种工作（或无此点）时所遗下的。①

钟敬文在介绍这类传说时，还特别提到了《赤雅》中介绍的《伏波铜船》的传说。本主题列入的马援遗迹的传说就是钟氏所说的狭义意义上的"遗物型"传说。有关马援的"遗物型"传说讲，各地的群众往往以马援的官职、封号或遗留物为当地的景观命名，表现了人们对这位卓越的军事家、政治家的怀念。

钟敬文认为："地方传说中，一部分固然不但对象是地方的，便是故事的性质，也是'地方的'独立的。"② 并指出，一部分民间传说不具普遍性，在其他地区没有相同情节类型的异文流传。马援的传说绝大部分也是如此。刘守华指出：

> 民众口述民间故事（含其他样式的口头文学）有一个最为明显的特征，就是由不同人口中讲出的故事，它们的情节结构常常大同小异。甚至远隔千山万水的人，所讲的故事也惊人地相似。……本是同一故事，在不同时间空间背景上的人群中间口耳相传时，既保持着它的基本形态，又发生局部变异，便构成大同小异的若干不同文本了。故事学家通过比较其异同，将这些文本归并在一起，称之为同一"类型"。类型就是其相互类同或近似而又定型化的主干情节而言，至于那些在枝叶、细节和语言上有所差异的不同文本则称之为"异文"。③

刘守华认为，民间故事的类型是由大同小异的若干不同异文"归并在一起"构成，也就是说没有异文就没有类型。本研究采纳了刘守华的

---

① 钟敬文：《中国的地方传说》，参见《钟敬文民间文学论集》（下），上海文艺出版社1985年版，第93—94页。

② 同上书，第87页。

③ 刘守华：《中国民间故事类型研究》，华中师范大学出版社2002年版，第2页。

这一观点，在系统梳理马援传说资料时没再归纳情节类型，而是把马援传说分为五大主题，在每一主题之下，直接列出了每一则传说及其情节单元。当然，个别马援传说也呈现出类型化特点，如《马伏波的兵马》《试剑石》等传说，但这类传说在马援传说中所占比例甚少。

以上，我们把现代文字资料及民间口传中的马援传说分为马援平叛、马援与民众、马援显神威、马援显灵、马援遗迹及其他等五大主题作了介绍。在此需要说明的是，这五大主题之间存在一定的粘连，譬如我们把《试剑石》的传说归入了"马援显神威"主题之下，其实把它归于"马援遗迹及其他"主题之下也无不可。又如《马伏波的兵马》的传说，我们把它归于"马援平叛"主题之下，其实也可归于"马援遗迹及其他"主题之下。这五大主题的马援传说，反映了马援平定交趾的艰难历程与赫赫功绩，描述了马援在平叛过程中与当地百姓建立的友好关系，表达了少数民族地区和边疆地区人民对马援的怀念与追思。

第五节　民间传说与马援崇拜的本质、内涵

马援崇拜和信仰属于民间信仰的范畴，是在民众中自发形成的。同时，由于这一信仰具有促进民族团结，维护国家疆土的积极意义，在很多时候，社会中、上层也推波助澜，因势利导，因而，千百年来祀奉马援的庙宇广布于我国南方多个地区，马援信仰历久不衰，香火绵延而至今。

马援信仰与马援传说关系很大。马援传说是马援信仰产生的重要动力。正是马援传说使马援由人而神，把一位肉体凡胎之人变成具有超自然力的超人，或能福佑信众的神祇。在马援成为神祇之后，那些关于他作为神祇如何灵应的传说，在巩固马援崇拜或信仰及进一步推动这一信仰的流播方面仍然发挥着特别重要的作用。从马援传说传播与马援信仰分布的区域来看，马援传说文化圈与马援信仰文化圈二者基本上是重合的，伏波庙主要建于广西与湖南的武陵地区及与这些地区接壤的地带，而这些地方也正是马援传说流传的主要地区。

基于马援传说与马援信仰间的密切关系，我们认为，可以通过民间传说了解马援信仰或崇拜的内涵，也就是马援信仰的性质。

首先，我们认为马援崇拜的形成是出于民众对一位捍卫疆土的军事家

的尊敬。就古代传说来看，马援立铜柱划分疆界的传说尤其多，在现代流传的《金溪之战》《伏波与神马》等民间传说也都讲到，是马援飞箭射到分茅岭，在那里立下了铜柱，从此与交趾有了明确的分界。还有《乌雷神石》的传说讲，某地伏波庙旁的石头，在越南兵看来像神兵天将，将他们震慑住，不敢进犯。就这些传说看来，马援崇拜与马援信仰无疑是传达了人们对一位曾经平定了边疆之乱，维护了祖国疆土的将军的崇敬，其中自然也反映了人们对战乱与边患的厌恶及对和平生活的热爱。

再者，我们认为马援崇拜反映了民众对一位泽惠后人的政治家的怀念。马援不仅是一位军事家，还是一位有远见的政治家，他对边疆地区的征服采用剿抚并用的手段，做过很多有益于百姓的事，有人认为："这次南征，带来了中原的农业文明和衣、食、住、行的文化，这对于促进越南的经济、文化的发展产生了极大和深远的影响。"[1] 马援的德政在民间传说中也得到了艺术的反映，如：《伏波井》的传说讲马援带领士兵为驻地百姓打井，方便了群众；《马嘶桥》的传说讲马援为修桥，竟然要卖掉自己的坐骑。当然，这些都是艺术的虚构，但是这些传说所反映的生活的本质是真实的，是对马援当年在南疆（包括今越南）推行德政，施惠于民的艺术再现。王焰安在谈到马援崇拜时曾说："在长期的封建社会中，一些在地方任职的官军，曾针对地方的现实困难，对自然地理进行改造，对社会危难进行整治，对百姓生活进行帮助，地方百姓对其感恩戴德，充满崇敬感激，并经过百姓的传承、张扬，由崇敬、感激而发展成生活的依托，赋予其神格与神职，奉为地方的保护神，享受着地方百姓的香火祭祀。"[2] 王氏所言自然不无道理。

马援信仰的形成除基于上述两方面的原因外，还有最重要的一个原因，即马援生前的威名。一般而言，在民间信仰中被奉为神祇的历史人物大多都是在历史上有功于国家或人民的英雄豪杰，但又未必尽然，在民间社会，恶人、坏人也有可能死后成神。譬如，湖北阳新县太子镇每年农历十月十五，李、徐、黄、费、何五姓数万人，共同敬奉一个神灵偶像"大（音代）王"。他们按照自然村情况分设八个供奉场所，将其称作

① 张廷兴、邢永川等：《八桂民间文化生态考察报告》，中国言实出版社2007年版，第175页。

② 王焰安：《北江流域水神崇拜的考察》，《韶关学院学报》2009年第10期。

"八案"，轮流供奉这位"大王"一年，平日香火不断，春节期间隆重祭祀，有的大姓还要唱几天大戏。他们奉祀的这位大王就是石敬瑭，一位臭名昭著的历史人物。翻开中国历史，就知这位石敬瑭是五代时期后晋开国皇帝，中国历史上独一份的"儿皇帝"。其祖先为中亚人，原为后唐驸马，后举兵叛变。后唐派兵讨伐，石敬瑭被围，便向契丹求援。石敬瑭灭后唐后，建立后晋，割幽云十六州献给契丹，使中原地区丧失了北方屏障。另外，每年还向契丹纳岁绢 30 万匹，并向比他小 10 岁的辽太宗契丹主耶律德光称自己为"儿皇帝"，称耶律德光为"父皇帝"。当时"朝野咸以为耻"，现代史家更是斥之为丑恶得无以复加！① 民间信仰中，大贪巨恶成神者不乏其人，又如魏晋时期的石崇、宋代之蔡京、明朝之严嵩，都曾被民间供奉为财神，享受人间香火，虽看似不可思议，而确有其事。②

　　如上所述，在民间信仰中被奉为神祇的历史人物未必都是善良、正义之辈，有的时候，也可能是恶人或坏人。但无论他们是好人还是坏人，一般而言，往往都是威权人物，生前有权有势，有生杀予夺之权。就此而言，民众对马援的崇拜是民众对一位捍卫疆土的军事家的崇拜；反映着民众对一位泽惠后人的政治家的怀念，这应该仅是一般而论，但道理并非完全这么简单，之所以形成马援信仰或崇拜还应该有更为重要的原因，即马援生前是一位威权人物。

　　就民间传说来看，尽管我们看到的大都是歌颂和神化马援的，但也有个别传说是谴责马援抢掠或屠戮暴行的。譬如，有一则传说讲：班都仙眼见马伏波的军队到处抢掠粮草，欺压百姓，心头怒火万丈，按捺不住，便在山里组织乡亲们抗捐抗粮，把各家各户的粮食都送上山收藏起来。又教大伙使枪弄棒，学习本领，好抵抗官军的骚扰……后官军摸上山来，乱抢乱杀。班都仙虽然武艺超群，但寡不敌众，被活捉去了。班都仙生得漂亮，马伏波为她掉了魂魄。班都仙却威武不屈，马援恼羞成怒，杀了班都仙。③ 就这则传说来看，在马援崇拜存在的地区，也流传一些对马援负面

　　① 吴建新、林小杰、费上来：《阳新太子"接大王"世代沿袭千百年》，东楚网，2008 年11 月 21 日。

　　② 李跃忠：《财神》，中国社会出版社 2010 年版。

　　③ 曹廷伟搜集整理：《班氏娘娘的故事》，载农冠品编《女神歌仙英雄——壮族民间故事新选》，广西民族出版社 1992 年版，第 146—148 页。

的评价。不过，因为搜集者在搜集过程中往往是有选择的，所以这类对马援作负面评价的传说我们不常看到。对于这类传说的流传，有学者认为是反映了"民族交融过程中的民族情结与民族矛盾"。① 不论怎么说，在越南马援崇拜的存在及负面评价马援传说的存在，都提醒我们马援信仰的形成绝不能仅仅归因于群众对马援的热爱与崇敬，应该还有另外的原因。

另外的原因就是马援生前是一位非常之人，是一位叱咤风云，可令天地为之色变的威权人物。在百姓看来，这样一位风云人物，死后自然可以成神，既可福佑信众，也可祸及于人。在马援成神的诸多原因中，这可能是最重要的原因之一。马援平定交趾之乱，靠文治，更要借力于武功，如果认为马援所及之处的群众都视马援为父母，视马援南征如大旱之甘霖，就未免把马援过于理想化，也有违历史唯物主义的态度。马援南征无疑是维护国家统一平定边疆的正义之举，但是，我们也应该清楚客观上当时的中央王朝与西南边疆人民之间存在的民族矛盾与阶级矛盾；我们可以把马援军队与所到之处居民的关系理想化，但绝不可拔高到今天的军民关系的高度。

马援作为卓越的军事家自然有其过人之处，又掌握杀伐予夺之权，在此基础上，民众把他想象为超人，赋予他带有神性的权威是非常正常的。《伏波庙》《伏波鸣琴》的传说中讲，马援能斩杀兴风作浪的妖龙和以人为食的鲤鱼精怪；《海上神佑》的传说讲，马援率战船航海前进来到合浦，见巨浪翻涌而起，拿起弓箭，每射一箭，将要涌起的一个巨浪平息下来。有的传说讲，伏波将军力气很大，一箭就从左江射到了小连山。民众在马援既有威权的基础上，将其进一步神化，使其成为具有超自然力的人。在民众的观念里，这样的超人自然会死后成神，而且仍会具有其作为人时的威权，可以予人祸福。就这一点来讲，民众之所以供奉马援，可能除了崇敬的成分外，还有"畏"与"惧"的成分。

马援信仰不仅存在于我国的广西、湖南等地区，而且也存在于越南许多地区，在越南的很多地方都建有马援庙，越南群众也常去庙中祭拜。17世纪前往越南南方阮氏领地的大汕和尚在《海外纪事》中写道："主峰之下有本头公庙……庙颇宏畅，神甚灵，洋船往来，必虔诚祷祀也。命该社

---

① 张廷兴、邢永川等：《八桂民间文化生态考察报告》，中国言实出版社2007年版，第171页。

开览扃鐍（钥），侍者上香，一瞻神像，读封衔，知即汉伏波将军，本头公，国人所崇谥号云。搴帷瞻像，儒雅风流。"① 笔者认为，作为不速之客，越南人民对马援的膜拜，可能并非完全出于崇敬。屈大均《广东新语》中对越南马援信仰的描述，就很能说明这一点。《广东新语》载："其（马援）庙在交趾者，制狭小，周遭茅茨失火，庙恒不及，交趾绝神之。交趾人每惧汉人诉其过恶于侯而得疫病，于是设官二人守庙，不使汉人得入。而其君臣入而祭者，必膝行蒲伏，惴惴然以侯之诛殛为忧。"② 从这段记载看，至少在越南朝野供奉与祭祀马援是出于对这位叱咤风云的英雄人物的惧怕，害怕因其行止不当，得罪汉人，而受马援神灵的惩罚。前边我们介绍了一位越南归侨讲述的传说：越南政府让群众拆除伏波庙，拆庙后，当地发生了瘟疫，群众又把庙偷偷地建了起来（《越南的马伏波庙》）。这一传说也同样可以说明，有些地方的马援信仰可能是缘于对马援威灵的惧怕而并不一定是出于爱戴。

马援作为神祇显示灵验的传说则使马援崇拜不断得到强化，是其绵延不绝的一个重要原因。民间信仰具有明确的功利性，神只有"灵验"，能福佑信众，保佑人升官（学）发财，四季平安；保佑地方风调雨顺，人寿年丰，才有可能享受到更多的香火。有关马援显灵主题的传说是很丰富的，白帆同学在龙州伏波庙一地就搜集到多则。这些传说，有的讲因为自己许了愿，伏波将军保佑她孙子考上了大学；有的讲出海打鱼，新买的船出现了故障无法开动，因为向马援祷告，最后又奇迹般好了起来；有的讲干旱季节，在晚上或白天抬伏波神像出游，第二天准能下雨。凡此种种传说均传达着一个信息，作为神祇的马援是灵验的，他几乎是有求必应。这些传说无疑对民众的信仰起着强化的作用，推动着马援信仰的延续与进一步传播；同时，这些传说也告诉我们，民间信仰马援有可能更多是看重他的保护神的功能。

以上我们对古代文献中的马援传说作了梳理，将现代在民众口头流传的马援传说分作马援智勇平叛、马援与民众、马援显神威、马援显灵等五个主题作了具体介绍，在此基础上，通过传说透视马援崇拜的动因和内涵。我们认为，马援信仰既体现着民众对一位捍卫疆土的军事将领的尊

---

① （清）释大汕：《海外纪事》，康熙刻本，第57—58页。
② （清）屈大均：《广东新语》，中华书局1985年版，第210页。

敬；也表现了民众对一位泽惠后人的政治家的怀念。乌丙安认为："中国民间信仰对于人物的崇拜，除了对神化了的人物及仙化了的人物崇拜外，最为直接的就是对圣化了的人物的供奉与崇拜。所谓圣化，又可称为圣贤化，即对这些人物的崇拜依据……是其人在世时，表现了大德、大智、大勇，其文治武功大利于民，为世人景仰、敬慕，并把他们推举至神位，赋予一定的神性。民间崇拜大圣大贤，主要崇拜他们为国为民建立的功德，通过祭祀的制度、方式和手段，表达民众对他们的感激。"① 从主要方面看，马援信仰应该就是乌丙安所说的圣贤崇拜。

此外，我们也认为马援信仰并不完全如此单纯。就民间传说看，马援崇拜还可能反映着民众对一位曾经的叱咤风云的威权人物的畏惧。如果认为马援在征伐过程中秋毫无犯，所到之处人皆如婴孩之望父母，久旱之盼甘霖，也未免把马援给理想化了。即使不从历史局限与阶级局限的角度看，马援在平定边疆的过程中无论是有意还是无意都会有一些恶行，尤其是杀戮更是无法完全避免的，前述官兵抢粮拉伕，班都仙率众抵抗官兵，为马援擒杀的传说，并非完全没有现实依据。一个班夫人，两个完全不同主题的传说，把这两个传说结合起来看，或许对南征中的马援的认识更为客观、理性。我们认为传说中所讲的这种体现在历史人物马援身上的"恶"的成分也同样在马援崇拜中起作用。因此，马援信仰的内涵和动因也并不像前论那么单纯，人们信仰马援其中也可能有人们畏惧"威权人物"的因素，或出于对威权人物成神之后能予人祸福的戒惧心理。至于马援显灵主题的传说则起着进一步强化马援信仰的作用，推动着马援信仰的传播与延续，同时，也彰显了马援在民众心目中作为保护神的职任。正如横县文物管理所在申报伏波庙会为广西壮族自治区级非物质文化遗产代表作时填写的《申报书》中所说："当地百姓不仅把马援尊崇为安邦定国、文德武功的一代战将，而且把马援当作降妖除魔、惩凶保平安、镇守恶滩的'伏波大神'"。②

人们一般认为宗教信仰大致有三项重要的功能，那就是生存的功能、整合的功能、认知的功能。"所谓生存的功能就是帮助人类克服种种生活与心理上的挫折、困难、恐惧、不安，借信仰之力量获得安定、安心与安

---

① 乌丙安：《中国民间信仰》，上海人民出版社1993年版，第126页。
② 横县文物管理所：《自治区级非物质文化遗产代表申报书》，2005年6月25日。

全；所谓整合的功能就是借共同信仰以巩固团体的凝聚力，整合社会的组织力，发挥人类社群关系的至高境界；所谓认知的功能则是满足人类对于终极意义的困惑，提供对宇宙、人生、存在与道德等等根本问题的答案"①。就马援传说来看，马援信仰对信众而言所具有的最主要的功能应该是"生存功能"。身为边民的广西群众从马援信仰中"获得安定、安心与安全"，在传说中他们一遍遍地重复马援的神勇，讲他如何用铜柱确立了边界，他的英灵如何震慑邻邦，不敢逾越雷池！另外，还有一些传说讲马援的神灵，能帮人考上大学、消除病患，能保佑地方风调雨顺，这些传说也显示了马援信仰的社会功能是生存功能。那么，马援信仰有没有整合的功能呢？答案是肯定的，但我们认为这种整合功能是在历代社会中上层的不断灌输、强化的过程中形成的，直至今天马援信仰具有了强化民族意识，弘扬爱国主义精神的意义。但就传说来看，其中民族意识或国家意识的因素并不明显，而鼓吹马援生前的神勇与死后作为神祇的灵验才是马援传说最主要的主题。因而，马援信仰或崇拜的主要社会功能是生存功能，人们借该信仰免除内心的焦虑，获取生活的希望与安全感。

第六节　马援传说与伏波信仰文化重建

马援文化的流布地区主要包括以广西为主的岭南地区与湖南以武陵一带为主的部分地区，这自然与马援的两次南征有关。马援在所至之处，"遗德不忘，爱留社里，筑庙以祭，人敬其鬼，久而若新，千岁不毁"。②从而形成了历久不衰，日益丰富的马援文化。马援文化已成为中华民族传统文化的组成部分，成为中华民族精神的象征之一。

不少学者认为马援信仰始建于唐，唐王朝与被贬至广西的李商隐、李翱等都在广西推广、传播马援信仰。尽管这种说法还有待于进一步论证，但马援信仰在唐代属于为意识形态肯定的正统神明应该是不错的（笔者以为马援信仰的形成应该是有群众基础的，不是仅靠统治者和个别人的意志能形成的；同时，认为马援信仰文化的产生也应该更早）。宋、元时

---

① 李亦园：《宗教与神话》，广西师范大学出版社 2004 年版，第 80 页。
② （清）黄泌、曹驯：《临桂县志》卷十五，中国国际文化出版社 2009 年版，第 96 页。

期，马援经常被中央王朝敕封为水神，这一时期祭祀马援多在江河之滨，有时与龙王一起祭祀，马援在那时被视为保航道通畅与降雨的神。明、清两代，伏波信仰在广西、湖南等地方秩序重建中也起着重要作用。明代王守仁大力倡导马伏波信仰。嘉靖年间，王守仁奉命讨伐思田之乱，路过横州伏波庙，对马援大加褒扬，并重修横州伏波庙。王守仁之后，许多士大夫也不断在两江地区宣扬伏波精神。清代岭南地区伏波庙宇甚多，梁章矩《楹联丛话》云："广西伏波庙最多，皆祀马文渊"，"粤民意中皆有马无路"。① 可见，马伏波信仰文化至少从唐至清以来的一千多年间在我国西南地区绵延传承。

乌丙安指出："关公从人步入神界的开始，应当是民间传说对历史人物的神异虚构，然后是戏曲小说对神圣情节的描写渲染……更有甚者历代皇帝不断追封，使关公终于上升到王、圣、帝的神位。"② 刘铁梁曾经指出："关帝信仰能够在许多地方扎根，离不开古代中央政权的推崇和各地文人的诠释"③。千百年来，马援崇拜能够在广西、湖南等地扎根，绵延不绝，伏波庙的香火得以延续千载，也与关帝信仰一样，一方面要有广泛的群众基础，另一方面也离不开历代社会上层与中层的推崇、鼓吹。几乎历代封建社会的中、上层都明白通过为马援信仰推波助澜，在少数民族地区推行教化，凝聚民心，稳定边疆，因而，历代朝廷都不断赐封号予马援，以彰显他的功勋。然而，在新中国成立后，由于各种原因，在很长时期内学界都未对马援这位为国家统一，或为少数民族的社会进步作出过贡献的人"作出公开的评论"。④ "破四旧"运动与"文化大革命"时期，祭祀马援的仪式被禁止，伏波塑像被捣毁，伏波庙被拆掉，马援信仰文化遭遇了毁灭性的打击。因此，今天，我们面临一个马援文化重建的问题。

马援坚决维护国家统一和领土完整，捍卫祖国尊严。重建马援文化有利于开展爱国主义教育，弘扬爱国主义精神。经济的发展离不开文化的支持，马援文化的重建对于开发地方旅游，繁荣地方经济也具有重要意义。就广西各地伏波信仰文化的复兴来看，正寓含着各地民众在经济方面的诉

---

① （清）梁章矩：《楹联丛话》卷四，北京出版社 2007 年版，第 26 页。
② 乌丙安：《中国民间信仰》，上海人民出版社 1995 年版，第 191 页。
③ 刘铁梁：《内价值是民俗文化之本》，《中国社会科学报》2011 年 3 月 8 日。
④ 施铁靖：《论马援》，《河池师专学报》1982 年第 2 期。

求。在商品经济社会的今天，民间信仰文化也与时俱进，多了世俗的内涵。

从 20 世纪 90 年代以来，广西多地重塑伏波金身，修缮伏波庙，按时举行纪念活动或筹办伏波庙会。横县云表镇每年农历四月十四伏波诞日举办庙会，并于 2005 年 6 月，向广西壮族自治区文化厅提出申请，要求确定横县伏波庙会为"自治区级非物质文化遗产代表作"。龙州县则确定每年的农历四月十三为"伏波诞"，举行隆重的祭祀活动。东兴市东郊罗浮峒乡确定于每年农历正月初六举办伏波庙会，并拟申报防城港市"伏波文化之乡"的称号。这些县市都有伏波信仰的文化传统，如横县伏波庙始建于东汉章帝建初三年（78 年），虽历遭燹火，但都得到修缮，据文献记载宋庆历六年（1046 年）曾进行过整修，以后明清两朝多次修缮，但都基本保持了宋时的规模；"文化大革命"期间，伏波庙未能逃过这场旷世浩劫，庙中神像大多被毁；"文化大革命"后，横县伏波庙得到修缮恢复，民间集资重塑了庙中神像，国家文物局、区文化厅、横县人民政府等先后拨款重修，今天的横县伏波庙已经恢复了旧日的规模。①

伏波信仰文化的重建伴随着马援传说的讲述活动。2010 年农历四月，本人指导的硕士研究生白帆同学在考察龙州县伏波庙伏波诞祭祀活动期间，就搜集到了相当数量的马援传说，其中尤以"马援显灵验"为主题的传说多。这些传说无疑会提升民众对重建马援信仰文化的热情，对马援信仰文化的重建起着重要的推动作用。

一些地方的文化工作者还颇有创意地将马援传说编成歌舞在祭祀马援的活动中演出，通过马援传说的演出唱响主旋律，突出活动的爱国主义主题。如东兴市东郊的伏波庙，在 2010 年庙会期间，大致安排了如下内容：村民集体三牲祭拜，六师父吹牛角屯兵，伏波降生童宗教仪式、文艺节目《伏波将军平叛斩二征》《大丰收》和瑜伽、中国功夫演练等，其中舞蹈《伏波将军平叛斩二征》就取材于当地流传的马援及其部将的传说。② 该舞蹈演绎了马援及其部将不惧艰难险阻，深入交趾，剿灭二征的过程。马援的表演者是施姓马留人，当地群众还别出心裁请来两位越南中年妇女扮演征贰、征侧。这场舞蹈表演是这次庙会的重头戏，它带着人们回到了千年前的古代，缅怀先烈的英雄业绩，激发起大家的爱

---

① 李劲草、农仕荣：《横县伏波庙》（印刷本），横县文物管理所编印 1983 年版。

② 《平夷大夫》，载褟祖和、周民生编《防城县民间故事集》（内部资料本），1988 年。

国主义热情……

　　总体来看，伏波文化与马援传说关系密切，伏波文化的重建伴随着马援传说的传播。马伏波信仰活动的场所，同时也是讲述、演绎马援传说的重要场所。马伏波信仰文化的重建催生了马援传说，而马援传说的传播又进一步强化了群众对马援的信仰。

第八章

李将公信仰与民间传说

第一节　李将公信仰

　　李将公信仰流行于广西百色市德保县及靖西县部分地区的民众中。在德保县都安乡三合村附近有李将公庙。庙门两侧贴着一副对联，上联道：神灵稳居佑万户物阜民安；下联是：将公正坐保千村风调雨顺。庙的后墙上贴着李将公的神位：佛法昭彰圣道李将之神位。两侧有对联云：祷晴祈雨凭祖公，求财望利赖神爷。横批是：法广术深。

　　庙东是李将公墓，碑上称李将公为李姓明代祖考，法名通达。墓碑两边是一副对联：将宗名达呼风唤雨五谷丰，李祖法通斩妖除魔四方安。碑文写道：吾祖世居滩旺，生当明末。祷雨祈晴素有深术。奈叹命途以多舛，半生即鼓庄生之盆。援娶继室于多年，终身复谈（弹）伯道之泪。长于此，哭于此，即葬于此。焉经今百有九十七年，世远年湮，年庚八字抡恨失忘，援绥同族移葬故土，永为佳城，是以为序。此外文字即是交代立碑人和立碑时间，立碑时间系道光二十一年（1841），立碑人系李氏远孙。

　　碑文大致是讲，李将公乃滩旺人士，生于明末，有祈雨祷晴之术，然而命运多舛，中年丧妻，老来无子。其死后一百九十七年，本族后人将其移葬此地，因年代久远，其生卒年月都已无考。

　　据当地村民讲，每年农历三四月，久旱无雨，四面八方的壮民即络绎到此，拜李将公庙或墓。他们摆上供品，烧纸点香，磕头作揖，祈祷李将公阴魂显灵，降雨救旱，驱邪消灾，保佑来年风调雨顺，五谷丰登。据说，李将公虽死，法魂犹在，每次都能让求雨者如愿以偿。迟则近日普降甘霖，速则当日雷雨大作。

　　李将公传说的搜集整理者刘绍才指出："李将是当地壮乡名望很高的传奇般的人物；李将法师生前和死后，都是历代壮民深为信仰和崇拜的'雨神'；李将公的名字，成为信神求雨壮民心中'雨'的代名词。"① 刘绍才认为，李将公是壮乡传奇人物，生前为民众崇拜，死后被民众当作神灵信仰，作为神祇，他的身份是雨神。

　　通过实地考察，李将公是一位民间传说人物，有关他的传说流传于百色市德保全境及靖西县的渠洋镇一带。李将公信仰圈与传说圈是重合的，尊崇李将公为神的也正是德保及靖西渠洋镇的群众。虽然有人认为李将公是一个真实的历史人物，特别是德保、靖西一带的李氏族人言之凿凿，称自己是李将公的后人，但是，并没有确凿证据能够说明史上确有李将公其人。传说讲，李将公生活于明朝末年，而德保一带的李氏族人最早为"李将公"迁墓立碑则是在道光二十一年，中间相距约二百年。可见，德保、靖西一带李氏族人自称李将公是其远祖的说法不足为信，有攀附传说中的历史"名人"为亲之嫌。

　　从庙堂神位及墓碑上的对联看，作为一位由传说人物而为民间所信仰的神祇，他"法广术深"，最重要的能力是"祈晴祷雨"，保佑地方"风调雨顺"，此外，还能"斩魔除妖"。当然，随着市场经济时代的到来，民众又把"求财望利"寄望于他。

第二节　李将公传说

　　或许是因为李将公信仰只是一个小范围内的民间信仰，因而没有受到学界的关注，所以，未见有学者研究李将公信仰的文章，在研究壮族民间信仰的著作中也未见与李将公信仰相关的文字。但是，李将公的传说却早为德保文化部门重视，在《德保县志》与《中国民间文学集成·德保故事集》中都有记录。

　　《德保县志》中记录李将公传说五篇,②《中国民间文学集成·德保故

---

　　① 《李将公传》，载德保县文化局编《中国民间文学三套集成·德保故事集》（内部资料），1987年，第27页。

　　② 《德保县志》编纂委员会：《德保县志》，广西人民出版社1998年版，第528—530页。

事集》中记录李将公传说七篇。① 两部地方志文献中记录的李将公传说为我们研究李将公信仰提供了较为充分的材料。现主要依据两部地方志的记录，结合我们到德保作实地考察时所获的李将公传说，对李将公传说作以下概括介绍，大致可以归纳为如下情节类型。

1. 仙人赐书

（1）李将公苦读诗书，立志惩治贪官，斩妖除害。

（2）某日，他在牛角上挂着书，去岩陵山前放牧。

（3）遇到仙人或梦到仙人赐予他奇书。

（4）李将公从此潜修仙术。

2. 呼风聚柴

（1）李将公潜心学习法术，无暇梳洗，满身虱虮。

（2）一天，他晒着太阳，翻衣服捉虱子，遇上一个打柴后生。

（3）李将公喊住后生给自己捉虱子，并称能让山上的柴草自然飘落山脚下。

（4）后生恭敬有礼，虽然并不相信李将公能帮自己打柴，仍认真帮他捉虱子。

（5）天色已晚，李将公口念咒语，狂风大作，一堆柴草聚到后生面前。

3. 晴天唤雨

（1）李将公让一位衣着整洁的少妇帮自己梳头。

（2）少妇见李将公蓬头污面，借故推托。

（3）李将公不满少妇无礼，默念咒语，天空飘来一片乌云，少妇被淋成落汤鸡。

（4）少妇有了这次教训，从此变得处处以礼待人。

4. 化履为鲤戏秧姑

（1）李将公赶圩，遇两位姑娘在路旁田里插秧。

（2）他让两位姑娘帮自己照看草鞋。

（3）两位姑娘以马上就要插完秧为由拒绝了他。

（4）他将草鞋变成两条鲤鱼放入田中。

---

① 德保县文化局：《中国民间文学三套集成·德保故事集》（内部资料），1987年，第27—32页。

（5）他赶圩归来，两位姑娘因一直在捉鱼而没有插完秧。

5. 鸡蛋上屋柱

（1）李将公给学童上课。

（2）孩子们在上课时吃鸡蛋。

（3）李将公施法让鸡蛋爬上了屋柱。

6. 让板凳打架

（1）李将公指导村里年轻人练舞狮，有几个年轻人偷懒。

（2）他批评那几个年轻人，年轻人不服气，说：如果你能让两个板凳打架，我们就听你的。

（3）李将公施法让两板凳打架，年轻人变得服服帖帖。

7. 神火燎田

（1）李将公施法，用神火燎去田中的杂草和稻叶，这样水稻收割起来就容易了。

（2）有人模仿李将公，结果烧掉了大片稻田。

（3）李将公被诬纵火烧田，被捕入狱。

异式：

（1）土官霸占了贫民劈山开岭造出来的梯田。

（2）秋收时，大家恳请李将公帮助消心头之恨。

（3）他祭起火神，烧了这块梯田中的庄稼。

（4）李将公被捕入狱。

8. 施法求雨

（1）李将公入狱前，爬上屋顶，把三片盖瓦翻上天。

（2）他坐了三年牢，三年大旱，田地种不上庄稼。

（3）李将公声称自己能求得雨，官府将其释放。

（4）他回到家后，爬上屋顶，把三块瓦片复原，拿出天书施法。

（5）顷刻，大雨倾盆而下。

9. 力斗蛇妖

（1）孙泉洞洞内有一丛金竹，随身佩带能镇妖驱邪，延年益寿。

（2）蛇妖盘踞山洞，咬死进洞砍竹的人，还出洞伤害附近村庄的人畜。

（3）李将公决心降服群妖，携孙子乘竹筏来到孙泉洞洞口。

（4）他叮嘱孙子左手拿水瓢，右手举火把，不要回头看他。

（5）洞内阴森可怖，孙子因年幼而胆怯，慌乱中忘了阿公的叮嘱。

（6）孙子回头不见阿公，却见一个吊眼裂嘴的大雷公，血红舌头伸出一米多长。

（7）孙子遭吓跌落水中，被妖王咬死。

（8）李将公跳入水中，抢回孙子尸体，抱回家中。

（9）几天后，村里来了一位"客人"找李将公。

（10）一位村童为"客人"指路，但"客人"眼前只见一片汪洋。

（11）"客人"让村童倒掉李将公家堂前的一碗清水。

（12）"客人"走到李将公家门前，又见两只吊睛白额大虫向他扑来。

（13）"客人"又让村童把李将公家门角的两个泥箕翻过来。

（14）"客人"跳进李将公家中，李将公家中马上到处都盘缠着小蟒蛇。

（15）李将公按剑入屋，端起一碗清水，施起符法：吹一口水，死一条蛇，反复如此，蛇死成堆。

（16）最后只剩下梁上一条小蛇，这时碗中水已没了，李将公让妻子拿水，妻子反让李将公自己去拿。

（17）小蛇听说无水，知道李将公无法施法，飞将下来，咬死了李将公。

笔者搜集到的李将公传说共计十四篇，根据其情节可归纳为以上九个类型。这九个情节类型，刻画了一个法广术深、神通广大而又具有正义感的法师形象。传说中的李将公获仙人赐书，经勤学苦练，具有了呼风唤雨之术和变幻莫测之能，他利用自己掌握的法术火燎梯田，对抗官府；祈降甘霖，解除旱灾；镇妖驱邪，力斗蛇魔。李将公传说表达了德堡一带壮族民众对李将公的崇拜，寄托了广大下层群众的理想和愿望。

第三节　从民间传说看李将公信仰

《镇安府志》记载："镇郡仅有火居道士，粗习经咒。"[①]　《德保县

---

① 德保县史志办整理编译：《镇安府志》（资料本），据羊复礼修、梁年等纂光绪十八年刊本，2012年，第165页。

志》载:

> 德保县的道教有火居道士这一派。俗称道公,盛行于清代及民国
> 年间。……这种道士漫无组织,各自培养传教徒,而教徒亦无法统
> 计。它与修行道士不同,不入山修炼,平时不着道服,在为人祛邪逐
> 鬼,修斋建醮、为死者追荐普度时才披挂道士冠服。其做法是建一坛
> 场,披发持剑,赤足禹步,登坛诵经,画符作咒。今乡下仍有少量
> 存在。①

参考上述文献记载,对照李将公传说,我们认为民间信仰中的李将公
的原型大概是火居道士,即道公。传说讲他遇到仙人或梦到仙人赐予奇
书,所谓仙人是不存在的,只能是身份不明的道士,很可能是民间对云游
道士的记忆。李将公从云游道士那里学到了法术,接受了他们赠予的道教
法术方面的著作,他(们)是李将公的老师。李将公是有妻儿老小的,
传说中出现的人物中有他的妻子和孙子。传说中李将公做私塾先生,启蒙
学童,指导村里年轻人练狮舞,和一般群众一起居住在村子里。传说中的
李将公法广术深,能够镇邪除魔,在"力斗蛇妖"型的传说中,他使用
的重要武器之一是剑。凡此种种,都说明民间信仰中的李将公其人很可能
是以道公为原型塑造出来的。

李将公神通广大,一是用于施法求雨,二是用于反抗官府。李将公信
仰无疑寄托着当地人民大众的理想和愿望。雨水充沛是农业发展的重要条
件,李将公作为有呼风唤雨之能的法师备受人们推崇,这正是过去生产力
落后,人们在旱灾面前无能为力的表现。干旱是德保人经常要面临的威
胁,有"十年九春旱"的说法。历史上德保地区经常受到旱灾的威胁,
据《德保县志》记载:

> 明成化十年(1474 年),镇安春旱。清乾隆二十七年(1762
> 年),天保大旱。道光二十七年(1847 年),天保大旱。同治四年
> (1865 年),镇安大旱。光绪八年(1882 年)八月,天保雨泽甚稀,
> 高处田多受旱。民国二十六年(1937 年),天保、敬德大旱,两县饥

---

① 《德保县志》编纂委员会:《德保县志》,广西人民出版社 1998 年版,第 665 页。

民共 6541 人。二十七年（1938 年），天保县发生旱灾，水稻损失 6.4 万公斤。三十二年（1943 年），天保、敬德大旱，东关、都安、中军、旺峒、龙光、巴头、多敬、马隘 8 个乡（镇）有 2829 人逃荒；马隘乡有 70 户 319 人逃荒，1599 户卖田地，64 户卖儿卖女，1883 户卖房子，586 人饿死。三十五年（1946 年），天保、敬德大旱。天保饥民 4451 人，敬德饥民 2095 人。①

从《德保县志》的记载，我们可以知道，在历史上德保一带最主要的自然灾害就是旱灾。当人们的知识和科学技术不能解决诸如干旱等问题的时候，人们就把希望寄托于神通广大的人物，希望他们一念咒语就能祈得风调雨顺。在当前流传的李将公传说中祈雨是一个十分重要的主题，李将公也主要是作为"雨神"被人们信仰和推崇的。

俗话说苛政猛于虎。在传统社会里百姓一直遭受官府的盘剥与压迫，特别是在土司统治时期，德保一带百姓的生活是十分艰苦的。《德保县志》载：镇安土司等级森严，土官及官族为一等，外来落籍的汉人为二等，服侍土司的人为三等，农人为四等。……土司时期，土官没有俸禄，府内所有山河、土地全为其所有，农民得听任其收租收税。② 在那时，土官俨然就是辖区的土皇帝，百姓受尽欺压但无力反抗，人们只能将反抗官府压迫的希望寄托于神仙、方士身上，借助传说人物宣泄愤懑与不满。对土官的反抗是李将公传说的另一个重要主题，"神火燎田"型传说讲，土官霸占了人们开山劈岭开垦出来的梯田，人们无力与官府抗衡，一致恳求李将公帮人们除这心头之恨，李将公施法火烧官田，为百姓出了一口恶气。

总之，就传说来看，李将公的身上寄托了人民大众征服自然与反抗官府的理想和愿望。

第四节　李将公信仰与德保地方社会文化

钟敬文在《刘三姐传说试论》一文中指出："前人，乃至某些近人，

---

① 《德保县志》编纂委员会编：《德保县志》，广西人民出版社 1998 年版，第 109 页。
② 同上书，第 376 页。

谓刘三姐为至今尚广泛流行之壮族民族艺术节日歌圩之创始人，或‘第一领袖’，其实恰好相反，彼女乃此艺术节日之女儿。彼之哀丽传说，乃此种民俗活动之倒影。"①　钟敬文认为壮族民间传说中的歌仙刘三姐是"社会文化土壤上所生长之花卉"。

本人在德保考察期间，当地群众与基层文化部门的干部都称李将公是历史上实有的人物，陇乐村、三合村和靖西渠洋镇的李姓群众还自称他们是李将公的后人。除此之外，在德保县都安乡三合村附近有李将公墓，墓旁有碑。究其碑文与村民所说多有抵牾，且单就碑文记载来看，所谓李将公后人是在其死后近二百年后才为其修墓立碑。因而，李将公更有可能是一个虚拟的传说人物。钟敬文说，刘三姐是"社会文化土壤上所生长之花卉"，同样，李将公也是德保社会风俗文化之产物。《镇安府志》载："越人好鬼，荆楚多巫，自昔已然。镇属凡有疾病，不事医药，专请鬼婆祈禳……若女巫，则遍地皆有，亦可见习俗之难改也。"②　清人撰《镇安府志》中讲德保所在镇安府巫风盛行。《德保县志》记载：

> 解放前，各乡村普遍有巫觋，妇女最信巫觋。……巫觋以五行、阴阳、易卦之法多样占卜吉凶；以舞降神，祈福祷雨，祛邪逐鬼，能事于无形，宣扬天命，妖言惑众，形成迷信。由于信巫的人多了，而且施法医病，所送的谢资特别优厚，巫觋便成为一种职业。旧桂系统治时代还征收道巫捐，允许行业。③

就《德保县志》来看，直到近现代，德保一带仍旧普遍信奉巫觋，巫觋以至曾经成为一种行业。

在德保地方志文献中，关于当地宗教传播的状况介绍比较简略。清人撰写的《镇安府志》与今人修纂的《德保县志》都仅介绍了道教在当地的情况。称当地仅有居家道士，称火居道士。这些道士粗习经咒，平时不着道服，混迹于民间，只在作法时才着道士的服装。仅凭这样一些简略记

---

① 钟敬文：《钟敬文民间文学论集》（上），上海文艺出版社1985年版，第116—117页。
② 德保县史志办整理编译：《镇安府志》（资料本），据羊复礼修、梁年等纂光绪十八年刊本，2012年，第165页。
③ 《德保县志》编纂委员会：《德保县志》，广西人民出版社1998年版，第663页。

载,很容易得出当地道教信仰淡薄的结论。但《镇安府志》中记载的两则人物传说让我们知道,在传统社会,包括德保在内的镇安府一带,道教信仰也如巫觋信仰一样根深蒂固。《镇安府志》载:

> 李仙者,名昌。未详为何代人,有道术,能呼风唤雨。尝渡江,水势甚急,以杖投之,水分为二,即渡,水复合。有吴猛羽扇,划流之风,今郡北多年有古墓,为李仙尸解处,每岁旱,乡人祷,墓辄灵应,于墓前立祠祀之。
>
> 岑海澄,天保北街人,性至孝,世乱迁居云山,习乩卜,符箓之术,叩以事,辄先知。咸丰辛酉六月,忽曰:"某日贼将由西门入,当严防。"及期,苏逆果突至。是年冬,苦雨,海澄以口咒符,望空焚化,顷刻,云收雨散,益服其神。父母将为授室,海澄请待来年,人询其故,则曰:"来年某月吾将死,娶之是误人终身矣。"皆不之信,及期沐浴焚香,拜别双亲,瞑目而逝。①

前则传说中的李仙,"能呼风唤雨",渡江时,"以杖投之,水分为二"。李仙的墓在今之德保县多年乡,与所谓李将公墓所在地相去不过数里。后则传说讲天保人岑海澄能预知未来,料事如神,冬天"苦雨",他"以口咒符,望空焚化","顷刻,云收雨散"。天保即今之德保县城关镇。从上述两则传说来看,德保一带的群众崇信道教并神仙方术之说,当地流传着许多相关传说,李将公信仰并传说在德保一带并不属于个别文化现象,德保一带民众对巫教与道教的信仰是李将公传说与信仰形成的最重要的思想基础。

就李将公传说来看,李将公身上既有鲜明的道教色彩,也带有德保当地壮族巫教的色彩。德保壮族巫师在作法时常戴面具,有时也直接画在脸上。这在李将公传说中有所体现,传说中李将公与孙子入孙泉洞战蛇妖,孙子由于恐惧忘记公公嘱咐而回头,结果不见公公,"却见一个吊眼裂嘴的大雷公,血红舌头伸出一米长",孙子被吓得跌入水中被蛇妖咬死。在这一情节中李将公幻化为"大雷公",实则是讲其作法时戴着"雷公"面

---

① 德保县史志办整理编译:《镇安府志》(资料本),据羊复礼修、梁年等纂光绪十八年刊本,2012年,第413页。

具。美国人类学家鲁思·本尼迪克特说："一个人戴上了神的面具，那个人也就立即成了超自然的存在。"① 按照巫术思维，当李将公戴上雷公面具的时候，他就拥有和雷公同样的超自然力量。

除了带有德保当地壮族巫教的色彩外，李将公传说还反映了当地的其他一些民间信仰习俗。如传说讲，蛇妖化作"客人"进村找李将公报仇，但是因为李将公家堂前摆放的一碗清水，使它只看见一片"汪洋"；当它进李将公家门时又被门角的两个泥箕幻化的两只"吊睛白额大虫"挡在门外。在堂前摆放一碗清水和在门角挂两个泥箕都是当地民众的一种居住习俗。在广西，当人们乔迁新居的时候，往往在堂前的桌上放一碗清水和一枝柚树叶，认为能够驱邪除秽；桂西一带民间还有挂物驱鬼的居住习俗，认为兴土木建房，会惊动家鬼外妖，为使其遁逃外地，另择而居，于是常在门口上挂竹筛、扫帚、剪刀、铜镜等物。② 泥箕也是人们常挂的避邪物品，因外形呈网状而被人们视为天罗地网，可以阻挡各种妖魔鬼怪。

总之，李将公的传说与信仰，与传统社会德保一带流行的宗教信仰及其他相关习俗有密切关系，李将公是德保"社会文化土壤"之产物。

综上所述，李将公是广西德保及靖西部分地区民众信仰的神祇。就传说来看，李将公的原型很可能是传统社会的火居道士（道公），在他的身上寄托了人民大众征服自然与反抗官府的理想和愿望。李将公很可能不是实有的历史人物，只是一个虚拟的传说人物，是德保社会风俗文化之产物。

---

① ［美］鲁思·本尼迪克特：《文化模式》，浙江人民出版社1987年版，第67页。
② 潘其旭、覃乃昌编：《壮族百科辞典》，广西人民出版社1993年版，第390—391页。

结　语

　　笔者认为民间传说与信仰是一对孪生兄弟，有某种信仰，必有与该信仰相应的传说。譬如，儒家文化影响到中国社会各阶层，孔子也差不多为中国社会各阶层所崇敬，他的传说在全国各地广为流传；再如关羽是道教系统中的重要神灵，传统社会里汉族地区每隔十里八乡往往就有一座关帝庙，而关羽的传说也传遍全国。信仰催生传说，传说强化信仰，二者互为因果。正是基于这一认识，笔者才选择了这一课题——壮族民间信仰的传说学管窥。

　　本研究共分八章，分别探讨了发生或主要流传于壮族或壮族地区的祖先崇拜、蛙崇拜、铜鼓崇拜、莫一大王崇拜、娅汪信仰、龙母崇拜、马援信仰与李将公信仰等文化现象；从民间传说的角度透视、分析了上述民间信仰的本质与内涵；并就近年来民间信仰的重建与民间传说之间的关系作了探讨。从研究模式上讲，每一章都是先对与该章所研究的民间信仰有关的传说资料作系统梳理，然后在此基础上分析所反映的信仰文化。在整个研究过程中，一直重视两个方面，一是传说资料系统的建立，二是从民间传说中发掘民间信仰文化的信息。第一个方面的工作希望能为今后的研究者提供工具书一类的方便，第二个方面的工作则希望能在民间信仰研究方面或多或少有一些理论突破。

　　壮族民间信仰文化异常丰富，而每一种壮族民间信仰又都有深厚的历史文化积淀，因此，笔者作为一个没有壮族地区文化背景的异乡人选择这样一个课题不能不说是一场探险。读万卷书是本人的追求，也是本人的爱好，在本课题的研究过程中，笔者阅读了大量的文献典籍。然而，在走万里路的过程中，笔者则常常畏难，一是因为客观原因，有些壮族民间信仰活动已经成为过去时，踪迹难寻，譬如，某村过去每年都要举办壮族传统节日"蛙婆节"，然而，这个村落目前成为库区，村民已经不知移民何处；二是主观方面的原因，虽然壮族民间信仰文化五彩缤纷、异彩纷呈，然而一个北方汉人所能捕捉到的信息却往往非常有限，不像广西本土学者那样如鱼得水，故而在确定田野考察的对象时，常有盲人骑瞎马之叹，因此，不能不承认本研究中田野工夫的不足。由于有了上述不足，本研究也就难免存在这样那样的问题，基于此，笔者希望能得到各位方家的指正，以期在此基础上能有进一步的提高。

好在无论怎么说，笔者都为近年来不太景气的民间传说研究贡献了一砖；同时，也为民间信仰的研究提供了一个视角或一种方法，这也是可以聊以自慰的吧！

附　录

田野考察杂记

一　再访敢壮山

这是第二次去敢壮山了。上一次是在 2010 年 3 月 29 日，那是文学院统一安排的一场活动，我带着民俗学专业的白帆、张艳、韦惠铃三位同学一起参加了那次考察。每当忆起那次"百色市布洛陀民俗文化旅游节"期间敢壮山上人山人海的场面，我总会连说几句："真是令人震撼啊！"此后，我一直等待着再访敢壮山的机会。

正当我收拾好行囊，准备独自前往敢壮山的时候，美学教研室的申扶民教授告诉我，生态美学基地的老师与他们专业一年级的研究生准备集体去敢壮山参加一年一度的"百色市布洛陀民俗文化旅游节"，问我去不去。我自然喜出望外，然后又不安分地提出："带上几个学生吧？"申老师是个厚道人，没有拒绝我，只是讲不能捎人太多。

在"百色市布洛陀民俗文化旅游节"的前一天——3 月 28 日下午 4 点 30 分，我们准时上车，踏上了前往敢壮山的旅程。一路上坐在前边的几位老师一直在议论时政，身后的两位女同学则低声哼唱着小曲，两人还偶尔互相"挖苦"对方，拌几句嘴，我则望着窗外，观赏起风景来。我是山东人，来到广西后最感满意的就是广西的自然风光。窗外，连绵起伏的群峰披着绿装，时有一湾清澈的碧水绕山而过，蜿蜒流向远方；道路两旁茂草中点缀着星星点点红色的小花，一种不知名的花开着一墩墩嫩黄色的朵儿，尤其醒目；不断闪过大片大片的香蕉树、芒果树与甘蔗林，我似乎闻到空气中弥漫着甘甜与芬芳。

听着前边几位老师慷慨激昂的议论，身后女同学低声的吟唱；望着窗外诗情画意的风光，在不知不觉中就结束了两个半小时的行程。在田阳县城的郊外，高速公路的出口处，这次活动的联系人黄秉生教授已在等候。

　　黄教授引路，大巴直接开到了县城一家叫"好再来"的酒店，酒店已经准备好了两桌饭菜，一桌坐老师，另一桌坐同学。虽然，饭后我们还要上山去看敢壮山的夜景，但是，老师们因为平时各忙各的难得一聚，还是趁机杯来杯往，推杯换盏，有几位男同学也过来给老师们敬酒……

　　饭后已是晚上9点，我们乘着大巴，出了县城驶向敢壮山。一路上车水马龙，不断有摩托车越过大巴，而大巴只能在车流中缓缓而行。身旁一位同学感叹地说："这么多人啊！"路灯虽不明亮，但路旁一些树上挂满了彩灯，闪烁着银色的光，看上去真是火树银花！大约半个小时，敢壮山到了，停车场上满是车辆，尤其是摩托车更是停了好大一片。天上飘下点滴细雨，山风吹来，身上略有一丝凉意，我穿上外套，然后和大家一起走向巍峨的敢壮山山门……

图1　巍峨的敢壮山山门

　　走进山门，熙熙攘攘的人群川流不息。道路两旁搭起了一座连一座数不清的临时商铺，商铺里琳琅满目，堆积着各种各样的商品。我经历过物资匮乏的年代，每次看到商店里物积如山的情景，都会有一阵感叹，这次自然也不例外。卖烧烤的把肉烤的"嗞嗞"直响，夜雾中弥漫着诱人的香味，竟然勾出了几位同学的馋虫。几家僧人经营的商铺尤其让我称奇，商品经济的大潮把这些本来应该避世的僧人也裹挟到闹市中来。

　　面前一座拱桥，拱桥过后道路向高处延伸，人们便要拾级而上。拱桥大概隐喻着从这里开始通向另一个世界，因而商铺不见了。行人开始把一把一把的香插在道路两旁，香烟弥漫，甚至着起了明火，有的老师被烟呛得厉害，不停地咳嗽，有人说："香火是神享受的，我们是凡人，真的享受不了。"

拾级而上，来到布洛陀广场，大家开始流汗了，一个个脱下了外套，搭在手臂上。广场面积不小，大概能容上千人。广场的南面是布洛陀的神殿，布洛陀塑像是古铜色的，格外高大，坐北朝南，一脸肃穆。在布洛陀神殿的前面是一个巨大的铁铸香炉，香炉已经堆满了香灰，仍然有不少香客陆续把香插在里面。香炉的两边一端放着一个铜铸的巨鼎。明天"百色市布洛陀民俗文化旅游节"的开幕式和主要表演活动将在这里举行。

图2   布洛陀神殿前的香炉里成堆的香燃烧起来

再向上去没有了灯光，时间也已接近11点了。我们虽然还有兴致，但望望高处茫茫的夜色，也只好作罢。当晚下榻在右江河谷宾馆。大家约好第二天6点30分起床，7点准时出发。

第二天一早，大家都准时起来。宾馆的一楼有一家米粉店，大家就在这里用早餐。每人都要了一份米粉，我独自要了两份，倒不是我喜欢占便宜，多吃多占，主要是我在外出考察时，总结出了一个经验，像这样的场合中午很难正点开饭。

大巴车在车流中缓缓而行，昨晚半个小时的路程，今天用了40多分钟。下车后，我们直奔布洛陀广场，等待即将举行的"百色市布洛陀民俗文化旅游节"的开幕式。布洛陀神殿的两侧立起了九支高大的庹香，在庹香的外侧又立有两支高大的红烛。广场里工作人员忙碌着，摄影记者跑来跑去，身着黄色服装的舞狮队走进了广场，敢壮山周围社区的群众抬着丰盛的贡品走进了广场，一队穿着蜡染粗布做成的壮服的人们举着彩旗走进广场，并很快散向广场的四周，站在了广场周围。不断有车辆从山下开来，从车上走下成群的警察与协警、消防部队官兵，还有民兵预备役人员。

开幕式原定9点举行，却一直拖延到9点30分。其间，有些人就不再等下去，陆陆续续向山上走去。我和同行的几位同学耐着性子，在广场的边上等待，因为人太多，不大容易看清广场里的情景，大家为了拍摄照片，都在不停地寻找合适的位子，最后，有两位爬上了广场两侧的山坡。

开幕式开始了，庹香被点燃了，红烛被点亮了，烟雾袅袅，飘向远方。首先，是各级领导讲话。之后是田阳县的一位知名地方文人宣读祭文，祭文大意是歌颂布洛陀开创天地、安排秩序、制定伦理的丰功伟绩。读过祭文舞狮队上场表演，狮子一会儿活泼有趣，一会儿八面威风；一条长龙起起伏伏犹如在怒涛中翻腾，观众不时地发出呼声。然后是师公队唱布洛陀经诗，师公们神情庄重，伴随着古朴的音乐，悠扬的歌声回荡在广场上空。一时间，刚才还人声鼎沸的广场静了下来。

图3 布洛陀广场上矗立着九支粗大的庹香

广场上的表演还未结束，上山的入口处已排起了长龙。人们拿着大把大把的香等待着上山祭神。穿着迷彩服的预备役人员，在上山的入口处两侧站成人墙，一是防止挤踏事件发生，二是维持游客们排成的队形。不断有游客被从队伍中挤出来，又回到后边重新排队。穿着黑色制服的民警也忙着跑前跑后，声嘶力竭地向游客喊话，让大家注意安全，不要拥挤。根据我上次的经验，等到上山的人达到了一定的数量，就不再放行，于是，我告诉在一起的同学赶快排队，准备上山。排队的过程中，前拥后挤，闷热难忍，大把的汗流下，我不时用餐巾纸擦拭着。大约过去了二十分钟，我们逐渐靠近了入口处，拥挤得愈来愈厉害了。我大声告诉同学尽量往队伍中间挤，免得被挤出队伍，同时要注意保护照相机。一位预备役人员用背死死地抵住我，两脚腾空过了入口。上行几步，我停了下来，一边喘息着，一边感叹，这样的经历从来没有。几位同学也陆续被挤进入口，一个个形象狼狈，丢魂失魄，一迭声地说："人真多，人真多！"

图4   上山入口处拥挤的人群

已经11点了，按事先的约定，在12点我们要在山门的西侧会合后用餐。时间有限，我们来不及休息就向山上攀去。山路越来越陡，也越来越窄。道路两侧香烟缭绕，路上铺满了"冥界银行"发行的纸币。冥币的面值大小有异，既有十元、百元、千元的，也有万元、亿元的，甚至还有几千万亿元、万万亿元的。我开玩笑地说："阎王爷那边也出现通货膨胀了。"

路越来越陡，有的同学肚子已经饿了。然而，这条路只许上不许下，要到山顶从另一条道下山。我们毫无选择，只有继续往上攀登。

将军洞到了。我们随着拥挤的人流走进洞中。但见洞里一位将军巍然屹立，上着短衫，下着虎皮裙，手中执戈，面前的香炉烟炎张天。洞中烟雾弥漫，在这里负责维护秩序的警察，大声吆喝着阻止人们再往香炉里插香，但哪里能阻止得了呢。人们依然不管不顾地把香插到或丢到香炉里，然后绕到将军背后，在其腿上狠摸一把。天长日久，将军神像的腿部已经被摸得锃亮。

再往上行，就是姆娘岩了。姆娘岩为下落洞，前人用青石条筑有 11 级阶梯，供人踏入洞内。姆娘岩又被称为"姆六甲洞"，而敢壮山附近村寨的老人们则称其为"姆娘栏"。在壮语中"姆"是母亲的意思，"娘"意为"年轻的"，"栏"是房子的意思。姆娘岩相传是壮族创世始祖姆六甲和布洛陀结婚生子的洞房。姆六甲在壮族神话、经诗中多有出现，是一位创世女神。人们认为敢壮山上的"姆娘"即壮族女始祖神"姆六甲"的异名。洞内宽敞，神坛上安置着姆娘神的牌位。

再往上去，就是祖公庙了。祖公当然是指布洛陀了。据《春晓岩景区导游解说词》云：祖公庙大约始建于唐宋，明朝重建，清康熙时重修。相传明代郭子儒探风水宝地时来到这里，在祖公庙前观日出时，挥毫题下"春晓岩"三字。祖公庙塑有祖公神像，也有山神、社神、土地神等神像。庙里自然也是香烟缭绕，人头攒动。

图 5　上山祭拜的人群摆起了十里长龙

走过姆娘岩和祖公庙之后，我不由产生了一种奇怪的感想：如果是在汉族地区，姆六甲、布洛陀肯定是要同居一室，共享香火，并一起接受善男信女们的朝拜的；然而，在这里两位老祖宗却"分居"两处。不过，这也许是有原因的吧，壮族古代不正是实行的走访婚吗？

还有十几分钟就到 12 点了，我们急忙赶着下山。1 点多钟，大家才聚在了一起，然后，在庙门东侧由帆布篷搭成的餐厅里用餐。好多人都感到饿了，饭量比平时大了许多。一位老师在不停地唠叨，主要是埋怨我们下山晚了，误了按时吃饭。看来，由于我们的迟到，让他的肚皮受了委屈。

听人介绍，这次"百色市布洛陀民俗文化旅游节"开发了好多文化旅游项目，譬如布洛陀山歌比赛、狮王争霸赛、歌圩体育运动会，等等。但是，由于时间的关系，我们都不能观看了。

用完中餐后，我们乘上大巴返程。我一面看着眼前如同一片汪洋的人群，一边默念道：再见了，敢壮山！再见了，布洛陀！明年我们还会再来！

——于 2012 年 3 月 30—31 日

二 武鸣县罗波镇龙母信仰考察小记

因为在课题研究中遇到了问题，正琢磨着怎么去武鸣对大明山龙母文化做实地考察，突然接到晓芹的电话。晓芹告诉我，蒙元耀教授计划在 3 月 23 日带着双语班的同学去武鸣县罗波镇考察当地举行的祭祀龙母的活动。真是喜从天降啊！我赶忙与蒙教授联系，一方面提出自己想搭他们的顺风车，另一方面又得寸进尺地提出让他把我们一年级的研究生也捎上。蒙教授真爽快，一口答应了下来。

3 月 23 日一早起来，便见窗外狂风大雨，心想天公怎么这般不作美呢？匆匆吃过早点，便拿起雨伞赶往五坡广场，我们事先说好 7 点 30 分从那里出发。虽然天气不好，大家还是非常准时，已经一个不落地在那里等候了。见大家都在抱怨天气，蒙教授风趣地说："这天气很正常呀，今天秃尾龙要给龙母扫墓啊！"我一下子明白过来，每年清明前后照例是会刮风下雨的，如果不是连绵的阴雨，就会是突如其来的风涛。每逢这种情况，广东、广西等地的群众通常会说，这是掘尾龙来拜山了！

大巴出了南宁，不一会儿就进入了武鸣境内，一眼望去，便见大明山连绵的群峰，山腰缠绕着薄薄的烟雾，道路两旁茂草修树，绿叶间点缀着鲜艳的花朵——风景真的很养眼呀！风停了，天上的阴云渐渐散开，太阳只是有些微光，气温仍然不高，我出门时特意加了件线坎，但还是感觉有点凉。

大约在 9 点半的样子，车子进了罗波镇，镇子不大，有两三千人的规模。房子大都是两到三层的楼房，有的裸露着红砖砌成的墙体，有的墙体的外表抹上了水泥。街道都铺上了柏油和水泥。看上去，这里百姓的日子虽然不能与城里相比，但应该过得还算殷实。

我们的车停在了罗波镇政府的附近，罗波镇政府西南几十米远就是罗波潭、罗波庙，南面没几步远便是罗波广场，广场上矗立着罗波戏台，今年祭祀龙母的活动就在这一带举行。一下车，便看到熙熙攘攘的人群。广场上万头攒动，人潮如涌，罗波镇周围的群众，各地赶来的游客，推销产品的公司职员，小摊贩以及前来考察的学者、专家都集中到了这里。

图 6　罗波广场人潮如涌的景象

罗波镇各社区的群众正陆陆续续去罗波庙上香。队伍里走着穿着黄色服装，擎着饰有响环的长木棍的师公队，一身黑装吹打着乐器的道公队，还有穿着绿色的传统壮族服装的群众乐队，几个穿着鲜艳的黄色衣服的青年抬着龙母神像走在队伍中间，后边的群众挑着彩旗，抬着猪头或整头猪，间或有人用车推着干鱼、鸡蛋、菠萝、苹果、米粽、五彩的糯米饭、白酒乃至矿泉水，还有人肩上扛着甘蔗、手里拿着蒜苗或一大把青菜……一路响着鞭炮，沿着罗波潭向罗波庙走去。罗波潭潭水碧绿，宛如一块碧玉，周围被绿树环绕，引起不少游人的赞叹。罗波潭之美，早就名声在外，在清代就有不少地方文人歌而咏之，黄景灏有诗云："雾锁云连望里微，罗波龙窟是耶非？藏身莫笑同蛇蛰，会见一朝风雨飞。"据民间传说掘尾龙曾被龙母放养于罗波潭中，从黄景灏这首诗来看，在民间传说中罗波潭确与掘尾龙有些关系。

图7 罗波滩

　　罗波庙前烟炎张天。庙门前几座香炉的香灰都堆成了高山，人们仍不断将一把一把的香插在香炉里或直接放进香炉。

　　罗波庙并不醒目，既不是金碧辉煌的琉璃瓦房顶，也不见飞檐斗拱，更没有朱红色的木柱，完全不像我从前常见的北方的庙宇。总之，罗波庙看去很普通，除了房基高一些之外与一般的民房区别不是太大，只是略显沧桑。随着川流不息的人群走进庙里。我打量起眼前的神灵，不由感到诧异——不是说是龙母庙吗？晓芹曾经告诉我，罗波庙是大明山一带最大的龙母庙；从网上也看到有人称罗波庙是"天下龙母第一庙"，然而，眼前正襟危坐的两位神灵，一位坐南面北的是骆越王；另一位坐西面东的是神农大帝，掘龙将军一东一西在两厢执戈而立。"龙母呢？"我感到奇怪，忙向管理人员打问："在后院呢。""哦，原来是两进院呀。"我顺着管理人员的指示，走进了后院。

　　后院有一个很小的天井，房子分作三厢，西厢供奉着观音，观音手捧净瓶，金童玉女分侍两侧；中厢供奉的是关羽与岳飞，关羽旁边侍立着周仓、关兴，岳飞身旁站立的一位是岳云，另一位可能是张宪将军了；东厢供奉的则是龙母，旁边牌位上写着"罗波（始祖王）"等字样，龙母怀中揽着一个胖乎乎的娃娃，不知道在罗波人的心目中龙母是不是具有送子的功能。一位老年妇女正在虔诚地向龙母祷告，一脸肃穆，大概是为儿子儿媳求子的吧？

图8　龙母神位

看来一直被人们称为"庙佬仆"（汉译应为"高祖母庙"，即龙母庙）的罗波庙，供奉的并非只有龙母一位神灵呀。我一边嘀咕着一边走回这次活动的主会场——罗波戏台。按计划开幕式在10点钟举行，现在已经过了10点半了。

回到主会场，只见戏台上贴着"2012年中国壮乡·武鸣'三月三'歌圩暨骆越文化旅游节骆越始祖王祭祀大典"的会标，想来这位"骆越始祖王"应该就是指的龙母了。主持人宣布祭祀大典开始，一时锣鼓声、鞭炮声、人群的喧哗声响彻天外；然后是人们为骆越始祖王（龙母）上香、敬献花圈及贡献祭品；骆越文化研究会会长谢寿球宣读祭文；中央民族大学原副校长梁庭望发言，梁庭望发言用的是壮语，一起来的另一位广西籍教授李景芳给他做翻译。

这次祭祀大典的重头戏"骆垌舞"表演开始了。骆垌舞属于师公舞，流行于武鸣锣圩、宁武、城厢等镇，仅有两三个师公队能够完整地表演。十多位脸戴面具、头着羽冠的师公走上台来，其中一位身着黑袍的师公摇动响铃，念诵着经文，其他穿着黄袍的师公则舞动着饰有响环的长木棍，当他们散向舞台的四周，佬蒲（骆越祖母王、龙母）则众星捧月般地在一群女子的簇拥下走上台来……我不太懂得舞蹈艺术，一位热心人送了我一份《骆垌舞解说》。据《解说》讲，今天的骆垌舞表演共三场，第一场，表演佬蒲——骆越祖母王（龙母）带领骆越人艰难跋涉，寻找适合休养生息的家园的过程；第二场，反映的是骆越祖王带领骆越人迎天神、贺地神，祈祷风调雨顺、五谷丰登的情景；第三场，是佬蒲点兵，骆越将士唱起雄壮的军歌，跳起行马舞，接受佬蒲的检阅……舞蹈很优美，赏心悦目，不过这大概已不是原生态的骆垌舞了。

　　台上歌舞未了，台下已经摆起了千家宴。一起来的老师、同学都聚到了一起，一边兴奋地议论着所见所闻，一边等待着入席品尝武鸣的风味食品……

图9　罗波广场千家宴的场面

　　酒足了，饭饱了，天也晚了，我们要打道回府了，可是左等右等负责与大巴车司机联系的同学却不见来，蒙教授派人四处寻找，后来才知道他是到歌圩听人唱歌了。

　　附记：回来后，我翻阅地方文献，搜寻网络信息，综合各种材料分析，认为：罗波庙大约始建于明朝，后废弃；清光绪年间（一说咸丰年间）重建；"文化大革命"期间，因所谓"破除四旧"，庙中的神像被毁并丢入罗波潭中；"文化大革命"后恢复重建。由于受政治、经济、文化等方面的影响，罗波庙每次恢复重建，都会有些新创意，因而，在这座被宣称为"天下龙母第一庙"的庙堂里才供奉着这样一些既互不相干，也与龙母信仰不相连的神灵。其实，我的诧异本来就是多余的，中国民间信仰中的神灵世界本来就是兼容并包，杂乱无章的，并没有一个严密的系统。

——于 2012 年 3 月 24—26 日

三 寻找"莫一大王"

经过多日的酝酿，终于踏上了寻找"莫一大王"的旅程。初来广西，我便发现了"莫一大王"这个在广西非常知名的传说，并一连发表了数篇研究"莫一大王"传说的论文。从那时起，我便期待到"莫一大王"传说流传最盛的河池去寻觅莫一大王的"神迹"，亲耳听一听乡民们口头上传承着的"莫一大王"传说。然而，一直未能得偿心愿。差不多在几年的时间里，每逢与河池籍的老师和同学交谈，总会问：听说过"莫一大王"传说没有？你们那里有没有莫一大王庙？还有没有祭祀莫一大王的仪式？可是，每次能得到的信息都微乎其微。没有线索，自然无法去作考察，我只有等待。最近和本专业的研究生韦春艳交谈时，她告诉我：她的一位家居河池金城区（据说是莫一大王的"故乡"）名叫莫柳电的同学讲，她们村子附近的山上有莫一大王留下的"圣迹"，村里还有老人会讲"莫一大王"传说。听到这个消息，我有些振奋，便让韦春艳联系莫柳电同学。

12 月 9 日早上 9 点 20 分，我和春艳乘上了从南宁驶往河池金城区的大巴车。天气阴沉沉的，天色灰蒙蒙的，大巴车在行驶中不时颠簸几下，是一种很容易让人打瞌睡的情景，然而，我却毫无倦意。道路两旁是郁郁葱葱的草木，在万绿丛中时有红色的小花点缀着。愈往河池方向，愈是层峦叠嶂，山上长满了树，看上去一片绿色的海洋，我不住地赞叹美丽的自然风光。春艳却告诉我，以前山上种的都是松树、杉木，近年人们为了追求经济效益，开始改种桉树，而种植这种树对土壤破坏极大，会使土质变得贫瘠。我这才意识到广西的自然生态也或多或少遭到了破坏。

经过了四个多小时，在下午 1 点半左右，大巴驶入了河池市金城区客运站。我们要从这里下车，改乘到金城区下辖的拔贡镇的公共汽车。在金城区农贸市场，为莫柳屯同学的家人买了一点礼品；然后我们随意找了一家米粉店，一人吃了一碗螺蛳粉，便赶着去转乘客车。

客车在山间穿行，乡间公路不是太宽，往往一边紧贴山体，另一边是悬崖峭壁。我很少乘车走山路，所以每遇这种路段总是心惊胆战。司机经验丰富、技术娴熟，并不觉得路途如何艰险，他情绪非常轻松，一路上放着音乐，客车在音乐声中快速行驶。大概经过了一个多小时客车进入了拔贡镇。我们在一个路口下了车。莫柳电同学家住寨熬村寨塘屯，距离这里还有二三公里。韦春艳给莫柳电的父母打电话联系，莫柳电的妈妈说，莫柳电的二伯会骑摩托车来接我们。

公路两旁是广阔的农田，有些田里是密密麻麻的甘蔗，有些田里是碧绿的蔬菜。好久没有呼吸到乡野的空气了，我怀着淡淡的喜悦，迈步走向菜地，走在田埂间，不时用手去抚摸那青翠欲滴的青菜叶子……

莫柳电同学的二伯骑着摩托车来了。我和春艳登上摩托车，三人共乘一辆摩托，向大莫村驶去。因为是乡间小道，道路坎坷不平，摩托颠簸得有些厉害，我双手抱住莫柳电二伯的肩膀，春艳则在后边紧紧揪住我的衣服……路上时有收割甘蔗或蔬菜的村妇，莫柳电二伯不住地用壮话和她们打招呼，她们则用好奇的目光打量着我们。就这样，大约经过十几分钟的颠簸，我们终于来到了大莫村。莫柳电同学刚去宜州上班不能回来，她的父母正在院子里等待我们。一路辗转，这时已是下午4点15分。

莫柳电一家居住的是一座二层楼房，楼房分东西两单元，莫柳电二伯住西单元，莫柳电父母住东单元。莫柳电父母热情地让我们进屋坐下，我对他们表示感谢，并询问他们夫妇的姓名。这才知道男主人叫莫健勇，女主人叫韦美香，两人都是46岁，夫妇二人以酿酒、养猪为业，日子过得比较宽裕，早在十年前就和二哥一家一起盖起了这座小楼。

春艳和女主人坐在沙发上聊起了家常，我则仔细打量着主人家中堂贴着的红色条幅。条幅周围贴着对联，上联写道：天高地厚亲恩重；下联写道：祖德宗功师范长；横批则是：万福来朝。条幅的中间竖写着几个大字：天地君亲师之位，在天地君亲师五字的两侧竖写着所供诸神的名头或称谓。右侧写道：本部所属目神社王佑民之神位；敕封游天得道三界公爷之神位；大成至圣先师孔夫子文宣之神位。左侧写道：都天至富至宝财帛星君之神位；敕封通天圣帝莫一大王之神位；六国天尊圣母万岁婆王之神位。打量着条幅，当我看到"敕封通天圣帝莫一大王之神位"时，不由有些兴奋，总算看到了莫一大王在民间社会的影子啦。我回头问莫健勇为什么要供奉"莫一大王"的神位时，他很干脆地回答："这是我二叔写的，我说不明白。晚上他来陪你吃饭，会讲给你听。"

看看天色还不算太晚，到吃晚饭还有一段时间，我们决计去看看传说中的莫一大王"圣迹"。韦美香找来一位莫姓摩的司机，我和春艳登上摩托便出发了。摩托穿过了寨熬村与北香村，经过一番颠簸，然后驶上了柏

图10　莫健勇家中堂的条幅上面写有"莫一大王"的神位

油马路，向西南莫一大王"圣迹"处奔去。但见前方峰峦起伏，郁郁葱葱。转头四顾，便见整个拔贡镇都在崇山峻岭包围之中。大约经过半个小时，中间又穿过了大莫村与达拉电村的拉敢屯，我们终于来到了人们所说的莫一大王"圣迹"处。"圣迹"有两处，一处是一座山峰半腰有一个脚形的山洞，山洞贯穿了整座山峰，通过山洞可以看到山峰那边的天，山洞格外醒目，远远便能看到。人们说这个山洞是莫一大王用脚踢出来的。另一处在相邻的另一座山峰，峰下也有一个洞，这个洞被人们称为"莫一洞"，据说是莫一大王用箭射出来的。"莫一洞"洞口林木葱茏，洞下是地下河，河流淙淙流出洞外，形成一条清澈见底的溪流，溪流之上浮着数百只白色羽毛的鸭子，自由自在地游着，真个是一片"白毛浮绿水，红掌拨清波"的景象。

　　我们决意要到"莫一洞"中一探究竟，但天色已经有些朦胧，我们相约到洞里看看就出来。要进入"莫一洞"并不容易，我们先是踩着几块露出水面的石头涉过溪流，扯着茅草攀到山洞左侧，然后踏着横越洞口的渡桥，一点一点挪向洞口，一不小心便会跌入渡桥下的溪流中，虽然只有六七米高，也足以让人心惊胆战。一步踏进洞里，往下看是地下河，河水发出哗哗的声响；往前看视野开阔，洞口很宽，可容二三百人，地面高低起伏，崎岖不平，洞顶可见各种形状的钟乳石，有的如蟾蜍望月，有的

图 11　莫一大王的"脚印"
莫一洞

如蟒龙缠柱，不一而足。莫姓摩的司机说，洞很深，一直通到山的另一边。洞里光线越来越暗，洞外暮色苍茫，因为没带照明工具，我招呼春艳赶快出洞……

等我们回到大莫村，韦美香已经准备好了饭菜，请来了莫健勇的二叔，他就是莫柳电同学说的村里会讲"莫一大王"传说的老人。莫健勇的二哥、二嫂过来相陪，摩的司机也留下来吃饭。围着热气腾腾的火锅，不时往里面放各种菜肴，大家边吃边聊，边聊边饮。两杯酒下肚，我先是赞美了几句主人家酿的酒好，然后就开始了对莫健勇二叔的访谈。老人叫莫木龙，今年68岁，20世纪60年代初高中毕业后做了民办教师，教数学课，70年代转正，退休时是中学一级教师。

我尚未开口，老人就打开了话匣子，他先是给我解说他为莫健勇家撰写的中堂条幅。他说中堂上书有六位神灵的神位，分别是社王之神位，他们村的社王姓目名佑民；三界公爷之神位，三界即天地魔三界；大成至圣先师孔夫子之神位；财帛星君之神位，财帛星君即财神；莫一大王之神位；婆王之神位，婆王即女娲娘娘，她捏土造人是人之始祖。我问老人，为什么要供奉"莫一大王"神位？他说，莫一大王是河池一带最大的神，孔夫子是文臣，莫一大王是武将，一个国家既要有文臣，也要有武将。莫姓摩的司机插话说：莫一大王是一个驱鬼的神。这让我意识到莫一大王是一个傩神。接着莫木龙给我讲起了"莫一大王"的传说。老人是当地比较了解"莫一大王"传说的人，曾经对"莫一大王"传说做过文字整理。

这次他给我讲了五则《莫一大王》传说。

表1　　　　　　　　莫木龙讲述《莫一大王》传说

序号	题目	情节
1	风水树	莫一家院子里种了一棵葡萄树，是棵风水宝树，能保莫一做皇帝。这事被朝廷的国师算了出来，带人来砍。这棵树有些神，被砍的地方能愈合。国师让人一刻不停砍了三天三夜，才算把树砍倒了。壮语"葡萄"的读音接近"莫一"，莫一大王的名字就是这么起的
2	鸡啼头遍做皇帝	莫一大王如果在鸡啼头遍时赶到京城就能做皇帝。他的两个情妇，廖、尹二氏想：如果莫一做了皇帝肯定会不要我们了。于是，她们把鸡脖子都给扎上了，让它们叫不出声。莫一听不到鸡啼，结果一觉睡到天亮。莫一一看太阳已升起好高，就拿毛巾对太阳挥了一挥，太阳又降了下去。朝廷知道出了反王……
3	莫一洞	山上那两座山洞，一座是莫一用脚踢的；另一座是莫一用箭射的。一个姓蒙的将军与莫一打斗，莫一一脚踢来，他拿起山来抵挡，山上就留下了一个脚形的洞。莫一又对着蒙姓将军射了一箭，蒙姓将军又搬一座山来挡，这座山也被射穿一个洞
4	围山造海	河池缺盐，盐是用海水制的，莫一大王就想搬山造海。他用伞把当作赶牛鞭，把一座座山当作牛一样赶。赶到拔贡，遇到他的廖姓情妇，莫一问，你见到我赶的牛了没有，那个女人讲，我没看到牛，就看到了十三座山。这些山一听，便不再滚动了。所以拔贡山特别多
5	牛粪造桥	在河池镇水库那儿，过去有一条河，人们来往不便，大家决定修座桥。在桥墩修好的时候，莫一大王经过这里，随手把牛粪糊在桥墩上，桥便修好了。远看还能看出桥面是牛粪糊的，近看就是一座石桥

莫木龙一边兴致勃勃地讲着莫一大王的传说，一边不断地将菜夹到我的碗里。我则时常端起酒杯给大家敬酒。为了帮莫木龙回忆，有时我也插几句话，讲自己知道的莫一大王传说，常常能够得到他的回应。夜色阑珊，大家也都醉意朦胧，韦美香妯娌两个已经离席去唠嗑，这时莫木龙也已经回忆不起更多的"莫一大王"传说。考虑到不能耽误主人家休息，我准备结束这次访谈。最后，我又向莫木龙询问了几个与莫一大王信仰有关的问题。一个问题是，河池的莫姓群众是不是认为他们是莫一大王的后

代？莫木龙作了否定的回答。又问，金城区一带有没有莫一大王庙？莫木龙说"文化大革命"前还有，"文化大革命"中被砸了。我又接着问，河池群众除了信仰莫一，是不是还供奉莫二、莫三？莫木龙与在场的人都笑了……人们陆续离去，我让韦春艳付给了摩的司机40元的劳务费。当晚，我住在了莫姓同学的二伯家里。

第二天早上6时，我便起了床，文学院办公室有事相催，让尽早赶回。韦美香随后起床给我们准备早餐。莫柳电的二伯早早起床，准备用摩托送我们去附近的停车点。早餐结束，我和春艳一再对莫健勇夫妇表示感谢后乘上了摩托，结束了这次寻找莫一大王之旅。

图12　笔者与韦春艳同莫健勇夫妻的合影

这次寻找莫一大王之旅收获不是太多，但并不出乎意料。在传统社会向现代化社会转型的过程中，文化生态发生了急剧变化，传统文化受到了猛烈冲击，民间口头传承日趋濒危，传统民间信仰也日渐萎缩。在这种情况下，所谓寻找"莫一大王"，也只能在民间社会寻找到莫一大王那渐去渐远，模糊与朦胧的背影……

——于2012年12月10—14日

四 访横县伏波庙

12月15日早上8点，与两位研究生在学校五坡广场会合后驱车赶往横县。在市里经过一番周折，终于驶上了通往横县的高速公路。公路两侧是高低起伏的丘陵，丘陵上覆盖着郁郁葱葱的林木，远处时见连绵的山峰，山峰穿着嫩草编织的绿衣，很是让人赏心悦目。半个月来一直是阴云密布，间或洒下些毛毛细雨，天气阴冷；而今天老天格外赏脸，天晴了，天空格外蓝，天气格外暖，给人一种春天的感觉。

从南宁到横县约一百公里，原计划在上午10点抵达横县县城，因为我们不熟悉道路，导航仪又失灵，结果走错了路，到横县县城时已是中午11点。我下车打电话给横县宣传部的韦贵雄副部长，他是陆晓芹老师介绍给我们的联系人。这时，飘来几滴细雨，我抬头一看，天还是那样蓝，只是有几片过路的云彩，正所谓"东边日出西边雨，道是无晴却有晴"。

韦副部长接到我的电话马上赶来了，一同来的还有党史办的韦副主任和博物馆的小雷。韦副部长、韦副主任都是广西民族大学的校友，小雷则是被韦副部长邀来给我们做讲解员的。见面之后，未及寒暄，我们便直奔伏波庙。他们乘着横县广播电视局的车子在前边给我们引路。伏波庙在横县云表镇，距县城28公里。虽然走的是二级公路，因为路面窄，中间经过几个村子，道路又铺在丘陵中间，蜿蜒曲折，所以我们在路上足足花了四十多分钟。

一番急行军，伏波庙终于到了。刚一下车，小雷就打开了话匣子，开始了他的讲解。伏波庙南向郁江，江面开阔，水势甚大，水面上露出几点礁石，这段江面便是人们所说的乌蛮滩。乌蛮滩南岸是乌蛮山，山势不高，林木葱茏。乌蛮滩形势险恶，一直被人视为畏途。《徐霞客游记》中称："滩上即乌蛮滩，有马伏波庙。滩高溜急，石坝横截，其上甚艰。"《君子堂日询手镜》中也讲："其地有乌蛮滩，甚险，过此未有不心骇魂夺者。其滩有六，延亘三十余里……泻声如雷，声彻数十里。滩之上有马伏波庙。"我回头问小雷，眼前的乌蛮滩为何如此平静？看上去很温和，并不见急流漩涡，也不见风大浪险。小雷说，现在的乌蛮滩比过去水大了，礁石都没于水下，仅从江面上看似乎平稳了许多，但在此处航行艰险依旧，来往的船家仍常常来伏波庙放炮、进香，祈求一路平安。

据说伏波庙始建于汉明帝时期，以后经过多次修缮，现在的伏波庙主

图 13　乌蛮滩

要是明清建筑。庙由钟鼓楼、牌坊、庙门、大殿、侧殿、后殿、回廊等几个部分组成。钟鼓楼是明代建筑，已经历数百年的沧桑，鼓楼上已不见有鼓，钟楼上仍悬着一口大钟。牌坊在"文化大革命"中被毁，近年又重新修建，牌坊前的两座石狮子看上去有些古色古香，但也是新做的。

　　庙门廊下两根廊柱上书一副对联："圣德照滩心功崇漢（汉）室，神威垂嶺（岭）徽績（绩）掩雲（云）台。"门上有匾，大书"伏波庙"三字，字体丰腴，有磅礴之势。门的两侧有对联云："万里精忠悬二柱，千秋灵迹护长滩。"廊下两端分立着两位看上去一模一样的女子，浓眉大眼，身体健硕，衣饰鲜艳，每人面前各摆着一个香炉，香烟袅袅。这两位女子是哪路神仙？小雷介绍说：她们是征侧、征贰两位女英雄。我听后不觉愕然：这两位当年聚众造反，最终为马援擒杀的交趾女杰，怎么会来她们的敌人这里分享香火呢？马伏波又怎可能接纳她们在此容身呢？

　　走进大门，便见左侧殿檐上有灰雕，两边分别雕有花鸟图案，中间雕绘的是古代戏剧中的一个场面，一旁书有房州府三字。小雷讲自己也搞不清戏剧《房州府》是何内容。我则估计该戏剧很可能是取材于通俗文学《薛刚反唐》，演绎的应该是被废后贬到房州的唐中宗李显在薛家将的帮助下复国的故事。画中一人居中而坐，可能是庐陵王李显；身后两女，其中一女手中执扇，另一女双手叉腰；两侧立有侍女；前边站着一排武士，大概是薛家将，个个摩拳擦掌、龙腾虎跃。左殿供的是观世音菩萨，观世

图 14　伏波庙的牌坊与大门

音菩萨的塑像有两座，大的呈古铜色，小的是白质的瓷塑。观世音菩萨手捧净瓶闭目端坐，金童玉女侍立左右。墙壁上绘有壁画，右侧一幅题为"携琴访友"，小雷讲这幅画当是取材于俞伯牙与钟子期故事；中间一幅未有题字，小雷说，画上描绘的是竹林七贤在林中休憩的情景；左侧一幅绘有一老者垂钓，一童子手捧鱼篓的情景，旁边题有一行小字："江湖满地一渔翁"。画上一些人物戴着眼镜，让人觉得有点滑稽，小雷说这是"文化大革命"时一些人搞的恶作剧。

右侧殿檐上也有灰雕，两侧雕有松、鹤、喜鹊、蜡梅之类的吉祥图案，中间展示的是戏剧《五代荣》中仙姬送子、满门荣封的场面。右侧殿过去不知供奉哪位尊神，眼下则是空空如也。墙壁上也绘有壁画，但因保存不善，已经模糊难辨。

天井置放着两个插香方坛和一个圆形的化纸炉。香炉上分别写着："风调雨顺""国泰民安"。我买了一把香，燃着后插在香坛上，表达对马援这位古代英雄的敬意。这时庙门外传来噼里啪啦的鞭炮声，小雷告诉我：有船经过乌蛮滩了，船家来庙门前燃炮祈祷，请求伏波将军保佑一帆风顺。

正殿是明代建筑，清代又有修缮。正殿屋面举折平缓，翘起的檐角舒展飘逸。殿内有许多石柱，柱础雕工精细。梁架皆用粗大的木料，采用的

图15　听横县博物馆工作人员小雷作精彩讲解

是木榫结构，不见一钉一铆。走进大殿，殿内上有"将军宝座"横匾，匾下便是伏波将军的塑像。将军头戴铁盔、红缨飞扬、身着黄色战袍、双手按剑、圆睁怒目、威风凛凛显得格外威严。两侧分立三位武将，近旁一位侍童，手捧将军大印。将军身后左右两侧的红漆木柱上贴着一副对联："和谐平安唯将军心愿，升官发财乃众民所求。"字迹遒劲，格外有力。正殿前方放着一张长长的供桌，桌上有矿泉水瓶和塑料杯，里面装着本地产的"土茅台"，又有盘碟盛着橘子之类的水果。供桌前放着黄布缝的蒲团，以供游客跪拜之用。不时可见有游客向伏波将军行跪拜之礼，表情严肃，一脸庄重，其虔诚让人动容。

　　我们信步走向后殿。后殿在"文化大革命"中被毁，近年重建。门联书曰："取财敬奉拜侯爷，求子诚心叩夫人。"殿内供奉的是马援的夫人葛氏娘娘。葛氏娘娘凤冠霞帔、大眼长睫、慈眉善目，居中而坐，两个侍女立其左右。同正殿一样，葛氏娘娘塑像前也放着一张长长的供桌，桌上有两个红色果盘，内盛橘子之类的水果，还摆着几个盛酒的杯盏。桌前

图16　正殿中的伏波将军塑像

也放着几个供人叩拜时使用的蒲团。后殿左边的墙壁上悬挂着几面锦旗和红布做成的横幅，上书"求花得仔""有求必应"等字样。看来，这位葛氏娘娘还是蛮灵验的。

图17　后殿葛氏娘娘塑像

　　走出后殿，已是下午1时，已经过了午饭时间。我虽然意犹未尽，却不能不考虑同行人员是否已饥肠辘辘。我们与小雷一起返回到庙门前。又见有船家来放炮。庙门前专有一块写着"放炮处"的牌子，牌子周围铺满了放炮后留下的厚厚纸屑。小雷讲伏波将军爱吃狗肉，以前船家经过这里都要杀狗祭祀。

　　我们正在听小雷解说，韦副部长招呼大家上车去县城用餐。看到我们一行流连忘返的样子，小雷说："农历四月十四是马援将军诞辰，届时是伏波庙会，将有数万群众自发来这里祭祀礼拜，欢迎你们到时候再来参观考察。"

　　驱车返回县城，我一边回望伏波庙，一边驰骋起想象，来年的农历四月十四，这个偏僻之处将会人山人海、车水马龙，聚集起数万之众，那时，将会有一场怎样的民间文化盛宴啊！

于 2012 年 12 月 19 日

五　德保访李将公

　　19日一早，天才麻麻亮，我和两位研究生一起来到西乡塘客运站。7点40分我们登上了开往德保的大巴车。这次去德保是要考察李将公信仰。李将公是德保一带民众信仰和崇拜的"雨神"，《德保县志》中载有其传说五篇；《德保民间故事集》中载有其传说八篇。在流传于德保一带的民间传说中，李将公是一个能呼风唤雨、驱魔斩妖，神通广大的法师。我们本次去德保，就是想撩起这位传说中神秘人物的面纱。

　　出南宁，大巴驶上高速公路。天气晴朗，天边飘浮着几朵白云，阳光透过车窗玻璃照在身上。道路两旁是茂盛的花草与树木，时常看到一蓬蓬鲜红或粉红的三角梅。远处的田野里一会儿是无际的甘蔗林，一会儿是大片大片的香蕉树。行程过了一半之后，大巴车驶入崇山峻岭之间。道路两旁山峰连绵，一眼望去不见边际，让人不由想起杜甫"千山万壑赴荆门"的诗句。

　　11点20分左右，大巴车到了德保。下车之后，我给德保县文体局办公室打电话联系。数日之前，文学院办公室就给德保县政府发了公函，县政府将公函转给文体局，让文体局李副局长与县志办农主任与我们接洽。文体局办公室工作人员回电话说，让我们先入住武周大酒店，12点之后李副局长和农主任来与我们接洽工作。

搭乘一辆红色的士，我们来到武周大酒店，很快安顿下来。

县志办农主任与文体局李副局长如约而至，他们热情地邀请我们一块儿进餐。我们一边吃饭，一边商定了下午的工作。

下午3点半左右，农主任驾车来到酒店，接我们去县志办座谈。参加这次座谈的有李副局长，大家称他是李将公后人；县志办退休人员韦学虎，是《德保县志》中李将公传说的搜集整理者；德保某中学退休教师农激扬与前德保汽车站站长林权，他们两位都热心于民间文化的搜集整理；《德保县志》现任编审陆仔。在县志办会议室里，我们开始了座谈。

农主任主持座谈会，对我们研究德保地方文化表示欢迎与感谢，然后，对与会人员作了介绍。我则简要介绍了此行的目的。座谈期间，比较活跃的是韦学虎和李副局长。韦学虎谈了他在20世纪80年代搜集李将公传说的情况，介绍了李将公信仰传承的区域，检讨了对李将公信仰一度存在的不正确的认识。最后，他给我们讲了"李将公化履为鲤戏秧姑"的传说。李副局长则介绍了李将公庙、李将公坟与传说中李将公所生活的村子——都安乡三合村的情况。李副局长与韦学虎、农激扬等你一言我一语地为我们讲述了李将公施法让板凳打架、让鸡蛋爬屋柱的传说。这两则传说是《德保县志》和《德保民间故事集》中所没有的，让我们颇感意外之喜。

表2 座谈会上采录到的李将公传说

序号	题目	情节梗概
1	化履为鲤戏秧姑	李将公去镇安府赶圩，经沽酒岩见两位姑娘正插秧。李将公脱下草鞋说："姑娘，帮照看一下这双鞋子。"姑娘说："我们插完秧就走呐，谁留下给你看鞋。"李将公说："等我回来说不定你们还插不完哩！"李将公将草鞋变成两条大鲤鱼放入田中，然后离去。两个姑娘见两条鲤鱼，扔下秧苗捉起鱼来。李将公赶街回来，望着溅满泥水的姑娘，笑道："我刚才说了嘛！等我回来你们插不完秧！"李将公穿上鞋上路了。姑娘们环视，两条鲤鱼无影无踪了

续表

序号	题目	情节梗概
2	让板凳打架	三合村的舞狮队很有名，每年春节都要与外地的舞狮队比赛。比赛之前自然要认真训练。李将公指导舞狮队训练时青年人有些不认真。李将公训他们，他们不服气说：你要有本事让两条板凳打架，我们就服你。李将公听后，就施展法术，两条板凳像牛一样打起来
3	鸡蛋爬屋柱	李将公当先生，教小孩读书。一些孩子上课时精力不集中还吃鸡蛋。李将公施法让孩子们兜的鸡蛋都粘到屋里的柱子上，并且都往上爬，一直爬到柱子顶端

大家像竹筒倒豆子一样，把自己了解的李将公传说与信仰方面的情况，一五一十地介绍给了我们。下午 4 点半左右，座谈结束。这时，我向农主任提出要到传说中李将公的故乡三合村一带去看一看，譬如看一看李将公庙、李将公坟或传说中的李将公斗蛇妖处等。农主任与李副局长非常爽快地答应了我的要求。很快，我们驱车向北驶出县城，然后，沿 210 省道向西驶向都安乡三合村方向。

不到 20 分钟，便见省道的北侧，一片坡地上耸立着一座红柱粉墙的小庙。李副局长说这就是李将公庙。李副局长讲，这里是三合村旧址，现在三合村往西迁移了。从前，李将公庙就在村子东边，每年农历三四月，久旱无雨，四面八方的壮民就会络绎到此拜李将公庙。旧有的李将公庙因年久失修破败不堪，现有的李将公庙是三合村李姓村民在旧址上捐资重修的，没有完全修好，还有后续工程。说完，李副局长指着路旁的广告牌让我们看他的名字。广告牌上写着捐资建庙的群众的名字并捐资数额，名单两侧赫然写着两行标语：责任共有你我他，李公情系千万家。

庙规模不大，也就是三间农舍的面积。庙门两侧贴着一副对联，上联道：神灵稳居佑万户物阜民安；下联是：将公正坐保千村风调雨顺。后墙上贴着李将公的神位：佛法昭彰圣道李将之神位。两侧又有一副对联，上联道：祷晴祈雨凭祖公；下联是：求财望利赖神爷。横批是：法广术深。百忙之中，我在香案上抽出一炷香点燃后给李将公供上。

图18　李将公庙

东行几步，便到了李将公墓。这片墓地上东西方向排着四座坟，最西边是一座古墓，立着一方残碑，碑上字迹模糊不清。李副局长介绍道：这是旧有的李将公墓，修于道光年间，墓碑在内战时期被炮火所毁。然后，他指着第二座墓说：李氏族人觉得李将公墓碑被毁是触了霉头，就在2007年春季重修了李将公墓，重新刻了墓碑，碑上的文字是从残碑上抄录下来的。我们俯身抄录李将公墓碑上的文字，但见碑文正中一行大字：明代祖考（妣）法名通达（农氏）李老大（安）人之墓前，墓碑两边是一副对联：将宗名达呼风唤雨五谷丰，李祖法通斩妖除魔四方安。碑文写道：吾祖世居滩旺，生当明末。祷雨祈晴素有深术。奈叹命途以多舛，半生即鼓庄生之盆。援娶继室于多年，终身复谈（弹）伯道之泪。长于此，哭于此，即葬于此。焉经今百有九十七年，世远年湮，年庚八字抢恨失忘，援绥同族移葬故土，永为佳城，是以为序。碑文讲，李将公是滩旺人士，法术高明，能够祷雨祈晴，然而命运多舛，中年丧妻，老来无子，死后一百九十七年之后移葬此地，由于时间久远，其生卒年月都已无考。此外文字即是交代立碑人和立碑时间，原立碑人系李氏远孙，立碑时间系道

光二十一年；今立碑人系由滩旺迁至陇乐屯的李氏后裔，立碑时间系
2007 年 2 月。

第三座墓是一座古墓，李副局长告诉我们这是李将公儿子的墓。墓碑
正中一行大字云：皇明待赠始祖，讳宦李老大人之墓。碑文云：吾祖乃七
代之宗也，原居滩旺，厥后宗支派别烟有每所，各立野处，不玄世远年湮，
遗悠高曾，众合族共立起碑，俾后人知：水本水源之有自，克昌厥后。碑
文讲，李老大人乃明代人，是陇乐李氏后人的七世祖。李老大人的名字和
生卒年月都未交代。立碑时间是嘉庆十二年。没有交代立碑人的情况。

让人称奇的是最东边还有一座李将公墓并墓碑。李副局长称，这块墓
碑是靖西的李姓族人镌刻的，经与三合村李姓族人商议，在坟地边缘修墓
置碑。这样，在这块墓地里，李将公墓有三座，碑有三块。这座新修李将
公墓碑中间大书：先祖考（妣）通达（农氏）李老大（孺）人之墓。墓
碑两侧是一副对联：人去名留扬万年，魂游功在垂千秋。碑文与前相仿，
云：吾祖生明末，世居滩旺。素有深术，祷晴祈雨。奈叹命途以多舛，半
生即鼓庄生之盆。援娶继室于多年，终身复谈（弹）伯道忧泪。长此哭
此，逝葬于此。年庚八字抱恨失忘，经百有九十七年即道光二十一年，玄
孙志高援绥同族，移葬故土，修墓立碑，世隔一百六十五年，祖墓年湮，
碑迹化移旁库。兹当众远孙捐资献工重立碑，造台励景图风，舒适千古。
立碑人是李氏远孙，立碑时间是 2006 年春季。

考察完李将公墓，我提出再到传说中李将公斗蛇魔的地方去看一看。
我们驱车西行，约 1 公里，车子停了下来，只见路北有一个村落。李副局
长说，这就是三合村。村子不是太大，房子都是二层的楼房，村后是凸起
的山岭，村前是一片绿油油的菜地。农主任指着路南远处的一座山洞告诉
我，那就是李将公斗蛇魔的山洞。我们走下公路，沿着山间小道，向那座
山洞走去。途中经过一座石桥，整座桥都是石头建成，桥面宽处不到一
米，窄处也就是二尺左右，桥下水流湍急。桥头有碑云：永安桥。修建时
间是道光十三年（1833）。农主任告诉我，这里原有一条古道，经靖西直
抵越南。小桥流水，让人觉得这真是一处绝佳景致。研究生张兰芝在桥上
来回走了几遍，其他人则不停地拍照。

图 19　永安桥

走过石桥，再走几步，山洞便在眼前。只见洞口一丛茂竹，枝叶摇曳遮蔽了半个洞口；洞下地下水磅礴而出，靠近洞口，让人感到一股逼人的凉气。地下水从石桥桥孔冲出，然后曲折东流。李副局长说，这座山洞很深，一直通到靖西境内。我说这座山洞很有旅游开发价值。李副局长也有同感，并称已经有人有这方面的投资意向。

图 20　传说中李将公斗蛇妖处

天色已晚，夕阳西下，远村已升起袅袅炊烟。农主任招呼大家返程。田野里不见人迹，一片寂静，只听到我们几个人的脚步声。我一边呼吸着这乡野间泥土的气息，一边禁不住思绪连绵。这次德保之行，收获不少，然而，所见所闻，却多有抵牾之处。李将公碑文中有"终身复谈（弹）伯道之泪"的字样，这是说李将公并无子嗣，然而，在他的墓傍偏有一座他"儿子"的墓，三合村李姓村民还称自己是李将公的后人，一些民间传说也提到李将公是有孙子的。碑文上讲李将公生前生活在滩旺，可传说中涉及的地名却全在三合村、陇乐村一带。真是一本糊涂账呀！记得有人讲文学创作是要把谎说圆，然而，李将公的传说却是一个破绽百出的"谎"。这究竟是一个个案，还是民间传说或民间信仰的本色呢？

至于墓碑上说是陇乐村村民新修了李将公庙并墓，李副局长却称是三合村村民修的，这倒容易理解，自然是李副局长借方便之机为本村争文化资源啦。

为了尽量少给德保的同志添麻烦，第二天一早我们就乘上大巴车返程。回首德保，群山环绕，薄纱般的白云缠绕在山腰。我突然有些不舍，很想留下来慢慢感受德保的风情！

于 2013 年 12 月 23 日

后　记

　　这是 2009 年批下来的教育部人文社科一般项目，写写停停至今已近 6 年。之所以拖延如此之久，一是有别的事要做，不得不先把这项工作停下来；二是想着能写得更好些，能有些新意或有些深度。2012 年以来，因为时间问题，我抓紧了速度，总算赶在结题之前把它完成了。

　　2011 年，指导了白帆同学的硕士学位论文《马援传说与崇拜研究》。在写作本课题的《马援信仰的传说学管窥》一章时采用了该论文的部分文字，同时，在研究过程中也使用了白帆同学搜集的资料。在此特别作说明。

　　妻子多年来一直忙里忙外操持家务，洗衣、做饭、打扫卫生，是她给我创造了一个好的学习与研究的环境。在我离开山东以后，弟弟一家一直精心照顾着父母；父母有病，姐姐与妹妹也每每亲侍汤药，是他们使我能安心地待在书房中读书与写作。

　　感谢民间文学教研室的同人。大家很团结，也都很迁就我，无论什么工作，大家都乐意分担，共同去完成，这让我省下了不少精力用于科研。感谢中国社会科学院少数民族文学研究所为本书提供出版资助；感谢中国社会科学出版社的各位编辑老师为本书的出版所付出的辛勤劳动。

　　总之，在这里需要感谢很多人，然而，却不知道我这份礼物究竟有多少分量，好在就个人来讲，已经努力了！

于 2015 年 9 月 17 日